ÉDITION ILLUSTRÉE

LA

MAISON ROSE

PAR

XAVIER DE MONTÉPIN

Prix : 1 fr. 65 c.

PARIS

CHARLIEU ET HUILLERY, ÉDITEURS

10, RUE GIT-LE-COEUR

LA MAISON ROSE

PARIS. — TYPOGRAPHIE WALDER, RUE BONAPARTE, 44.

ÉDITION ILLUSTRÉE

LA
MAISON ROSE

PAR

XAVIER DE MONTÉPIN

Prix : 1 fr. 65 c.

PARIS

CHARLIEU ET HUILLERY, ÉDITEURS

10, RUE GIT-LE-COEUR

1868

Ces messieurs veulent-ils visiter l'immeuble ? demanda le jardinier.

LA MAISON ROSE

PAR

XAVIER DE MONTÉPIN

I. — En chemin de fer.

Qui que vous soyez, cher lecteur — citoyen affairé de la grande ville, ou paisible habitant de quelqu'une de nos belles provinces, — vous connaissez la gare de la rue d'Amsterdam, à Paris.

De cette gare, vous le savez, s'élancent, semblables aux branches d'un éventail, de nombreuses voies ferrées qui font des plaines splendides de la Normandie une succursale du bois de Boulogne, et qui mettent les plages du Havre et de Dieppe à deux pas de la capitale du monde civilisé.

Les multiples salles d'attente du chemin de fer de l'Ouest rappellent vaguement, de sept heures du matin à minuit, — surtout en été et en automne — le va et vient et le bourdonnement continu d'une ruche d'abeilles.

On se pousse — on se coudoie — on se hâte — on s'appelle — on se quitte — on se retrouve — on s'embrasse — on part, ou l'on arrive.

Beaucoup toucheront à leur destination dans dix minutes.

Quelques-uns, dans deux mois, seront encore loin du but.

Ceux-ci, par le chemin de fer de ceinture, gagnent la Porte-Maillot — Passy — Auteuil — les frais ombrages du bois de Boulogne.

Ceux-là vont rejoindre au Havre les steamers transatlantiques et les clippers blancs de la société Barbey, qui les emporteront, à travers les tempêtes, jusqu'aux lointains climats que la fièvre de l'or peuple depuis quelques années.

D'autres voyageurs, en nombre véritablement infini, s'élancent vers Saint Germain — Versailles — Saint Cloud — Bougival — Chatou — Puteaux — Asnières — Maisons-Laffitte — Meulan — et tous ces merveilleux villages assis sur les rives de la Seine, et qui sont les jardins de Paris, comme la Touraine est le jardin de la France.

Il y a deux ans — par l'une des plus belles journées du mois de mai — je venais d'entrer dans la gare par l'une des larges portes ouvertes sur la rue d'Amsterdam, et je me dirigeais vers le guichet où commençait la distribution des billets pour le départ, de dix heures trente minutes du matin, d'un convoi s'arrêtant à Mantes après avoir desservi les stations intermédiaires.

Au moment où j'allais présenter à l'employé une pièce de monnaie en lui disant :

1

— Maisons-Laffitte, aller et retour... première classe...
Je me sentis frapper sur l'épaule.
Je me retournai vivement.
Un visage de connaissance me souriait — une main amie se tendait vers la mienne.
— Bah! — m'écriai-je en serrant cette main — vous ici, mon cher Paul!! quel miracle!!
— Vous y êtes bien, vous... — me répondit en riant celui que je venais de nommer Paul, — est-il étonnant que j'y sois aussi?
— Pas le moins du monde, et mon exclamation est un de ces lieux-communs absurdes dont personne n'est assez spirituel ou assez hardi pour s'affranchir! — C'est l'équivalent du ridicule : *Comment vous portez-vous?*... auquel, en bonne ou en mauvaise santé, on répond invariablement : *Pas mal, et vous?*... — A propos, mon cher ami, je ne vous ai pas encore demandé de vos nouvelles. — Comment vous portez-vous?...
— Pas mal, et vous? — me répondit Paul naïvement.
Ce fut mon tour de rire, en voyant mon interlocuteur tomber si vite dans le piège si peu caché que je lui tendais.
— Vous aviez d'autant plus raison tout à l'heure, — me dit-il après avoir partagé mon hilarité, — que je viens de vous répondre bêtement et par la seule force de l'habitude, ainsi que vous l'aviez prévu... — En vérité, je ne me porte pas bien, je suis souffrant...
— Rien de grave, j'espère?
— Non. — Une fatigue générale seulement — pas d'appétit — de mauvaises nuits... — Mon médecin affirme qu'en moins de deux mois l'air de la campagne me débarrassera de tout cela...
— Où allez-vous de ce pas?
— A Maisons-Laffitte.
— Moi aussi.
— C'est une heureuse chance, nous ferons route ensemble.
Nous prîmes nos billets et nous continuâmes la conversation commencée.
— Est-ce que vous habitez Maisons en ce moment? — demandai-je.
— Non. — J'y vais aujourd'hui pour y trouver une petite maison à louer... — Et vous?
— Moi, je vais y faire une visite.
— Vous tiendra-t-elle longtemps cette visite?
— Une heure au plus.
— Et, connaissez-vous le pays?
— A peu près.
— Alors vous avez un immense avantage sur moi qui ne le connais pas du tout... — Je me cramponne à vous comme le lierre au chêne! — Une fois votre visite faite, je vous prends pour guide, je vous institue mon cicérone — vous me piloterez et vous m'aiderez à mettre la main sur la maisonnette, objet de mes vœux... — Est-ce convenu?
— Vous savez bien, mon cher ami, que je suis tout entier et très-absolument à votre disposition.
Ceci se disait en montant le large escalier qui conduit aux salles d'attente.
Mon ami Paul, — Paul de G***, — était un de ces camarades de jeunesse que l'on aime beaucoup, que l'on voit rarement, mais que l'on est toujours enchanté de rencontrer.
Maître, trop jeune, d'une belle fortune, il en avait laissé manger les trois quarts aux marchands de chevaux, — aux carrossiers, — aux tailleurs, — aux bijoutiers, — et surtout à ces filles d'Ève, masquées de poudre de riz, qu'on appelait alors des *lorettes*. — Le mot : *biche* n'avait pas encore reçu droit de cité dans l'argot de la Bohème galante.
Bon garçon dans toute la force du terme, — plein de cœur et de loyauté, — mais faible et facile avec excès, Paul succombait à toutes les séductions et se laissait ballotter au vent de tous les caprices.
Cependant, quand il eut atteint sa vingt-sixième année, — quand il regarda en arrière, — quand il vit que de ses quarante mille livres de rentes il lui en restait dix à peine

et que sa santé, compromise par les fatigues des soupers, des boudoirs et du sport, allait, de jour en jour, se délabrant davantage, Paul réfléchit.
Quelques amis véritables, desquels je faisais partie, lui conseillaient d'enrayer.
Il fit mieux, — il dételá.
Chevaux de sang, — cocher anglais, — coupés et dog-kar des bons faiseurs furent supprimés.
Paul donna congé à son splendide appartement de la rue Taitbout et à ses maîtresses.
Avec ses dix mille livres de rentes il se constitua une honnête aisance, et il consacra désormais sa vie à prendre soin de lui-même et de sa petite fortune.
Sa santé et le placement sûr et productif de ses capitaux, voilà quelles furent ses plus chères et ses plus importantes occupations.
La manie de se croire sans cesse un peu malade suffit à remplir son temps; son médecin se rendit volontiers complice de cette innocente fantaisie, et, pour chaque indisposition nouvelle, subie ou appréhendée par son client, il sut trouver quelque médication inoffensive ou quelque préservatif anodin.
Au moment où je venais de rencontrer Paul (que je n'avais pas vu depuis plus de dix-huit mois), il avait environ trente et un ans, et son médecin, nous le savons, lui ordonnait l'air de la campagne pour un malaise imaginaire.
On ouvrit les portes de la salle d'attente. — Nous nous installâmes, Paul et moi, dans une diligence, où, par hasard, nous nous trouvâmes seuls.
La cloche retentit.
La machine mugit, — s'élança en avant, couronnée de son panache de vapeur et entraînant après elle le convoi.
Je tirai de ma poche mon étui à cigares, — je l'ouvris et je le présentai à Paul.
— Merci, — dit-il, en le repoussant doucement.
— Vous refusez? — m'écriai-je avec un peu de surprise, car, à une certaine époque, les panatellas et les régalias entraient pour une somme importante dans le budget de mon compagnon.
— Hélas! oui, — murmura-t-il, — je refuse...
— Et, la raison?...
— Je ne fume plus.
— Pas possible!!
— C'est comme ça.
— Et pourquoi?
— Mon médecin me le défend.
Il n'y avait rien à répondre à cela. — Le médecin, pour Paul, était la loi et les prophètes. — Sans doute, un beau matin, le pauvre garçon s'était réveillé avec une prétendue irritation du larynx ou des bronches.
De là l'embargo mis sur le cigare.
Je dissimulai de mon mieux le sourire qui, malgré moi, me venait aux lèvres et je me mis à fumer tout seul, après avoir demandé du ton le plus sérieux :
— J'espère, au moins, que la fumée ne vous fait pas de mal?
— Oh! pas le moindre, — continuez, mon ami, je vous en prie...
Nous causâmes.
La conversation s'égara dans le passé, pour revenir par de longs méandres au présent.
Paul m'avoua qu'il avait parfois des moments d'ennui pendant lesquels la solitude de la vie lui pesait étrangement.
— Ainsi, — dit-il, — la campagne m'est nécessaire.... indispensable même..... mais, à la campagne, quelle existence je vais mener entre ma vieille cuisinière et mon jeune domestique!..
— Voulez-vous que je vous donne un conseil?
— Oui, certes!
— Mais, ce n'est pas tout de l'entendre... le suivrez-vous, mon cher Paul?
— S'il est bon, pourquoi pas?
— Je ne vous ai jamais donné que de bons conseils, — vous le savez bien.
— C'est vrai. — Enfin, celui d'aujourd'hui, quel est-il.

— Vous trouvez que l'isolement est lourd, n'est-ce pas?
— Oh! oui.
— Eh? bien mariez-vous.
Paul me regarda d'un air étonné, — doutant presque que j'eusse parlé sérieusement.
— Me marier? — répéta-t-il.
— On dirait que vous n'y avez jamais pensé?
— Jamais, je vous l'affirme.
— Eh bien il est encore temps!
— Mais...
— Mais, quoi?
— Je suis vieux.
— A trente et un an!! quelle plaisanterie! — C'est l'âge véritable pour se marier; — on a l'expérience et la raison ; — en outre, vous, vous avez vécu...
— Hélas! — murmura-t-il.
— Et, — continuai-je, — je suis sûr que vous seriez le meilleur des maris.
— Mais, je suis pauvre...
— Pauvre avec dix mille livres de rentes!! allons donc! — D'ailleurs, la femme que vous épouseriez pourrait fort bien vous en apporter autant, sinon plus, et avec vingt mille livres de rentes on est riche...
— Vous croyez?
— Pardieu, je fais mieux que de le croire, j'en suis sûr.
— Enfin, je verrai... je réfléchirai... — peut-être avez-vous raison. Mais je ne sais pas si le mariage serait bon pour ma santé... je ne puis songer à prendre un parti à cet égard avant d'avoir consulté mon médecin...
Depuis quelques secondes la marche du convoi se ralentissait et l'on entendait siffler la machine.
Le train venait de traverser la Seine.
Il s'arrêta.
Les portières s'ouvrirent, et les employés crièrent :
— Maisons... Maisons...
Nous étions arrivés.

II. — Maisons-Laffitte.

Dix minutes après avoir quitté le chemin de fer nous franchissions les portes du parc et nous passions devant les grilles du château.
Ce château, personne ne l'ignore, est une des plus belles habitations de France et peut hardiment lutter avec les résidences royales elles-mêmes.
Son histoire est curieuse.
Il fut bâti, sur les dessins et sous la direction de Mansart, pour Réné de Longueil, marquis de Maisons, président à mortier du Parlement de Paris, surintendant des finances et ministre d'État...
Ses constructions grandioses sont dignes de l'illustre architecte qui fut l'une des gloires du siècle de Louis XIV.
Voltaire aimait le château de Maisons. — Il y venait souvent et il occupait alors la chambre la plus élevée de la façade. — De cette chambre la vue s'étend sur un panorama splendide. — On découvre la forêt tout entière, et, aux limites de l'horizon, la ville de Saint-Germain.
Plus tard, Maisons devint la propriété du comte d'Artois. — Un appartement spécial y fut destiné au roi Louis XVI et à la reine Marie-Antoinette.
La chambre de la reine se trouvait dans l'aile gauche.
Après la révolution, parc et château furent vendus comme propriétés nationales et achetés par le duc de Montébello.
Le fameux banquier Jacques Laffitte les posséda ensuite, et c'est lui qui fit vendre par lots les dix-neuf vingtièmes du parc immense, ou plutôt de la forêt, qui formait les dépendances du château.
Le propriétaire actuel est monsieur Thomas, de Colmar, un millionnaire avec des goûts artistiques, qui rend à cette belle demeure la première opulence et la magnifique hospitalité d'autrefois.
Les parties détachées du parc primitif sont, à l'heure

qu'il est, peuplées d'une multitude de riantes villas — de charmantes maisons — de chalets élégants.
Ces habitations innombrables, appartenant presque toutes à de riches Parisiens, forment ce que l'on appelle la *Colonie*.
Pendant des heures entières, soit que l'on marche dans l'avenue principale, soit que l'on se jette dans les percées latérales qui aboutissent, les unes à la forêt de Saint-Germain, les autres à la Seine, on voit à sa droite et à sa gauche, au milieu de jardins entourés de grilles ou de barrières, des habitations affectant les formes les plus variées, et parfois les plus prétentieuses — depuis l'hôtel du faubourg Saint-Honoré jusqu'au pavillon chinois, en passant par la maison moyen âge et par le château-fort en miniature, avec ses créneaux et ses machicoulis pygmées.
Et, partout, des futaies de chênes aux feuillages épais — partout, sur les vertes pelouses de gazon anglais, des groupes de frênes, de platanes, de sycomores — partout des jets d'eau retombant dans des bassins microscopiques — partout des buissons de rosiers et des massifs de lilas, chargeant la brise de leurs parfums.
A chaque pas on rencontre de beaux enfants blancs et roses, vêtus comme les *babys* anglais — des hommes portant le traditionnel costume blanc du campagnard qui se respecte, et inclinant légèrement vers l'oreille droite leurs panamas de cent écus — des femmes, enfin, plus ou moins jeunes et jolies, mais toutes crinolinées à outrance, et mariant de véritables toilettes de bal avec les larges chapeaux de jardin qui préservent si bien des coups de soleil les teints délicats des promeneuses.
Telle est la *Colonie*.
Il ne faudrait pas croire, cependant, que la totalité des terrains vendus et à vendre soit envahie par la phalange compacte des Parisiens en villégiature.
Les extrémités du parc — surtout dans la partie qui se rapproche de la Seine et qui justement est la plus charmante — les extrémités du parc, disons-nous, sont encore à peu près désertes.
C'est à peine si quelques rares habitations se disséminent çà et là sous les arbres et sur le tapis vert des prairies.
Cette solitude s'explique sans peine.
Depuis ces points reculés, il faut plus d'une heure pour venir joindre le chemin de fer, et, par les pluies d'automne et les mauvais temps d'hiver, les avenues poudreuses de Maisons-Laffitte se changent en marécages et en fondrières, dans lesquels les jambes des chevaux s'enfoncent jusqu'aux jarrets et les roues des voitures jusqu'aux moyeux.
Qu'on juge de ce qu'y deviennent les simples humains!
Ceci bien posé, et après avoir tracé ce petit croquis topographique qui nous paraissait indispensable à l'intelligence de ce qui va suivre, nous reprenons notre récit, ou, pour parler d'une façon plus conforme à l'exactitude, l'introduction de notre récit.
— La maison où vous allez est-elle bien loin? — me demanda Paul.
— A quinze minutes, vingt au plus, dans la grande avenue.
— Je vous accompagne jusqu'à la porte.
— Voulez-vous entrer avec moi?
Et comme mon compagnon ne répondait pas, j'ajoutai en souriant :
— Il y a trois jeunes filles à marier...
— Non... Non! dit Paul vivement — j'aime mieux vous attendre au dehors... Je trouverai, j'imagine, à peu de distance, des bancs de pierre comme ceux-ci?...
— Il y en a partout.
— A merveille. — je ne serai pas fâché de m'asseoir un peu.
— Pourquoi ne commenceriez-vous pas tout de suite vos recherches?
— Je désire me séparer de vous que le moins possible...
— Nous nous retrouverions aussitôt que je serai libre...

— Sans vous je ne ferais rien qui vaille... je vous ai rencontré, je tiens à profiter de mon heureuse chance...

— Comme vous voudrez...

Toujours faible, ainsi qu'il l'avait été depuis sa jeunesse et ainsi qu'il le sera sans doute jusqu'à sa dernière heure, ce brave Paul éprouvait le besoin de se laisser conduire, de s'appuyer moralement sur quelqu'un, et, enfin, de ne point prendre tout seul une détermination, si minime qu'en fût l'importance.

— Nous voici arrivés... — dis-je en m'arrêtant.

— Et voilà un banc à vingt pas d'ici... — Restez le moins longtemps que vous pourrez.

— Soyez tranquille.

Je sonnai, — tandis que Paul allait s'asseoir.

La porte s'ouvrit toute seule, — au moyen d'un ressort mis en jeu depuis la maison.

J'entrai, et un domestique accourant à ma rencontre à travers le jardin m'apprit que les personnes que je venais voir étaient à Paris depuis le matin et n'en devaient revenir que le soir.

— Ah! ah! — s'écria Paul en me voyant ressortir, et après m'avoir entendu lui répéter ce qu'on venait de m'apprendre — si cependant j'avais commencé mes recherches tout seul, ainsi que vous me le conseilliez, où en serions-nous maintenant!... — Comme j'ai b en fait de vouloir attendre...

— Sans doute, puisque cela vous a réussi... — Maintenant, occupons-nous sérieusement de votre affaire...

— Vous voulez une maison?...

— Une maisonnette, mon ami, — une maisonnette, rien de plus.

— Que vous faut-il en fait de logement?

— Très-peu de chose.

— Mais encore?...

— Une très-petite salle à manger, — un très-petit salon, — une très-petite chambre à coucher, — une toute petite cuisine, — et, avec cela, un soupçon de cave, et deux cabinets larges comme la main pour y coucher ma cuisinière et mon domestique... — Voilà mon idéal...

— Je tiendrais seulement à ce que le jardin fût un peu plus grand que le reste...

Je n'avais pu m'empêcher de sourire en entendant mon ami faire le plan de la maisonnette lilliputienne qu'il rêvait.

— Ce que vous me demandez là n'est pas facile à trouver... — dis-je au bout d'un instant.

— Bah! et pourquoi donc?

— Parce que les gens qui font construire des maisons ici par spéculation veulent les louer, ce qui est fort naturel, et que, naturellement aussi, ils les bâtissent assez grandes pour qu'elles puissent servir au logement d'une famille... — Votre maisonnette est une exception, et je ne sais pas si cette exception existe...

— Bah! en cherchant bien...

— Enfin, nous verrons... —Apporterez-vous des meubles?...

— Oh non! oh non, par exemple! — je ne suis pas assez fou pour faire voyager mon mobilier et le détériorer!... — il représente un capital important, diable!... — Je veux louer garni.

— Mettons-nous en quête... — ici les maisons meublées ne manquent pas.

Effectivement, au bout d'un demi-quart d'heure de marche, un écriteau appendu près de la porte d'un jardin nous indiquait une maison à louer. — Une indication tracée à la main au bas de l'écriteau engageait à s'adresser au jardinier de la maison voisine, — ce que nous fîmes sans tarder.

Ce jardinier avait véritablement une bonne figure sous son grand chapeau de paille un peu percé.

— Combien la maison à louer a-t-elle de pièces? — lui demanda Paul.

— Salon, — salle à manger, — deux chambres à coucher, — cuisine, — deux chambres de domestique, — répondit-il, — le tout bien meublé, acajou et damas de laine, — parqueté et ciré, — batterie de cuisine et le reste.

Paul me regarda.

Sauf une chambre à coucher en plus, la maison réalisait son idéal.

— Et, le prix?

— Mille écus.

Paul fit un bond.

— Vous avez dit? — s'écria-t-il, croyant sans doute avoir mal entendu.

— Trois mille francs, et ça n'est pas cher...

Paul laissa tomber ses deux bras le long de son corps.

Le jardinier reprit :

— Il y a un arrangement entre le propriétaire et moi pour le jardin... — C'est moi qui soigne les plates-bandes, — je ratisse les allées et je fournis les fleurs; — le locataire me paie cent écus pour la saison... une bagatelle...

La bonne figure du jardinier prit, aux yeux de Paul, des teintes sinistres.

— Cet homme est capable de tout! — pensa-t-il.

Et, me donnant un coup de coude, il me dit :

— Allons-nous-en!...

— Ces messieurs veulent-ils visiter l'immeuble? — demanda le jardinier.

— *Immeuble* vous-même! — répondit Paul avec force et avec colère.

Puis il m'entraîna, laissant le jardinier stupéfait chercher le sens de l'injure encore inédite avec laquelle mon compagnon venait de le foudroyer.

III. — Le garde.

— Mille écus!!! — répétait Paul, sans lâcher mon bras sur lequel il pesait de toute sa force pour m'éloigner plus vite.

— Mille écus!!! — Deux chambres à coucher, mille écus!!! et trois cents francs au jardinier!! — Sol inhospitalier, je te maudis!!! — Parc exploité par des Arabes, je secoue sur ton seuil la poussière de mes sandales!!!

— Mon cher ami, — dis-je en riant, — prenez garde, vous allez vous rendre malade...

Ce peu de mots produisit un effet magique. — Paul se calma comme par enchantement.

— En face de prétentions aussi impudentes — me répondit-il d'une voix très-douce et très-mesurée, — j'ai perdu mon sang-froid... et qui donc l'aurait conservé?

— Certainement ce prix de mille écus pour une habitation très-modeste est exagéré, mais je dois vous prévenir que les loyers sont horriblement chers à Maisons-Laffitte...

— Soit, mais tout a des bornes... excepté l'impudence de ce jardinier qui vous dit : *mille écus,* d'un air bonhomme, et qui ajoute : *Ça n'est pas cher!.* — Mille écus!! Pourquoi pas cent mille francs?.. — Pendant qu'ils sont en train de demander, cela ne leur coûterait pas davantage!!

— Tenez, voici une autre maison à louer...

— Sonnons — interrogeons — et, si l'on nous reparle de mille écus, fuyons encore!...

Cette fois — l'habitation étant un peu plus vaste que la précédente, — ce ne fut pas trois mille francs qu'on nous demanda, mais trois mille cinq cents.

Paul croyait rêver.

Nous visitâmes dix maisons — partout les prix semblaient s'être donné le mot pour être identiquement les mêmes.

Trois ou quatre heures s'écoulèrent dans cette vaine recherche, — nous étions harassés et, qui plus est, découragés.

— Comment donc faire? — murmurait Paul en gémissant. — C'est l'air de Maisons-Laffitte que mon médecin m'a ordonné, et point un autre... — il faut donc que je vienne à Maisons-Laffitte... — Mais je ne peux pas me décider à payer un loyer de mille écus pour un été... — Je serais ruiné!.. complètement, irréparablement ruiné!!

Tandis que mon compagnon se désolait ainsi, je n'avais, moi, qu'une idée, c'était de le ramener, tout doucement et à son insu, du côté du chemin de fer.

J'en avais assez, et même un peu trop, de l'exploration sans résultat à laquelle nous venions de nous livrer, et j'éprouvais l'impérieux besoin de reconquérir Paris et ma liberté.

Paul me suivait machinalement, en répétant toujours :
— Comment faire ?

Question à laquelle j'évitais sournoisement de répondre.

Tout à coup, au détour d'une allée, — nous nous croisâmes avec un homme vêtu d'une redingote verdâtre à collet rouge, et coiffé d'une casquette de cuir verni, à visière cerclée de cuivre. — Il était suivi d'un beau chien de chasse.

Cet homme me salua en passant.

Je me retournai et je reconnus l'un des gardes du parc. Je l'avais vu plus d'une fois dans la maison dont les maîtres étaient mes amis et je savais qu'il s'appelait Dominique.

— Voici la Providence en chair et en os qui se place sur notre chemin pour vous tirer d'embarras, — dis-je à Paul.

Puis comme Dominique avait continué son chemin et se trouvait à une vingtaine de pas de nous, je le rappelai.

Le garde, ancien soldat, revint sur ses pas, et fit en nous abordant le salut militaire.

Je lui expliquai ce que nous cherchions depuis tant d'heures et je lui demandai s'il connaissait quelque chose qui pût convenir à mon ami Paul.

— Hum !.. hum !.. — fit-il — je comprends... — Monsieur veut cela dans des prix doux...

— Dans les prix les plus doux qui se puissent imaginer ! — s'écria Paul ; — vous m'avez parfaitement compris !...

— La chose est difficile !... — Ici, la moindre bicoque monte tout de suite dans les gros chiffres.

— Cependant il doit y avoir des exceptions...

— Je n'en connais qu'une ?

— Eh bien, profitons de celle-là... — Qu'est-ce que c'est ?

— Un amour de maison... une vraie bonbonnière .. — rez-de-chaussée et premier étage... au milieu d'un grand jardin... — C'est moi qui suis chargé de louer... si je trouve... — Vue superbe, et meublée comme un petit palais...

— Et.. le prix ?.. — demanda Paul avec anxiété.

— Oh ! — répondit le garde — le prix que vous voudrez... — Cinq cents francs... quatre cents... — Cent écus même... — au besoin on vous la donnerait pour rien la première année...

— A ce prix-là, je la prends ! — dit vivement mon compagnon, stupéfait de cette offre exhorbitante, autant qu'il l'avait été, un instant auparavant, des demandes exagérées.

— Vous croyez ça à présent — répliqua le garde — et tout à l'heure vous n'en voudrez plus...

— Pourquoi donc ?.. — est-ce que l'habitation est malsaine ?...

— Le meilleur air de Maisons-Laffitte... et pas plus d'humidité que sur sa main...

— Mais, enfin, j'aurai une raison quelconque pour n'en plus vouloir...

— Oh ! ça, c'est très-sûr...

— Et, cette raison ?..

Au lieu de répondre à Paul, Dominique se tourna vers moi.

— Monsieur — me demanda-t-il — avez-vous entendu parler de la *Maison Rose* ?

— Jamais. — Voilà un joli nom ! — Qu'est-ce que c'est que la Maison Rose ?

— Celle que je suis chargé de louer.

— Et pourquoi la désigne-t-on ainsi ?

— Parce que, quand elle était neuve, elle était toute blanche, avec ses corniches et les encadrements de ses portes et de ses fenêtres peints en rouge vif, pour imiter la brique... — les pluies d'hiver et les dégels de printemps ont tout passé par là-dessus... — le rouge vif a déteint sur le blanc, et la maison, maintenant, à travers les arbres qui l'entourent, paraît d'un rose pâle...

— Couleur gaie ! couleur que j'aime ! — s'écria Paul.
— Rien que de penser à la Maison Rose, ça me donne des idées riantes !.. — elle me va... je m'en arrange...

Dominique hochait la tête.

J'interrompis la manifestation enthousiaste de mon ami en disant au garde :
— Vous me demandiez si j'avais entendu parler de cette maison ?..

— Oui, monsieur.

— On en parle donc ?

— Moins souvent qu'il y a trois ans... mais enfin on s'en occupe toujours un peu plus qu'il ne faudrait, et je suis étonné que chez M. D*** on n'ait pas raconté l'histoire à monsieur...

— Ah çà, il y a donc une histoire ?

— S'il n'y en avait pas, la maison ne manquerait point d'amateurs, et, meublée comme elle l'est, on aurait bientôt fait d'en trouver plus de trois mille francs tous les étés...

— Eh bien, Dominique, racontez-nous cette terrible histoire qui rend la location si difficile.

— Si ces messieurs veulent venir visiter la propriété, je leur dégoiserai la chose ensuite.

— Allons...

— Est-ce bien loin ? — dit Paul.

— Pas trop, — seulement il nous faut faire un petit détour et passer chez moi pour prendre les clefs, — vous comprenez que je ne les ai pas dans ma poche. — Enfin, vous y serez dans une demi-heure.

J'étais fatigué plus que de raison, je l'ai déjà dit, mais, la curiosité l'emportant sur la lassitude, je ne fis aucune objection et je suivis Dominique avec mon ami.

Au bout d'un petit quart d'heure de marche dans une avenue déserte et bordée de peupliers suisses d'une belle venue, nous arrivâmes devant une maisonnette en forme de chalet. — C'est là que je niche : — fit le garde : — j'entre et je ressors.

Il reparut au bout d'une minute portant un trousseau formé d'une demi-douzaine de clefs.

Une allée sinueuse et très-étroite, pratiquée au milieu des taillis de jeunes chênes et dans laquelle nous nous engageâmes, nous paraissait ne devoir jamais finir.

Le chien du garde quêtait à travers le fourré et, de temps en temps, un faisan s'enlevait bruyamment devant lui.

Enfin nous débouchâmes sur la pente de ces beaux coteaux gazonnés, semés de bouquets de grands arbres, qui descendent jusqu'à la Seine par des lignes courbes et harmonieuses.

La rivière, à demi voilée par des rideaux de peupliers et de saules, déroulait ses méandres, comme un ruban d'argent moiré, entre les prairies vertes.

De l'autre côté s'arrondissaient les croupes des collines revêtues d'une verdure plus sombre, sur laquelle, çà et là, les maisons formaient des taches blanches.

Dans les prairies paissaient de belles vaches. — Des cahutes de pêcheurs s'asseyaient sur les berges. — Quelques canots remontaient lentement le cours de la Seine et semblaient, avec leur voile déployée, de grands cygnes endormis sur l'eau.

C'était un paysage enchanteur.

— Plus que patience — dit le garde, — nous approchons.

Bientôt nous côtoyâmes une clôture, haute d'un mètre et demi à peu près et formée de lattes entre-croisées, assujetties par du fil de fer, et appuyées de dix pieds en dix pieds sur de solides poteaux.

En dedans de cette clôture, et dans toute sa longueur, s'élevaient des massifs touffus de lilas, de sureaux, de seringas, de boules-de-neige, et tous arbustes enfin dont le feuillage épais forme un voile impénétrable.

Au-dessus de ces massifs s'élevaient les cimes altières

des mélèzes, des marronniers, et des noyers d'Amérique.

Puis venait une grille de fer, dont les gonds mordaient la pierre de taille de deux pilastres d'un bon effet.

Clôture et massifs se continuaient de l'autre côté.

Des volets intérieurs, peints en vert et appliqués contre les barreaux de la grille, empêchaient le regard de pénétrer dans l'intérieur du jardin.

De l'endroit où nous nous trouvions, on apercevait seulement un toit d'ardoises couronné par deux girouettes élégantes.

Dominique s'arrêta.

— Est-ce que nous sommes arrivés? — lui demandai-je.

— Oui, monsieur.

— Je ne sais ce qu'est l'habitation, mais le jardin, autant que nous en pouvons juger depuis le dehors, paraît ravissant...

— Ah! c'est bien autre chose en dedans... — vous verrez!...

Le garde cherchait, parmi les clefs du trousseau, celle de la grille.

Le chien s'était assis sur sa queue, à quatre ou cinq pas de là, et lui, si gai jusqu'à ce moment, commençait ces gémissements lamentables qui, dans le langage populaire, font dire à celui qui les entend :

— Voilà un chien qui hurle à la mort!...

IV. — La Maison rose.

— Taisons-nous, Pataud!... — cria Dominique d'un ton colère. Taisons-nous tout de suite!!...

Mais Pataud — puisque tel était son nom — ne se taisait point et continuait à hurler avec un redoublement de notes lamentables.

— Qu'a donc votre chien? — demandai-je.

— Ne m'en parlez pas. — répondit le garde; — c'est la Maison rose qui lui produit son effet habituel...

— Son effet habituel!! — m'écriai-je avec surprise.

— Oui, monsieur.

— Comment, il aboye toujours de cette façon désespérée quand il se trouve au lieu où nous sommes?

— Toujours.

— Mais pourquoi?...

— Les chiens, voyez vous, monsieur — pauvres bêtes! — ça a son instinct et sa mémoire tout comme nous autres, et souvent plus que nous autres. car il y a bien des hommes qui sont si... enfin, suffit, je me comprends...

— Vous vous comprenez peut-être, mais assurément, moi, je ne vous comprends pas... que voulez-vous nous dire, Dominique?...

— Je veux dire que, quand un chien a flairé la mort dans un endroit, il ne l'oublie plus... que lorsqu'il a senti l'odeur du sang quelque part, il croit la sentir sans cesse...

— Et c'est ce qui lui arrive à la Maison rose?...

— Oui, monsieur.

— Diable!...

Je regardai Paul.

Le digne garçon semblait quelque peu ému. — A coup sûr il était plus pâle qu'un instant auparavant.

Il se piqua d'amour propre en voyant que j'avais les yeux fixés sur lui, et il fit un effort pour tourner son émotion en plaisanterie.

— Eh! bien — me dit-il avec un sourire contraint sur les lèvres — voici qui s'annonce à merveille!... — ou je me trompe fort, mon cher ami, ou vous allez trouver dans la Maison rose le sujet d'un roman ou d'un drame... et peut-être de tous les deux...

— C'est ma foi bien possible! — répliquai-je. — D'abord c'est un titre charmant!...—Voyez-vous cela d'ici : LA MAISON ROSE!... sur la couverture d'un in-octavo ou sur l'affiche d'un théâtre!! — quel effet certain!! — et quelles émotions cela promettrait aux lecteurs ou aux spectateurs, alléchés par ce titre riant et coquet!... sur-

tout si, comme je suis disposé à le croire, l'histoire est effroyablement sinistre...

Tandis que j'échangeais ces quelques mots avec Paul, Dominique s'était avancé vers son chien, d'un air menaçant, pour lui imposer silence.

Pataud s'enfuit, à vingt pas, la queue entre les jambes, et se mit à hurler de plus belle.

— Quand je vous dis que c'est plus fort que lui! — s'écria le garde en revenant à nous — vous lui couperiez le cou que vous ne le feriez pas taire!!!...

Tout en parlant, il introduisit la clef dans la serrure de la grille — il fit jouer le pêne, non sans une extrême difficulté, car la rouille avait en quelque sorte soudé les ressorts — et la lourde porte tourna sur ses gonds avec des grincements déchirants.

Dominique s'effaça, et mettant sa casquette à la main, il nous dit, en garde qui sait vivre :

— Si ces messieurs veulent entrer...

Je suis forcé d'avouer mon impuissance à rendre avec des mots l'étrange sensation que j'éprouvai en pénétrant dans la cour.

Les paroles de Dominique m'avaient fait pressentir un drame lugubre, et telle est la puissance de l'imagination qu'il me sembla que quelque chose de funeste flottait dans l'atmosphère autour de moi, et que j'éprouvai une passagère oppression.

Rien cependant, dans la réalité de ce qui nous entourait, ne justifiait ce malaise. Jugez-en.

A cent pas de la grille s'élevait un pavillon d'une forme gracieuse, élevé d'un étage sur un rez-de-chaussée et surmonté d'un toit coupé d'un double rang de mansardes.

Trois fenêtres perçaient le premier étage.

Au rez-de-chaussée, deux fenêtres et une porte à laquelle on arrivait par un perron de trois marches.

Ainsi que nous en avait prévenus Dominique, les peintures rouges destinées à imiter la brique pour les corniches, pour les angles, pour les encadrements des portes et des fenêtres, avaient déteint sous l'action réitérée des pluies d'averses, et d'innombrables filets d'un rouge pâle, rayant la blancheur primitive des murailles, leur donnaient un aspect général d'un rose harmonieux, qui se détachait vivement sur des groupes de tilleuls presque séculaires placés derrière et aux côtés du pavillon.

Les persiennes étaient ouvertes et attachées contre les murs.

On voyait aux fenêtres des rideaux — non plus blancs, comme jadis, — mais absolument jaunes.

En somme, l'extérieur du pavillon se trouvait dans un état de conservation à peu près satisfaisant.

— Regardez, examinez, messieurs — dit le garde — c'est bien bâti et solide — ça n'a pas plus besoin de réparations qu'une maison neuve.

Selon le classique usage des habitations qui se trouvent aux alentours de Paris, le milieu de la cour était occupé par un gazon de forme elliptique, orné à son point central d'un bassin de trois pieds de profondeur sur cinq ou six de diamètre, destiné à recevoir des poissons rouges ou quelques carpes dorées.

En divers endroits de la ligne courbe du gazon se trouvaient des corbeilles entourées d'une petite palissade en fil de laiton, et pleines de rosiers.

Une voiture entrant par la grille ouverte devait décrire un demi-cercle autour du gazon pour venir s'arrêter devant les trois marches du perron.

Enfin des sentiers, dont un habile dessinateur de jardins avait tracé les sinuosités, s'enfonçaient, derrière le pavillon, au milieu des ombrages d'un véritable petit bois.

Çà et là, dans les éclaircies de la verdure, on apercevait sur leurs piédestaux de maçonnerie de blanches statues, non point en marbre, à la vérité, mais en terre cuite.

C'étaient des copies d'après l'antique, ou d'agaçantes nymphes d'après Clodion ou Pigalle.

A droite, sur le côté, et à une distance égale de la grille et du pavillon, — se trouvait un marronnier gigantesque, projetant une ombre énorme à ses pieds.

Sous sa feuillée épaisse trois ou quatre chaises de fer, à demi dévorées par la rouille, semblaient attendre les visiteurs.

Le soleil à son déclin colorait de ses teintes ardentes et dorait de ses rayons obliques le tableau que je viens d'esquisser rapidement.

Seulement, — ce que je n'ai pas dit encore, — ce qui donnait à ce tableau une sorte de poésie sinistre, c'était l'état manifeste d'abandon dans lequel se trouvait le jardin depuis plusieurs années.

Des plantes parasites poussaient avec une vigueur surprenante entre les marches disjointes du perron.

Le bassin, devenu un véritable marécage envahi par le cresson et les herbages aquatiques, servait de quartier général à de nombreuses familles des crapauds, qui révélaient, par les accords de leurs voix harmonieuses, leur présence et leur droit de propriété.

L'oseille à haute tige — les panais sauvages — les pissenlits, remplaçaient sur les pelouses l'herbe fine et luisante des gazons anglais; — les allées, jadis sablées, disparaissaient entièrement sous ces herbes touffues; — les rosiers des corbeilles, que le sécateur du jardinier n'émondait plus, usaient leur séve en rejets inutiles, en rameaux dégingandés qui ne produisaient pas de fleurs.

Enfin, sous le marronnier et à l'entour des chaises de fer, les marrons tombés, et qui n'avaient été ramassés par personne, germaient à qui mieux mieux et formaient une sorte de pépinière.

Tandis que j'examinais toutes ces choses, Dominique me regardait, et sans doute il lisait sur mon visage quelques-unes de mes pensées.

— Bien sûr que ça n'est pas très-bien tenu, ainsi que ces messieurs ne manquent point de le remarquer — dit-il tout d'un coup; — mais il ne faut pas faire attention à cela: — en trois jours, quatre hommes un peu travailleurs (et je me chargerais de les fournir) auraient mis ce jardin-là dans un état superbe. — Ce n'est rien à faire... — Faucher les gazons et leur donner un coup de rouleau — nettoyer les allées — tailler les rosiers et les arbustes — curer le bassin — arracher les pousses et les rejets qui montrent leur nez à droite et à gauche. — (On a bien raison de le dire : Mauvaise herbe croit toujours!...) — Enfin ça n'est pas la mer à boire... et d'ailleurs on mettrait le jardin en bon état au gré du locataire et aux frais du propriétaire...

Cette offre si séduisante ne me sembla pas produire sur Paul tout l'effet désirable.

Il faisait une moue prononcée, en prêtant malgré lui l'oreille aux gémissements sourds de Pataud, qui s'était accroupi à une faible distance de la grille, avec l'intention évidente de ne point entrer dans le jardin.

Je crois qu'en ce moment mon compagnon aurait mieux aimé payer mille écus la location d'une de ces villas sur le seuil desquelles il secouait, deux heures auparavant, *la poussière de ses sandales*, que de recevoir à titre gratuit le droit de s'installer dans la Maison rose.

Cette répulsion n'échappait pas à Dominique — cependant il ne désespérait point encore d'avoir mis la main sur un locataire.

Moi, je comprenais à merveille que son espoir était chimérique.

— Messieurs — reprit-il en choisissant une nouvelle clef dans son trousseau — il faut maintenant voir l'intérieur.

Et déjà il se dirigeait vers le perron — et Paul le suivait la tête basse.

Je les arrêtai tous les deux.

— Nous entrerons dans la maison tout à l'heure... dis-je à Dominique; — mais, d'abord, racontez-nous ce qui s'est passé ici...

— Mais, monsieur — répliqua le garde — ne vaudrait-il pas mieux visiter auparavant?...

— Non. — Le récit du drame aura pour nous d'autant plus d'intérêt que nous connaîtrons le drame lui-même...

— Ça sera comme ces messieurs voudront.

— Est-ce qu'elle est longue, votre histoire?...

— Oh! mon Dieu, non, pas du tout... — C'est tout au plus s'il y en a pour dix minutes à parler et à écouter...

— Bah!... — murmurai-je avec un peu de désappointement.

— Songez donc, monsieur, qu'on connaît les événements, mais qu'on ignore leur cause... — La justice n'y a vu que du noir... — M. le procureur impérial lui-même, et monsieur son juge d'instruction, y ont perdu leur latin...

Involontairement, je souris.

L'idée me venait que, dans le cas où les faits que j'allais apprendre en vaudraient la peine, rien ne m'empêcherait de recommencer, pour ma satisfaction personnelle, l'enquête si complètement avortée par ces messieurs du parquet.

Et comme — dans ma pensée — un romancier doit être plus fort, pour débrouiller les fils d'une trame ténébreuse, que tous les procureurs impériaux et tous les juges d'instruction de France et de Navarre — je ne désespérais point de venir à bout de la tâche que m'imposerais — si scabreuse et si compliquée d'ailleurs qu'elle pût être.

Je pris sous le marronnier une des chaises de fer, sur laquelle je m'assis, non sans précaution, car la rouille qui la rongeait pouvait fort bien avoir compromis sa solidité, et je dis:

— Eh bien, Dominique, nous serons là à merveille pour vous entendre — et, dans l'intérêt de votre propriétaire, tâchez que l'histoire soit intéressante, car si elle m'empoigne, et si mon ami ne se décide point à venir habiter la Maison rose, peut-être est-ce moi qui la louerai...

Paul fit une exclamation et me regarda d'un air ahuri.

Évidemment il se demandait si j'étais fou.

— Non... non — répondis-je en riant à sa pensée secrète — j'ai tout mon bon sens, et si je fais ce que je viens de dire, je vous expliquerai pourquoi je l'aurai fait... — Dans tous les cas, mon cher ami, ne me supposez nullement l'intention de marcher sur vos brisées et de vous faire concurrence. — Je ne louerai que si vous ne louez pas vous-même...

Paul garda le silence, mais il secoua la tête d'une façon qui voulait dire clairement :

— Que le ciel me préserve de m'embarrasser d'une maison dont le seul aspect fait hurler les chiens!!... — Ce doit être un affreux coupe-gorge, et celui qui l'habiterait, et à qui il arriverait malheur, l'aurait bien mérité!

Dominique, auquel je venais d'ouvrir une perspective imprévue, et qui maintenant se trouvait à la tête de deux espoirs au lieu d'un seul, semblait ravi.

Il se frottait les mains, et certainement il aurait caressé Pataud si Pataud se fût trouvé près de lui.

— Quand ces messieurs voudront?... — dit-il.

— Nous voulons tout de suite.

Paul s'assit.

Dominique commença.

V. — Le dénoûment d'un drame inconnu.

— Il y a cinq ou six ans — dit le garde — un peu plus ou un peu moins, mais pas moins de cinq et pas plus de six, il arriva à Maisons-Laffitte, par le chemin de fer, au mois de juin, un jeune homme, très-bien mis, qui pouvait avoir de vingt-huit à trente ans.

« Il avait des cheveux très-noirs — des yeux très-noirs — de grandes moustaches noires comme tout le reste, et retroussées du bout, et avec cela un lorgnon de verre dans l'œil... — enfin, un élégant du premier numéro!

« Il était venu par le train de huit heures du matin et il entra pour déjeuner chez le petit *traiteur* qui est à l'entrée du parc, tout de suite après le village.

« Je me rappelle cela en détail, et parfaitement bien, et il ne faut pas vous en étonner, car vous allez voir pourquoi j'ai si bonne mémoire.

Dominique commença. (P. 7.)

« Le jeune homme en question, tout en déjeunant avec des côtelettes et une fine bouteille de bordeaux, dit à la bonne qui le servait qu'il avait l'intention de louer une maison de telle ou telle manière, et demanda si on pouvait lui en indiquer une.

« Justement je venais d'entrer chez le traiteur, qui est en même temps pâtissier, afin d'acheter une brioche d'un sou à ma petite fille.

« J'étais déjà garde du parc. — On savait que je connaissais sur le bout de mon doigt, et aussi bien que notre curé sait son *Pater*, toutes les maisons de la colonie, depuis la plus petite jusqu'à la plus grande, et que personne ne pouvait donner des indications aussi parfaitement bien que moi.

« On me fit donc entrer dans la salle où déjeunait le monsieur.

« Il me questionna, et comme c'est le propriétaire de la Maison rose qui m'a fait avoir ma place, naturellement ce fut celle-là que j'indiquai de préférence à toutes les autres.

« La description que j'en fis parut convenir au monsieur.

« — M'y conduiriez-vous? — me demanda-t-il.

« — Tout de même... — que je lui répondis.

« — Eh bien, je suis à vous dans un instant.

« Il appela la fille et lui donna l'ordre de me servir, à mon choix, du madère ou du rhum... — Oh ! c'était un homme de bonnes manières, tout à fait...

« Aussitôt qu'il eut fini son repas il vint dans la cuisine, où j'étais en train de consommer mon madère avec des biscuits (j'avais choisi le madère, attendu qu'on en absorbe davantage et que ça ne fait pas de mal), et il me dit :

« — En route, mon brave...

« Nous voilà partis.

« Il examina bien la maison et le jardin. — Je voyais que ça lui allait et qu'il était content.

« Il me demanda :

« — Combien en veut-on?

« — Mille francs par an.

« Bien entendu que la maison, dans ce temps-là, n'était pas meublée.

« — Allons chez le propriétaire.

« L'affaire fut bientôt bâclée. — Le monsieur ne parla pas seulement d'obtenir une diminution. — Il ouvrit un portefeuille, qui me parut bigrement bien garni, et il *allongea* sur la table un billet de mille.

« On lui remit les clefs, et, en nous en allant, il me mit dans la main une pièce de vingt francs...

« Quand je vous dis que c'était un homme de bonnes manières!...

« Pour reconnaître sa politesse, je l'accompagnai jusqu'au chemin de fer. — Il voulait repartir pour Paris par le premier convoi qui passerait.

« Chemin faisant, et sans avoir l'air de rien, je lui demandai :

« — Monsieur est marié?

« — Oui — me répondit-il.

« Mais, à la façon dont il me dit cela, je m'aperçus bien qu'il n'aimait point à être questionné.

« Dès le surlendemain il arriva une grande voiture de déménagement pleine de meubles. — Des meubles superbes! — D'ailleurs, vous les verrez — ils sont toujours là.

« J'aidai les conducteurs à décharger et à mettre en place, et, tout en leur donnant un coup de main, comme j'aime à causer un moment, je les questionnai, à seule fin de savoir dans quel quartier demeurait le monsieur avant de s'installer à Maisons-Laffitte.

« Ils n'en savaient rien. — Ils avaient pris les meubles

A trois pas de lui était madame Marguerite. (P. 12.)

chez un tapissier. — Ils ne connaissaient même pas le nom de celui pour qui ils travaillaient. — On leur avait dit : — *A la Maison rose* — et fouette cocher.

« Mon locataire arriva un peu après les meubles. — Il était tout seul, comme l'avant-veille.

« — Connaîtriez-vous — me dit-il — une honnête fille ou une brave femme, sachant faire la cuisine et habitant Maisons-Laffitte, — que je prendrais à mon service — qui viendrait tous les matins à sept heures, s'en irait tous les soirs à huit, et coucherait chez elle...

« Je connaissais ça — une cousine à ma femme, — une veuve, qui avait été fille de cuisine chez un agent de change de Paris, sous les ordres d'un *chef*.

« Aussi je répliquai comme de juste :

« — J'ai l'affaire de monsieur... — Je lui donnerai Rosine Levillain, et je lui réponds d'elle aussi bien que de moi...

« — C'est convenu... — Quant aux gages, elle les fixera elle-même... — Pourra-t-elle commencer son service demain?

« — Aujourd'hui, si monsieur veut.

« — Demain suffira. — Qu'elle soit ici dès le matin, et qu'elle prépare un déjeuner pour deux personnes... — J'arriverai avec ma femme à dix heures. — Voici vingt francs que je vous prie de lui donner, afin qu'elle n'ait pas d'avances à faire... et prenez ceci pour vous. .

« Tout en parlant, il me glissait dans la main un nouveau louis.

« Parole d'honneur, ça m'embarrassait!

« J'essayai de dire : — Mais, monsieur...

« Il m'interrompit.

« — Ne parlons plus de cela — fit-il — vous m'avez rendu un vrai service...

« Et, aussitôt que tout fut rangé dans la maison, il repartit pour Paris.

« Ça m'étonnait bien un peu qu'un monsieur si comme il faut n'eût pas des domestiques à lui et prît la cousine de ma femme, plutôt comme femme de ménage que comme servante, puisqu'elle ne devait pas coucher chez lui... — mais, pour sûr, ce n'était point l'économie, car les louis pleuvaient... — Enfin, que voulez-vous? ces gens riches ont des manies... — Si ça leur convient de payer cher pour être mal servis, nous autres, pauvres diables, nous n'avons rien à y voir... »

Dominique, qui parlait avec une extrême volubilité, s'arrêta pendant une minute afin de reprendre haleine.

Je profitai de ce court instant de repos pour approuver du geste, et avec un sérieux parfait, l'axiome si éminemment philosophique qu'il venait de formuler.

Il reprit :

— Je savais que mon locataire — je dis mon locataire, parce que c'est moi qui lui avais fait louer la maison — devait arriver le lendemain par le train de neuf heures et demie.

« Je m'en allai d'avance à la gare, afin de l'aider, si besoin était, pour les bagages — et, franchement, je lui devais bien ça, n'est-ce pas?

« Et puis, s'il faut tout dire, j'avais encore une autre raison pour m'empresser tant. — J'étais curieux de voir sa *dame*, afin de juger si elle était aussi belle femme qu'il était bel homme. Le train arriva.

« Mon locataire descendit d'un wagon des premières avec son *épouse*, — une grande personne, mince — une tournure superbe et gracieuse tout à fait. — Quant à son visage, il était caché sous un voile plus épais que le feuillage de ce marronnier, et plus sombre qu'une nuit sans lune... — impossible de voir seulement le bout de son nez.

« Je me souviens parfaitement que j'en restai tout désappointé, comme un imbécile.

« — Ah! vous voilà, Dominique? — me dit le monsieur — bonjour...

« — Je suis venu pour le cas où je pourrais être utile en quelque chose à monsieur...

« — Je vous remercie, mais je ne crois pas que je profite de votre bonne volonté... — il y a beaucoup de paquets, — un employé du chemin de fer va les amener à la maison dans une petite voiture.

« Pendant que mon locataire s'occupait à reconnaître ses bagages, je restai près de la dame.

« Elle avait un grand châle sur son bras gauche et elle tenait de la main droite une ombrelle et la laisse d'une superbe petite levrette blanche... — Ah! la jolie bête!

« La levrette s'impatientait, et jappait, et tirait son collier de toutes ses forces, si bien que la jeune dame se trouvait dans un grand embarras, n'ayant pas les mains libres.

« — Monsieur — me dit-elle alors d'une voix douce comme une musique — auriez-vous la complaisance de tenir Gibby un instant?

« Gibby, c'était la chienne blanche.

« Je pris la chaînette bien vite, et la levrette, devinant, rien qu'à me flairer, que j'aimais les chiens, se mit à me caresser comme si elle m'avait connu toute sa vie... — Je vous dis que ces animaux-là ont un instinct de tous les diables!

« Un facteur du chemin de fer traîna, dans une petite charrette, les malles et les caisses, et tout le monde s'en alla vers la Maison rose, moi compris, tenant toujours le chien.

« La cousine de ma femme avait fait le déjeuner — mais il manquait bien des choses.

« On n'avait pas pensé au vin.

« Je me chargeai d'en aller chercher au galop chez le traiteur.

« Le monsieur me donna une pièce d'or pour payer. — J'achetai et je rapportai, dans un panier, dix bouteilles, à trente sous chaque. — Ça faisait juste quinze francs. — Je voulus remettre *cinq* francs au monsieur... — Il me dit :

« — Gardez cela pour votre peine...

« Ça complétait quarante-cinq francs qu'il m'donnait depuis trois jours. — Croyez-vous qu'il savait vivre, celui-là?

« Tandis que j'étais en train de remercier de mon mieux, la jeune dame entra dans la salle à manger. — Elle avait ôté son chapeau et son voile.

« Ah! messieurs, le beau visage! — quand je vivrais mille ans, je ne l'oublierais jamais!...

« Vous comprenez que je ne saurais pas vous la décrire, cette dame, — d'ailleurs, il y a dans la maison un dessin qui est son portrait, et très-ressemblant, — ça vous donnera une idée d'elle, mais ça ne sera pas encore comme si vous l'aviez vue... — C'était une figure si blanche et si pâle, avec des yeux comme il ne peut point en exister de pareils, et quelque chose de triste et de doux! — Enfin, de la regarder, ça vous allait à l'âme et ça vous donnait envie de vous mettre à genoux devant et de lui faire votre prière...

« Est-ce drôle, hein?...

« Pauvre jeune dame! — elle souriait, et elle disait à son mari :

« — Mais, mon ami, tout ceci est charmant... charmant...

« Et quand je pense... — quand je me souviens...

« Enfin!... — qu'est-ce que vous voulez? — je suis un homme, pas vrai? — et un solide... — Eh bien! tel que je vous le dis, pas moins, ça me fait mal encore aujourd'hui... »

Dominique fit une nouvelle pause.

Sa rude figure, encadrée dans d'épais favoris fauves, avait pris une expression attendrie et mélancolique.

Il passa à deux reprises sa manche sur ses yeux.

Était-ce pour essuyer une larme?

Je ne sais quel est l'effet produit sur vous, cher lecteur, par les pages que vous avez sous les yeux, et si ces pages vous causent une impression analogue à celle que je ressentais en écoutant parler Dominique...

Cette impression — il faut bien que j'en convienne — était puissante, et je ne faisais d'ailleurs aucun effort pour lui résister.

Certes, le récit du garde-chasse était long, diffus, embarrassé d'une foule de menus détails, insignifiants en apparence. — Un narrateur plus habile aurait pu raconter en quelques mots ce qu'il venait de délayer outre mesure...

Eh bien! tel quel, ce récit me *prenait* complétement.

— Dans cette histoire si simple d'une location — d'un emménagement — d'une arrivée, il n'y avait rien encore — exactement rien — et pourtant, de même qu'on devine parfois, en regardant un ciel encore pur, l'orage qui va bientôt éclater, je voyais poindre les germes d'un immense intérêt sous la naïve et interminable phraséologie du garde.

Paul, moins habitué que moi à voir partout l'embryon d'un drame ou d'un roman, me paraissait tout aussi attentif et tout aussi intéressé que moi-même.

Dominique obtenait, auprès de ses deux auditeurs, un véritable succès, et certes le brave homme ne songeait guère à s'en enorgueillir.

Les hurlements de Pataud avaient cessé. — Seulement de temps à autre l'honnête animal, comme pour nous rappeler qu'il n'était pas loin de nous et qu'il s'associait à nos émotions, poussait un gémissement prolongé.

— Eh bien! — dis-je à Dominique — la suite?...

— Voici, monsieur.

Et il continua.

— Donc, mon locataire et sa jeune dame s'étaient installés, et je vous assure qu'ils menaient une vie bien tranquille et qu'il n'y avait pas grand'chose à dire sur leur compte.

« La cousine de ma femme me racontait tout ce qui se passait à la Maison rose, et j'apprenais par là qu'il ne s'y passait rien.

« D'abord, et contre la coutume générale, les nouveaux arrivés ne firent de visite à personne dans la colonie — et naturellement personne ne vint les voir, car, selon la civilité, c'était à eux de commencer.

« La jeune dame s'appelait Marguerite. — Le monsieur s'appelait Henry.

« Il devait avoir un autre nom que celui-là, mais il ne le portait pas.

« J'ai vu les bandes des journaux qu'il recevait. — Il y avait dessus, tout simplement : *Monsieur Henry — à la Maison rose — à Maisons-Laffitte*.

« Quant aux lettres, il n'en venait jamais. — Il n'en est pas arrivé une seule en deux ans, — du moins à ce que m'a dit la cousine de ma femme — et elle devait bien le savoir, puisque c'était elle qui recevait le facteur tous les matins quand il apportait les feuilles publiques...

« Madame Marguerite passait son temps à travailler dans la broderie — ou à lire — où à soigner les fleurs du jardin. — Il venait bien un jardinier en journées, mais c'était pour nettoyer les allées et tailler les arbres. — Madame seule s'occupait des plates-bandes.

« Monsieur et madame allaient quelquefois ensemble, — mais pas souvent — dans les endroits les moins fréquentés du parc, et pour sortir madame portait toujours sur son chapeau ce même voile noir épais qu'elle avait en arrivant par le chemin de fer.

« On aurait dit qu'elle craignait de se montrer... — sa figure était pourtant bonne à voir — et on n'aurait pas trouvé dans la colonie une plus belle, ni seulement une aussi belle... — et croyez ce que je vous dis!...

« Vers le milieu de l'été, monsieur acheta un joli canot à la voile et à l'aviron.

« Il savait le *patiner* comme un marinier fini. — Il était gris et noir, ce canot, avec son nom, *l'Ablette*, écrit en lettres d'or à l'arrière. — Monsieur l'amarrait avec une chaîne et un cadenas à un pieu au bas du coteau, tout en face de la maison. — Le canot n'y est plus mais le pieu y est toujours.

« Presque tous les soirs alors, à la tombée de la nuit,

monsieur mena madame se promener sur l'eau — et ils ne rentraient que bien tard, surtout quand il y avait de la lune.

« Monsieur prenait de temps en temps le chemin de fer et s'en allait à Paris. — Madame jamais.

« L'automne se passa — les feuilles tombaient — les chemins devenaient mauvais — il y avait, les matins et les soirs, de grands brouillards sur la Seine. — Maisons-Laffite n'est pas gai pendant l'hiver, allez!!...

« M. Henry et madame Marguerite ne sortaient plus pour aller sur l'eau. — J'avais même aidé à mettre le canot à sec et à le porter sous le hangar d'un pêcheur dont la bicoque est sur la berge.

« Je me disais :

« — Voilà le mauvais temps venu... — monsieur et madame vont s'en retourner à la ville!... — et j'ajoutais : — Ils sont heureux, ces gens riches! — l'été ils ont le soleil, les arbres, les fleurs, — l'hiver ils se divertissent d'une autre façon... les spectacles, les danses, tout le tremblement!...

« Eh! bien, pas du tout.

« M. Henry me fit venir un matin et me questionna pour savoir où il fallait s'adresser pour avoir une provision de bois...

« Je lui demandai :

« — Est-ce que monsieur reste ici cet hiver?

« Il me répondit que oui.

« Ça m'étonna — mais ça ne me regardait pas. Je lui fis avoir une provision de beau et bon bois, et à bon compte... — les pièces de vingt francs allaient toujours leur train, de temps en temps.

« L'hiver finit comme il avait commencé.

« Quand le printemps fut revenu, la vie du jeune ménage recommença pareille à celle de l'année d'avant. — On remit le canot à flot. — Madame soigna ses fleurs: — il me sembla que monsieur allait à Paris un peu plus souvent que l'autre année — mais je n'en pourrais pas jurer — et toujours le soir on les voyait, l'un avec l'autre, sur l'eau, et, pendant que monsieur maniait les avirons, la levrette Gibby aboyait à la lune...

« A quoi bon parler quand on n'a rien à dire?... — mieux vaut se taire, n'est-ce pas, messieurs?...

« La vérité est que je ne saurais rien vous raconter de ce qui se passa à la Maison rose cet été-là et l'hiver d'après, tant c'était toujours et exactement la même chose...

« La seule différence, c'est que, l'hiver arrivé, monsieur allait à Paris tous les deux ou trois jours.

« La cousine de ma femme m'a raconté aussi que madame Marguerite avait par moment l'air bien triste — qu'elle passait des journées entières assise dans son fauteuil, ou à moitié couchée sur un *sopha*, sans rien regarder, sans travailler et sans lire, et qu'on lui voyait les yeux rouges quelquefois.

« Enfin, on en arriva au printemps d'il y a trois ans .. Dominique interrompit son récit pour nous dire :

— Vous voyez bien la grille, n'est-ce pas?

— Assurément, — répondis-je.

— Faites attention qu'elle se ferme de deux manières — d'abord avec une serrure — et, ensuite, par un verrou qui est ajusté contre les volets, en dedans, et qui ne peut se pousser et se tirer que depuis l'intérieur... — Voyez-vous le verrou?...

— Oui.

— C'est bon.

— Mais, quel rapport?...

— Attendez un peu, vous allez comprendre tout à l'heure... — Je vous ai dit que la cousine de ma femme s'en allait tous les soirs, vers les huit heures, après avoir fini son ouvrage. — Il y avait deux clefs de la serrure de la grille — elle en emportait une, pour entrer le matin avant que monsieur et madame ne soient éveillés. — Jamais on ne poussait le verrou. — Elle avait aussi une double clef de la porte de la maison.

« Un soir du mois de juin, je faisais ma ronde dans le parc, comme de coutume.

« Il était dix heures. — Il faisait chaud tout autant qu'en plein juillet. — Ciel superbe — point de lune, mais des étoiles par millions. — On y voyait clair quasiment comme à la tombée du jour et ça donnait envie de se promener dans le parc pendant toute la nuit, ma parole d'honneur!

« J'avais Pataud avec moi. — Nous ne nous quittons guère. — Il était de trois ans plus jeune — pauvre bête!!...

« Nous arrivions, lui et moi, devant la Maison rose, à vingt-cinq ou trente pas de la grille,

« Voilà que, tout d'un coup, j'entends la levrette de madame Marguerite qui se met à crier d'une façon si plaintive et si triste que ça m'en fit de la peine.

« — Bon — pensais-je — cette pauvre Gibby a fait des sottises et M. Henry la corrige!... — Mais, n'empêche, il faut qu'il la batte terriblement fort pour la faire crier de cette façon-là!!... une bête si petite et si délicate, c'est grand dommage!...

« Ça ne dura d'ailleurs pas plus d'une minute.

« La levrette se tût — mais ne voici-t'il pas que Pataud, dès que la petite chienne ne dit plus rien, commença à hurler à pleine gorge, absolument comme il hurlait quand nous sommes arrivés ici il y a un quart d'heure.

« Je me mis à rire tout seul, et je me dis :

« — Ces animaux, ça se soutient l'un l'autre mieux que les chrétiens!... — On corrige Gibby — Pataud crie!!...

« Il est de fait que Gibby et Pataud se connaissaient, et que, quand ils se rencontraient dans le parc, ils ne manquaient point de faire ensemble des parties qui n'en finissaient plus...

« J'appelai mon chien.

« Ah! bien oui!! — Il paraissait avoir pris racine dans cet endroit-là, et il pleurait et gémissait comme un perdu!!...

« Pour en finir, je fus obligé d'attacher à son collier la bretelle de mon fusil, et de le traîner après moi, car il ne voulait pas s'en aller, et il hurlait comme un beau diable.

« Rentré à la maison je l'enfermai dans son chenil, et il fit le même vacarme toute la nuit, grattant la porte à la démolir, et même que ma femme me disait :

« — Mais, mon Dieu, qu'a donc ce chien?... — Il faudrait tâcher de le faire taire... nous ne fermerons pas l'œil!!...

« Mais j'avais beau crier et jurer, et faire claquer un fouet près de la porte du chenil... — rien n'y faisait.

« Le lendemain, sur le coup de huit heures, j'allais sortir pour ma tournée du matin, quand voici que la cousine de ma femme arrive chez nous, toute effarée et toute essouflée.

« — Dominique — qu'elle me dit — Dominique, mon cousin, j'ai peur...

« — Et, de quoi?...

« — Qu'il ne soit arrivé un malheur à la Maison rose...

« Tout de suite je pensai au cri de Gibby la veille au soir, et au sabbat que Pataud avait fait toute la nuit.

« Aussi, j'avais comme un frisson en demandant :

« Un malheur, cousine? — Quel malheur?...

« — Je ne sais pas...

« — Enfin, qu'est ce qui vous inquiète?...

« — D'abord, je n'ai pas pu ouvrir la grille...

« — Bah! — est-ce que la serrure est forcée?...

« — Pas du tout, la clef joue bien, mais on a poussé le verrou dans l'intérieur.

« — Voilà qui est particulier!!... — Il fallait sonner...

« — C'est ce que j'ai fait...

« — Eh! bien?...

« — Eh! bien, personne ne m'a répondu... — J'ai appelé. — J'ai carillonné. — J'ai tapé contre la porte pendant plus d'un quart d'heure... — rien! — et Gibby, Gibby qui aboie toujours comme une folle quand elle entend sonner — Gibby n'a pas bronché...

« Il me vint une sueur froide à la racine des cheveux et je me sentis si bouleversé que j'en dis une bêtise grosse comme le mont Valérien.

« — Peut-être que monsieur et madame sont sortis, et qu'ils ont emmené le chien, — m'écriais-je.

« — Et qui donc alors aurait poussé le verrou en dedans? — demanda la cousine en haussant les épaules.

« Elle me regardait comme un imbécile, et elle avait bien raison. — Le fait est que j'étais inquiet à en perdre la tête.

« Je dis alors :

« — Allons-y, et vite, — et s'il y a quelque chose, nous verrons bien...

« Je lâchai Pataud, qui s'était un peu calmé vers le point du jour, et je me mis à courir du côté de la Maison rose avec la cousine.

« A mesure que nous approchions, mon chien recommençait à gémir, et, quand nous fûmes arrivés devant la grille, il se remit à pousser ses hurlements enragés de la veille.

« Mon inquiétude ne diminuait point, au contraire... — J'étais comme la cousine, j'avais peur... — Je frappai. — Je sonnai. — J'appelai... — Rien. — Rien. — Rien...

« La cousine et moi nous nous regardâmes. — Nous étions pâles tous les deux.

« — Il faudrait enfoncer la grille... — me dit-elle.

« — Une grille en fer!! impossible...

« — Eh! bien, passez par-dessus la palissade...

« — Ça, je le pourrais bien — mais s'il est arrivé quelque chose, comme je commence à le craindre bien fort, je ne veux pas être seul pour découvrir et pour constater ce malheur...

« — Comment donc faire?...

« — Prenez vos jambes à votre cou, la cousine, et allez vous-en chercher M. le commissaire de police et un serrurier... — Si vous rencontrez en route, par hasard, un ou deux gendarmes, ramenez-les avec vous, il n'y aura peut-être pas de mal...

« Je n'avais pas encore fini de parler que déjà la cousine s'en allait à toutes jambes du côté de Maisons.

« Figurez-vous que, dans ce moment-là, mes jambes tremblaient si fort que je ne pouvais presque pas me tenir debout.

« Je fus obligé de m'asseoir sur l'une des bornes qui sont de chaque côté de la grille.

« Tout à coup je sautai en l'air.

« Pendant la moitié d'une seconde j'espérai qu'il n'était rien arrivé du tout, — que le verrou avait été poussé la veille par distraction — que M. Henry et madame Marguerite venaient seulement de s'éveiller, et que la porte allait s'ouvrir.

« Un chien aboyait dans la cour et les volets de la grille s'agitaient fortement, comme s'ils avaient été poussés par derrière.

« — Eh! monsieur Henry — criais-je — c'est moi... moi, Dominique...

« Un hurlement du chien me répondit seul.

« Tout mon espoir s'envola... — Je venais de reconnaître la voix de Pataud.

« Plus impatient encore que moi, il avait sauté d'un bond par dessus les clôtures. — Il gémissait dans l'intérieur et grattait les volets de la grille, comme pour m'appeler à lui.

« Je retombai sur ma borne et je ne sais pas combien de temps se passa ainsi...

« Enfin, je vis venir à moi plusieurs personnes qui se hâtaient.

« C'étaient la cousine — le commissaire — un serrurier et un gendarme.

« — Le serrurier se mit à travailler la grille avec ses outils — poursuivit Dominique — mais le verrou intérieur était solide, et comme M. le commissaire ordonnait d'éviter de trop grands dégâts, on n'avançait point en besogne.

« Je proposai alors de passer par-dessus les clôtures pour aller tirer le verrou. — Mon offre fut acceptée, comme la seule raison, et je me mis à faire le tour de l'enclos pour tâcher de découvrir un endroit où quelque branche pendante, à laquelle je m'accrocherais, m'aiderait à escalader la palissade.

« Je ne tardai guère à trouver ce que je cherchais.

« Une fois dans l'enclos, je me coulai à travers les massifs — tout en jetant des coups d'œil vers la maison. — Les fenêtres étaient fermées, les portes aussi.

« On ne voyait rien de suspect.

« Les oiseaux chantaient, les poissons rouges sautaient dans le bassin pour attraper les petites mouches qui volaient au soleil.

« C'était une matinée superbe.

« J'arrivai à la grille et je l'ouvris.

« Tout le monde entra, et nous nous dirigeâmes vers la maison, le commissaire en tête.

« Le serrurier s'apprêtait à forcer la serrure de la porte du vestibule, mais, rien qu'en tournant le bouton, elle s'ouvrit.

« La première chose que je vis sur les dalles, ce fut la levrette étendue morte, déjà raide, et la langue hors de la gueule.

« Je ramassai la pauvre Gibby, en me disant que quand je l'avais entendue crier, la veille, c'était son cri de mort qu'elle poussait!...

« Il n'y avait pas une goutte de sang sur son poil. — Elle avait été étranglée.

« — Oh! oh!... — fit le commissaire — voilà qui s'annonce mal!...

« Le gendarme hochait la tête, en homme qui s'y connaît et qui sait que quand il est arrivé malheur aux bêtes, dans une maison, le plus souvent aussi il est arrivé malheur aux gens.

« — Où est le salon? — demanda le commissaire.

« — Là — répondit la cousine en ouvrant la porte.

« Dans le salon, il n'y avait rien. — Tout était en ordre.

« — Et la chambre à coucher?

« — Au premier étage.

« — Passez — dit le commissaire au gendarme, en le faisant monter le premier dans l'escalier.

« Je venais ensuite — puis la cousine — puis le serrurier.

« Sur le carré, le gendarme s'arrêta.

« Il y avait deux portes qui étaient celles des deux chambres.

« — A droite ou à gauche? — fit-il.

« — A droite.

« Le gendarme frappa trois petits coups contre la porte.

« Bon nombre!... — Ceux qui étaient là dormaient d'un sommeil dont rien ne pouvait les éveiller!...

« On ne répondit pas....

« Il ouvrit...

« Mais à peine avait-il ouvert qu'il recula de deux pas en s'écriant d'une voix sourde :

« — Ah! mon Dieu!...

« Le commissaire recula comme lui.

« Moi, j'étais comme un homme ivre... — Je voulais voir — je voulais savoir... — Je me glissai entre eux et j'allongeai ma tête et mon cou par l'ouverture de la porte.

« Alors je vis.....

« Ah! messieurs, messieurs, quel spectacle!... — Il semble que rien que d'y penser je dois être aussi blanc que le col de ma chemise. »

Je regardai Dominique.

Il ne se trompait pas. — Sa pâleur était effrayante.

— Faut être homme!... — dit-il ensuite — ce qui passé est passé!... — J'ai raconté tout ça bien souvent sans que ça me fasse autant d'effet — mais je ne l'avais jamais raconté dans l'endroit même... enfin, suffit...

« Bref, au milieu de la chambre il y avait une grande mare de sang caillé.

« M. Henry était par terre — le dos appuyé contre le bois d'un sopha. — Sa tête pendait sur sa poitrine, à moitié séparée de ses épaules par un coup de couteau dans sa gorge.

« A trois pas de lui, et tout étendue, était madame Marguerite. — Elle avait dans le cœur le couteau qui venait de tuer son mari, — le manche sortait de la plaie.

— Un sillon de sang avait coulé sur la robe de soie grise et formait comme un ruisseau jusqu'à la grande mare du milieu de la chambre.

« Ses beaux cheveux noirs s'étaient défaits dans sa chute, — ils couvraient tout le parquet autour d'elle, et ils trempaient, par le bout, dans le sang.

« Ses yeux ouverts étaient déjà ternes et ses lèvres violettes, et sa figure de cire, et, malgré cela, si belle... — tenez je la vois... je la vois encore... »

Dominique se tut et cacha son visage dans ses deux mains. — Paul et moi nous restâmes un moment troublés et nous respectâmes son silence qui dura quelques minutes.

— Et voilà, — dit-il ensuite brusquement, — voilà pourquoi personne, à l'heure qu'il est, ne veut habiter la Maison rose.

— Ah! ça, mais, — m'écriai-je, — vous ne nous avez pas tout dit...

— Faites excuse, monsieur.

— Qu'arriva-t-il ensuite?

— Il n'arriva rien.

— Voyons, Dominique, racontez-nous les recherches faites, les enquêtes commencées par la justice.

— Ça n'est pas lourd à raconter. — Le commissaire verbalisa (je crois bien que c'est comme ça que ça se dit), — le procureur impérial arriva avec son juge d'instruction, et la gendarmerie en masse, et tout le bataclan... — On fouilla le pays — on arrêta une demi-douzaine de vagabonds qui furent relâchés au bout d'un mois...

— Et on ne découvrit rien?...

Dominique fit claquer un de ses ongles sur sa dent.

— Pas ça! — dit-il ensuite. — Ah! si, je me trompe, on découvrit quelque chose, mais ça ne fit qu'embrouiller l'affaire...

— Quoi donc?...

— C'est que le double assassinat n'avait pas eu pour but de faciliter un vol.

— Ah ah!.. et comment en acquit-on la certitude?

— L'assassin, ou les assassins, avaient eu à leur disposition la nuit tout entière pour dévaliser la maison si ça leur avait convenu — et rien ne manquait, ni dans la boîte à l'argenterie, ni dans les tiroirs tout ouverts où il y avait des pièces d'or et des billets de banque; — la montre de M. Henry était toujours dans son goussset et celle de madame Marguerite toujours à sa ceinture...

— Mais, alors, le motif de ces meurtres abominables?

— Cherchez!... — si vous trouvez, vous serez plus habile que ceux qui ont cherché avant vous...

— Enfin, on a fait des suppositions?

— On en a fait cent — c'est absolument comme si on n'en avait pas fait, puisqu'elles se contredisaient toutes.

— Vous ne nous avez point expliqué par où l'assassin était entré et ressorti, puisque le verrou se trouvait poussé en dedans...

— C'est juste. — Eh! bien, le gredin avait fait à l'avance et sur les derrières du jardin un trou dans la palissade, en enlevant les fils de fer et en coupant les lattes avec son couteau... — Ah! il y a encore autre chose dont je ne vous ai point parlé, mais je crois bien que cela n'a aucun rapport avec l'affaire.

— Dites toujours...

— Deux semaines environ après le crime, on trouva dans la rivière le corps d'un homme. — Ce corps paraissait avoir séjourné dans l'eau au moins quinze jours, et il était entièrement défiguré. — Cependant, à sa chaîne de montre, à une bague qu'il portait au doigt, et à ses boutons de chemises, il fut à peu près reconnu, par les maîtres de l'hôtel du Cheval blanc, pour être celui d'un individu qui avait logé chez eux pendant plusieurs mois, et qui était parti, deux jours avant le crime, en annonçant qu'il s'en allait en voyage et qu'il ne reviendrait pas; — et encore, les maîtres de l'hôtel n'auraient pu jurer de rien, car le noyé était presque chauve et le monsieur qu'ils connaissaient avait des cheveux gris très-épais. — Après ça, peut-être portait-il perruque...

— Ce monsieur, — l'individu qui avait logé au Cheval blanc, — quel homme était-ce?...

— Physique d'ancien militaire un peu cassé, — de soixante-dix à soixante-quinze ans — le teint très-brun — des lunettes à verres bleus qui lui cachaient les yeux entièrement. — Il paraissait riche.

— Et, sur le noyé, aucun papier?...

— Pas une ligne. — Seulement, dans un porte-monnaie, pas mal de louis d'or... — Sauf les cheveux, les deux personnes, le noyé et le voyageur, se ressemblaient beaucoup. — Autant du moins qu'on en pouvait juger dans l'état du corps.

— Et la justice a essayé de rattacher la découverte de ce corps à la ténébreuse affaire de la Maison rose?

— Oui, monsieur — mais ça n'a abouti exactement à rien, pas plus que les recherches faites pour savoir qui étaient M. Henry et madame Marguerite...

— Ainsi, la justice est restée dans une ignorance complète à cet égard?

— Oui, monsieur, — c'est pour ça que je disais : Le procureur impérial et le juge d'instruction y ont perdu leur latin!... — Comme il ne se présentait pas d'héritiers, le gouvernement a fait vendre à la criée, par autorité de justice, les effets, — les bijoux, — le mobilier. — Personne n'en voulait. — Le propriétaire de la Maison rose a acheté, pour presque rien, tous les meubles, et il les a laissés là où ils étaient. — Eh! bien, malgré le bon marché, l'affaire n'a pas été fameuse... — Personne ne veut louer la maison. — Depuis l'assassinat elle est restée vide. — C'est pour ça, et afin de la désensorceler, que le propriétaire s'est décidé à la laisser à bon compte, pour un an, à la personne qui consentira à la prendre... — Quand on y aura vu quelqu'un, les amateurs reviendront et elle vaudra son prix comme avant... — Maintenant vous en savez aussi long que moi... — Voulez-vous visiter l'intérieur?

— Ce n'est pas la peine, — dit vivement Paul, — je ne la louerai pas... — Je me connais... je suis nerveux, — il me serait impossible de dormir dans cette chambre où tant de sang a coulé... — Si je fermais les yeux un instant je ferais des rêves affreux... — Je croirais voir ce jeune homme avec sa tête à moitié séparée du corps, et cette jeune femme étendue sur le parquet avec un grand couteau planté dans le cœur... — brr!... allons nous-en...

— Mon cher ami, — répliquai-je, — louez ou ne louez pas, ceci vous regarde, mais moi je veux voir...

— Comment, vous ne trouvez pas suffisante l'énorme dose d'émotion que nous venons d'absorber?..

— Ces émotions seraient incomplètes, si, maintenant que je connais le dénoûment du drame inconnu qui s'est joué ici, je n'en explorais pas le théâtre...

— A votre aise, mon cher... — Je vais vous attendre.

— Vous n'entrez pas avec nous?

— Non, certes... Mon tempérament n'est pas assez fort... — Je suis déjà souffrant;—si je franchissais le seuil de cette maison, je sens que je tomberais malade...

J'insistai d'autant moins que le visage de Paul avait revêtu des tons verdâtres, indices irrécusables d'un malaise très-réel.

— Je serai à vous avant cinq minutes... — lui dis-je en le quittant.

Et je me dirigeai avec Dominique vers le pavillon.

VI. — L'Intérieur.

Dominique ouvrit la porte de la maison.

Nous pénétrâmes dans un vestibule de moyenne grandeur, pavé de dalles en pierre polie, alternativement blanches et noires, et au milieu duquel se trouvait la cage de l'escalier.

Le garde frappa du pied une des dalles.

— C'est là qu'était le corps de la pauvre petite levrette — me dit-il.

Puis il ajouta :

— Il y a une chose qui m'a toujours étonné...

— Quelle chose?

— Jusqu'au moment où elle a poussé son hurlement d'agonie, Gibby n'aboyait point, comme fait un chien qu'on poursuit et qui a peur...

— Que prétendez-vous conclure de cela ?...

— Que la pauvre bête connaissait celui par qui elle a été étranglée — et cependant M. Henry et sa femme ne recevaient personne...

— En effet — dis-je — cela est étrange... comme tout le reste, — car tout est étrange et mystérieux dans cette horrible affaire... — Cet assassin féroce, qui tuait, mais sans voler, et contre lequel la levrette n'aboyait point, qui donc pouvait-il être ?... — A ce crime qui semble avoir été commis sans motifs, quel motif inouï le poussait ?...

— Ah ! monsieur — murmura le garde — quand vous vous serez demandé cela aussi souvent que je me le suis demandé, vous aurez plus de cheveux gris que vous n'en avez...

— Voici le salon — dit-il ensuite en tournant le bouton d'une porte.

J'entrai.

Ce salon était décoré simplement, mais avec goût — les causeuses larges et les dormeuses profondes étaient capitonnées et recouvertes d'une charmante étoffe perse gris pâle, avec des bouquets de roses, de lilas et de chèvrefeuille.

Sur la cheminée se voyaient une jolie pendule Louis XVI, deux candélabres du même style et deux cornets du Japon.

Un meuble de Boule faisait face à un piano d'ébène incrusté de cuivre. La table du milieu avait un tapis turc aux couleurs éclatantes.

Une lanterne chinoise pendait à la rosace du plafond.

Contre les murs étaient accrochées cinq ou six aquarelles, largement et spirituellement peintes, mais non signées.

La touche de ces aquarelles rappelait — quoique de loin — celle de Decamps.

Tout enfin dans ce salon paraissait jeune et plein de gaîté, malgré la couche de poussière qui recouvrait les meubles.

Je ne donnai qu'un coup d'œil à la salle à manger voisine. — La table — les étagères — les chaises, étaient en chêne noir richement sculpté.

Il y avait là quatre études de chevaux, à l'huile, presqu'aussi belles que les peintures d'Alfred de Dreux, et évidemment de la même main que les aquarelles du salon.

— Montons au premier étage, — dis-je à Dominique.

Une minute après — et non sans une sorte de bizarre trépidation intérieure — je franchissais le seuil de la chambre à coucher dans laquelle s'était joué le dernier acte de la sanglante tragédie dont le prologue et les péripéties s'enveloppaient d'une impénétrable obscurité.

Depuis ces deux fenêtres de cette chambre on découvrait le riant paysage dont j'ai déjà parlé.

Le regard, franchissant la pelouse, les clôtures et la grille, allait se reposer sur la pente douce du coteau s'abaissant vers la Seine, sur les collines de l'autre rive, et sur les collines qui bordaient l'horizon.

Par ces deux larges ouvertures la lumière entrait à flots, mettant en relief les moindres détails du mobilier.

Mon premier mouvement fut d'aller jusqu'au milieu de la chambre et de me pencher vers le parquet.

— Ah ! — murmura Dominique — on a rabotté — on a lavé — on a ciré — ça n'empêche pas qu'on voit toujours quelque chose... — Pour que toute trace disparaisse, il faudrait changer les planches...

En effet, sous l'encaustique brillant qui recouvrait le parquet de chêne, on distinguait une large zone arrondie, d'une teinte un peu foncée que le reste.

— Voyez-vous, monsieur, — reprit le garde — le sang sur du bois c'est comme un remords dans une conscience — on a beau faire, ça tient toujours...

Dominique me montra dans l'un des angles une sorte de petit tête-à-tête, très-bas.

— Venez, monsieur — me dit-il — c'est là contre que M. Henry avait le dos appuyé quand j'entrai dans la chambre, le matin...

Tout frissonnant, et pour éloigner de ma pensée les souvenirs de cette boucherie humaine, je forçai mon attention à se fixer sur l'ornementation de la pièce.

La tenture, évidemment posée par les soins de M. Henry, était, à coup sûr, emblématique.

C'était une toile perse à fond presque blanc, semé de nombreux bouquets exclusivement composés de *marguerites*, et noués avec des rubans bleus formant des lacs d'amour.

Une idée subite me traversa l'esprit.

— Dominique — demandai-je — ces messieurs du parquet ont-ils fait attention à cette tenture ?

— Qu'est-ce que monsieur appelle *tenture* ?

— La toile qui couvre ces murs.

— Ils ne l'ont pas seulement regardée.

— Ils ont eu tort, car cette toile fournissait peut-être un moyen de savoir qui était M. Henry — et, une fois qu'on aurait été fixé à cet égard, en quinze jours, et sans doute en moins encore, on aurait connu l'assassin...

Dominique me regarda fixement pour tâcher de comprendre ce que je voulais dire, mais il était bien facile de voir qu'il n'en venait point à bout.

Je m'explique.

— Madame Henry s'appelait *Marguerite*, n'est-ce pas ?

— Oui, monsieur.

Je touchai, du bout du doigt, un des bouquets de la tenture.

— Connaissez-vous ces fleurs ?

— Pardieu, oui.

— Comment les nommez-vous ?

— Des *marguerites*.

— Il est clair pour moi que M. Henry, amoureux comme il devait l'être de sa jolie compagne, a choisi, ou même commandé cette étoffe, parce qu'elle répétait en cent endroits le nom de sa femme...

— Tiens ! tiens ! tiens ! je n'avais jamais pensé à cela, moi ! — s'écria Dominique.

Je poursuivis :

— Or, ce dessin est assez rare pour qu'on retrouve facilement dans Paris le marchand qui a fabriqué ou qui a vendu cette toile. — Ce marchand retrouvé désignera l'endroit où il a fait la livraison de sa marchandise — on ira dans cet endroit — on suivra ainsi pas à pas, dans le passé, la trace de M. Henry, comme un chien de chasse suit la voie d'un lièvre, et, une fois qu'on aura reconstruit l'existence antérieure du malheureux jeune homme, on saura à qui il a pu inspirer des pensées de haine et de vengeance, et l'on arrivera tout droit à l'auteur d'un assassinat, dont la haine et la vengeance ont été les seuls mobiles!

En disant ce qui précède, je m'étais animé — je m'étais convaincu moi-même.

Dominique m'écoutait avec une admiration manifeste et que d'ailleurs il ne cherchait point à dissimuler.

Peut-être bien, dans son for intérieur, se disait-il que je devais être le chef de la police de sûreté.

Je poursuivis mon examen.

Le lit et tous les sièges étaient capitonnés avec une étoffe pareille à celle de la tenture.

L'armoire à glace et les petits meubles, en chêne sculpté, offraient une richesse élégante et décelaient les goûts artistiques de ceux qui s'en étaient entourés.

Les vases, en vieux céladon craquelé, placés de chaque côté d'une pendule de Boule, avaient une assez grande valeur.

— Mais — dis-je à Dominique — vous m'avez parlé d'un portrait, je ne le vois pas...

— Il se trouve dans la chambre où madame Marguerite se tenait le plus souvent...

— Et, où est cette chambre ?

— A côté de celle où nous sommes.

Dominique m'en ouvrit la porte et je pénétrai dans une sorte de charmant boudoir, rempli de ces mille petits objets d'art, de ces élégantes superfluités que les femmes aiment à rassembler autour d'elles.

Je ne regardai qu'à peine, dans ce moment, toutes ces choses qui cependant méritaient un examen spécial, et j'allai droit à un cadre ovale, suspendu contre la muraille recouverte d'un papier grenat.

Ce cadre renfermait un portrait dont l'effet immense était obtenu par les procédés les plus bizarres, car l'artiste avait employé tout à la fois pour l'exécuter, le crayon — le pastel — l'aquarelle et la gouache.

Je m'arrêtai longtemps devant ce portrait, absorbé dans une muette extase.

— *Quand on regardait madame Marguerite,* — avait dit le garde — *on se sentait l'envie de se mettre à genoux devant elle et de lui faire sa prière.*

Cette forme naïve de langage cachait une pensée profonde et vraie.

Le visage qui m'apparaissait offrait en effet, dans la coupe incomparablement pure de ses traits, et surtout dans son expression, quelque chose de plus qu'humain.

Ce front si jeune et si chaste, couronné de cheveux noirs splendides, semblait appeler une auréole.

La bouche avait un doux et triste sourire qui n'était point celui des femmes de la terre.

Les yeux surtout, les yeux, — dont la prunelle d'un bleu sombre offrait les teintes de la mer, quand elle reflète dans ses eaux calmes le profond azur du ciel d'Italie, — semblaient fixer leurs regards rêveurs vers une autre partie.

Involontairement ce regard faisait penser à la *Mignon* de Gœthe, incarnée sous le pinceau d'Ary Scheffer.

— Pauvre femme! pauvre femme! — murmurai-je en essuyant une larme involontaire.

— N'est-ce pas, monsieur — me dit Dominique — n'est-ce pas qu'elle était bien belle?...

— Plus que belle! — répondis-je — ceci n'est point la tête d'une femme... C'est la tête d'un ange.

— Ah! c'est qu'elle était bonne comme un ange, la chère dame! — Pendant tout le temps que la cousine de ma femme est restée dans son service, elle ne lui a jamais dit un mot plus haut que l'autre...

Je repris :

— Et c'est dans cette pièce qu'elle se tenait habituellement?

— Oui, monsieur — là, près de la fenêtre — assise sur cette grande chaise longue que voici... — Quand il faisait chaud, et que la fenêtre était ouverte, quelquefois Gibby se couchait sur le bord extérieur, tout de son long, la tête sur ses pattes... — Si je passais sur le revers du coteau, avec mon chien, faisant ma ronde, Gibby nous reconnaissait tous les deux, Pataud et moi;—alors elle se mettait à aboyer en frétillant la queue;—madame Marguerite levait la tête de dessus sa broderie ou son livre, — je la saluais, — elle me faisait un petit signe pour me dire bonjour. — Ça me faisait plaisir...—Croiriez vous que j'aimais presqu'autant recevoir un sourire de madame Marguerite qu'une pièce ronde de M. Henry...

— Et vous dites que pendant la dernière année elle avait l'air triste?

— Oui, monsieur, bien souvent, la pauvre dame... — Tenez, un jour, je devais aller à l'affût avec un des gardes de la forêt de Saint-Germain — je vins demander à madame si elle voulait des lapins de garenne pour le lendemain. — J'avais rencontré M. Henry qui s'en courait au chemin de fer pour prendre le convoi filant sur Paris. — La cousine me fit monter. — Madame était là où nous sommes, assise devant ce petit bureau tout ouvert — elle écrivait, une lettre, mais sur un cahier de papier blanc... — Elle se tourna vers moi en souriant, mais elle avait les yeux rouges et il était bien facile de voir qu'elle venait de pleurer.

Machinalement je regardai le meuble que Dominique désignait par ces mots : — *un petit bureau.*

— C'était une sorte de secrétaire, fort ancien et d'un curieux travail de marqueterie, — en bois rose — avec des garnitures de cuivre ciselé et doré du modèle le plus élégant.

A coup sûr ce joli meuble devait porter dans un de ses recoins la signature de *Risener* — cette signature si chère aux amateurs de meubles-bibelots.

— Est-ce que vous croyez que M. Henry rendait sa femme malheureuse? — demandai-je.

— Oh! pour ça, non, monsieur... — M Henry n'avait pas pour deux liards de méchanceté, et c'était un homme de bonnes manières tout à fait, — Je crois qu'il ne cherchait point à faire du chagrin à madame Marguerite, bien loin de là, mais qu'il la laissait un peu trop souvent seule... et une femme seule, naturellement, ça s'ennuie.

— Dominique, combien louait-on cette maison avant l'événement?

— Mille francs par an, pas meublée.

— Et vous êtes sûr qu'aujourd'hui le propriétaire la laisserait, telle qu'elle est, pour cinq cents?...

— Ah! je le crois bien, que j'en suis sûr! — et qu'il serait joliment content encore!

— Eh bien! je la prends pour cette année et pour ce prix.

— Pas possible!

— Non-seulement c'est possible, mais c'est certain.

Et comme je tenais à passer, moi aussi, aux yeux de Dominique, pour *un homme de bonnes manières*, je lui donnai un louis en lui disant :

— Et, puisque c'est vous qui êtes chargé de la location, voici mon denier à Dieu...

Dominique salua.

— Je remettrai toutes les clefs à monsieur en sortant fit-il; — faudra-t-il nettoyer le jardin?

— Non — je tiens à ce qu'il reste tel qu'il est.

— Si c'est l'idée de monsieur... monsieur est bien le maître d'avoir, pour son argent, un jardin en mauvais état...

Je jetai un dernier regard au portrait de Marguerite et nous redescendîmes.

— Sapristi! — s'écria Paul — vous y avez mis le temps, mon cher ami; — savez-vous qu'il est cinq heures?... — Je meurs de faim et j'aurai mal à l'estomac pendant au moins une semaine!...

— Nous allons dîner chez le restaurateur de l'avenue... — Maintenant je suis bien aise de vous dire qu'ici, mon cher Paul, vous êtes chez moi, et que je vous y offre l'hospitalité, si vous le désirez, pour tout l'été.

— Vous avez loué! — s'écria Paul.

— Parfaitement.

— Bah!...

— C'est comme ça.

— Eh bien, mon cher ami, je vous remercie de votre offre, mais je n'en profiterai pas. — J'irai demain chercher un logement à Saint-Germain.

— A votre aise!

Nous dînâmes, et une heure après nous montions dans un train qui nous ramenait à Paris.

VII. — Recherches.

Pendant toute la durée du dîner mon ami Paul, dans un but d'hygiène et afin de ne point troubler son appétit par des pensées tristes, s'était abstenu de prononcer une seule parole qui eût trait à la sinistre histoire que Dominique nous avait racontée.

Mais, une fois que nous fûmes installés dans notre diligence et roulant sur la voie ferrée, les mêmes raisons de silence n'existant plus, Paul me dit :

— Ah çà, c'était une plaisanterie, n'est-ce pas?...

— Quoi donc?

— Vos projets sur la Maison rose?...

— Mais non, mon cher, pas le moins du monde.

— Sérieusement, vous avez loué?

— Très-sérieusement.

— Vous m'en voyez stupéfait!...

— Et, pourquoi cela, je vous prie?...

— Pour toutes sortes de raisons.

— Lesquelles?

— D'abord, pas plus tard que ce matin, vous n'aviez nullement l'intention de venir habiter Maisons-Laffitte...

— Et cette intention ne m'est point venue.

J'interrogeai les concierges P. 18.)

— Vous n'habiterez pas?
— Non.
— Mais, alors, pourquoi avez-vous loué?
— Parce que j'avais besoin que la Maison rose fût à ma disposition pour un projet que je médite...
— Peut-on connaître ce projet?...
— Très-bien. — Il me semble que le dernier mot n'a pas été dit dans la terrible affaire du double assassinat d'Henry et de Marguerite...
— Et vous voulez trouver ce dernier mot?
— Je veux du moins le chercher...
— Ainsi vous allez, tout simplement, recommencer pour votre propre compte, et en manière de distraction, l'instruction criminelle qui n'a pas abouti?...
— Je n'ai point qualité pour recommencer, comme vous le dites, une *instruction criminelle*. — Je n'ai pas non plus à ma disposition les ressources nécessaires.—Je désire essayer de porter la lumière sur certains faits qu'on a laissés dans une obscurité profonde, et je ne désespère point d'en venir à bout...
— Et comment diable comptez-vous faire pour vous retrouver dans ce dédale où la justice a perdu sa peine et ses pas?...
— Voulez-vous me permettre de me servir, pour rendre ma pensée, d'une comparaion excessivement prétentieuse?...
— Oui .. oui... faites...
— Eh bien, le classique labyrinthe était, lui aussi, un inextricable dédale. — Un homme jeté au hasard parmi ses méandres était perdu sans ressources..; — Mais, supposez un fil conducteur, et admettez que l'homme égaré rencontrât sous ses doigts le bout de ce fil, il n'avait plus qu'à se laisser guider par le peloton sauveur, — toute difficulté s'aplanissait sur-le-champ devant lui...— Le labyrinthe devenait une grande route...

— Oui, certes, — mais votre comparaison pèche par la base...
— En quoi?
— Vous m'avez fait admettre le fil conducteur, le fil d'Ariane, et, dans l'affaire de la Maison rose, ce fil manque...
— En êtes-vous sûr?...
— Existerait-il, par hasard?
— Je le crois.
— Et vous le tenez?
— Je l'espère...
— Ah! diable!!... Vous êtes un habile homme, dans ce cas, et je suis forcé de convenir que les romanciers seraient de jolis juges d'instruction!!
— Je n'en ai jamais douté.
— Enfin, je vous souhaite bonne chance dans vos recherches, et beaucoup de plaisir. — Mais, que vous deviez ou non arriver à un résultat, je ne comprends guère le motif qui vous fait agir...
— Expliquez-vous...
— C'est facile. — On a tué M. Henry et madame Marguerite, — c'est un malheur, — un grand malheur, — un crime affreux, — mais cela ne vous touche en rien...
— Ceci est tout à fait juste...
— On a cherché les meurtriers, — on ne les a pas trouvés. — Tant pis, car enfin, pour parler comme un réquisitoire, il est déplorable que la société reste désarmée en face d'un abominable forfait, et que la vindicte publique ne soit point satisfaite. — Mais ceci est surtout vrai en théorie générale. — Quant à ce qui vous concerne personnellement, vous ne connaissiez en aucune façon les deux victimes, — elles ne sont point vengées, qu'est-ce que ça vous fait?...
Je restai pendant une ou deux secondes sans répondre.

Gibby vint enfin poser sur l'un des genoux du jeune homme, avec une confiance audacieuse, sa ravissante tête vipérienne (P. 22).

Paul continua vivement :

— Tous les jours, mon cher ami, vous pouvez lire dans la *Gazette des Tribunaux* des crimes hideux dont les auteurs restent inconnus. — Cela ne vous émeut cependant que dans des limites fort raisonnables et vous n'enfourchez point votre grand cheval, vous ne revêtez pas votre armure de bataille, pour courir, comme un vrai chevalier errant, après des bandits inconnus!!..

L'idée de Paul me parut originale.

Je me mis à rire.

— Rire n'est pas répondre! fit-il.

— Je suis de votre avis, et non-seulement pour cela, mais encore pour tout ce que vous venez de dire... — Vos raisonnements sont logiques et inattaquables. — Je ne veux pas les combattre, je ne le pourrais pas...

— Alors, vous convenez que vous allez vous embar- quer, sans raison plausible, dans une entreprise ardue ?

— Oui, pardieu, j'en conviens! — Vous avez parlé tout à l'heure des chevaliers errants... Eh! mon cher ami, leurs traces sont bonnes à suivre... — Cervantes, un homme de génie, a voulu les ridiculiser à tout jamais dans son Don Quichotte... — il a complètement échoué.

— Don Quichotte est un fou sublime et non pas un gro- tesque !!...

— Ceci, mon cher, est excellent à dire, et peut-être à imprimer, mais cela ne prouve rien...

— Tant mieux, car je ne veux rien prouver... — Je suis guidé par un sentiment, et non par un calcul. — Ce sentiment, donnez-lui le nom qui vous conviendra...

— Appelez-le curiosité si vous voulez — je ratifierai tout, — mais je n'en irai pas moins en avant... — J'ai inventé si souvent des conclusions de romans et de dénoûments de drame, que je suis bien aise d'aller au fond de cette tragédie, jouée sans coulisses, sans rampe, sans souf- fleur, et dont nous connaissons le sanglant épilogue. —

Au moins une fois dans ma vie j'aurai vu un drame réel...

— Faites donc, puisque vous le voulez absolument, et promettez-moi de me tenir au courant de vos découver- tes...

— J'en prends bien volontiers l'engagement.

Le train avait dévoré l'espace.

Il entrait en ce moment dans la gare de Paris.

Paul et moi nous échangeâmes une dernière poignée de mains et nous nous séparâmes, pour ne plus nous revoir peut-être avant un an ou deux, puisque c'est le dieu hasard seul qui se charge de nous réunir.

§

Étonnerai-je beaucoup mes lecteurs en leur disant que, dès le lendemain, par le premier convoi, je retour- nai à Maisons-Laffitte?...

J'entrai seul dans la Maison rose dont le garde, la veille, m'avait remis les clefs et je contemplai de nou- veau, longuement et avec un étrange et religieux respect, le sublime portrait de Marguerite.

Cette contemplation raviva mon ardeur, et plus que jamais m'affermit dans la résolution de faire tout au monde pour découvrir la vérité sous les ténèbres épais- ses qui l'enveloppaient...

Ma course matinale, d'ailleurs, avait un but.

Je m'étais muni d'un canif extrêmement tranchant. — J'écartai le lit de la muraille, et, dans un endroit où les rideaux cachaient sa tenture, je détachai un carré de l'étoffe aux bouquets de marguerites. — Ce carré était petit, mais il indiquait l'ensemble du dessin d'une façon tout à fait suffisante.

Je serrai dans mon porte-monnaie le résultat de ce vol innocent, et je repris le chemin de Paris.

2

J'avais souvent entendu parler d'un magasin de la rue Vivienne dont la spécialité est *d'assortir* les étoffes anciennes et nouvelles. — Les commis de ce magasin sont des explorateurs intrépides. — Vous leur donnez un échantillon du tissu que vous désirez, et, avant trois jours, n'existât-il qu'un mètre de ce tissu dans Paris, ce mètre est chez vous.

Un de ces actifs et intelligents employés reçut de mes mains le morceau de toile perse avec mission de découvrir d'où provenait cette toile, et me promit une réponse pour le surlendemain, entre midi et midi et demi.

Au jour et à l'heure convenue, mon domestique introduisait le commis dans mon cabinet de travail.

— Mauvais résultat, monsieur — me dit-il — la toile perse dont voici l'échantillon a été exécutée sur commande, d'après un dessin donné — il n'en a été fait qu'un très-petit nombre de mètres, la totalité en a été prise par la personne qui avait fourni le dessin, il y a de cela six ans. — En ce moment vous n'en trouveriez pas dans Paris un centimètre, fussiez-vous décidé à le payer mille écus, — mais, si vous le désirez, on peut en quelques semaines vous fabriquer une perse identiquement semblable...

Ce que l'employé regardait comme un résultat mauvais, était au contraire pour moi un résultat brillant, inespéré, inouï !...

Du premier coup mes recherches se trouvaient incroyablement simplifiées, et, sans aucun doute, elles allaient aboutir à quelque découverte importante.

— Ainsi — demandai-je au commis — cette étoffe a été reconnue par le fabricant qui l'a fournie ?

— Oui, monsieur.

— Donnez-moi le nom de ce fabricant, je vous prie.

— Le voici.

Et le commis, prenant dans son portefeuille une carte, me la présenta.

Une heure après, j'étais chez l'industriel désigné.

Selon l'habitude invariable de presque tous les marchands de Paris, il mit à me répondre la plus grande complaisance.

Les livres furent compulsés, et il ressortit de leur examen que la toile perse illustrée de bouquets de marguerites avait été commandée par un monsieur HENRY VARNER, et livrée chez lui, rue de Provence, n° 9, à une époque indiquée d'une façon précise, et qui se trouvait concorder avec l'arrivée du jeune ménage à Maisons-Laffitte.

Ainsi donc je ne m'étais pas trompé, je tenais dans mes mains l'extrémité du fil conducteur.

Pendant quelques instants, j'eus la crainte de le voir se briser presque aussitôt entre mes mains.

Je courus au n° 9 de la rue de Provence et j'interrogeai les concierges.

Hélas ! ils n'étaient là que depuis quatre ans, — ils ignoraient tout ce qui s'était passé dans cette maison avant cette époque, — ils ne savaient même pas le nom de leurs prédécesseurs dans les prérogatives du cordon.

Il me fallut recourir au propriétaire.

Nouveau déboire !

Il y avait juste cinq ans que la maison avait changé de maître.

J'allai chez le précédent propriétaire.

Il était mort !

Le hasard, qui d'abord avait paru vouloir me favoriser, se tournait maintenant contre moi d'une façon évidente. Je ne me décourageai point.

À force de recherches, je parvins à découvrir, dans la rue des Fossés-Saint-Victor, où ils tenaient une petite maison garnie, les ci-devant seigneurs et maîtres de la loge du n° 9.

C'étaient de bonnes gens, à qui les étrennes de leurs anciens locataires avaient procuré une sorte d'aisance, ou du moins les moyens de se créer une industrie.

Et cependant, — voyez un peu jusqu'où l'amour-propre va se nicher ! — les époux Taupier (tel était leur nom) se sentaient humiliés par toute chose leur rappelant l'ancienne profession qui les avait enrichis !...

Ces honorables *logeurs à la nuit* rougissaient d'avoir été concierges ! — *Oh ! vanité des vanités ... et tout est vanité !*

Je fus donc reçu avec une grâce tout à fait médiocre quand je vins interroger les époux Taupier, et les prier de chercher dans leurs souvenirs ce qu'ils y trouveraient de relatif à M. Henry Varner, ex-habitant du numéro 9 de la rue de Provence.

Mais chacun sait qu'avec un gâteau de miel on apprivoisa Cerbérus lui-même.

J'employai un procédé analogue et je m'en trouvai bien.

VI. — Découvertes.

Les ex-concierges me firent de leur ci-devant locataire un portrait qui s'accordait merveilleusement avec la description de Dominique.

Le Henry Varner du n° 9 de la rue de Provence, et le jeune inconnu de Maisons-Laffitte, étaient du même âge, — grands tous les deux, — également minces, — également bruns, — avec de longues moustaches noires.

Enfin, l'un comme l'autre s'appelait *Henry*.

Seulement M. Varner, à l'époque où il avait habité la rue de Provence, n'était pas marié.

Ma conversation avec les époux Taupier fut longue. — À mesure que se ranimaient en foule leurs souvenirs, réveillés par mes questions, je prenais des notes.

Le résultat de mes investigations doit trouver place dans la suite de ce récit, — mais il importe de dire dès à présent à mes lecteurs que M. Henry Varner, parti pour un long voyage deux ans avant l'époque de son déménagement, avait laissé pendant dix-huit mois son appartement à la garde de ses concierges, et, au bout de ce temps, n'avait guère reparu dans la maison qu'une dizaine de fois, pour y recevoir livraison d'objets commandés par lui, et en réalité ne l'habitant plus, jusqu'au jour où il avait fait enlever son mobilier par un tapissier.

— Ainsi, — demandai-je, — M. Varner, revenu d'un long voyage, aurait passé quelque temps à Paris dans un autre appartement que celui qu'il occupait dans votre maison ?...

— Il le faut bien, puisqu'à dater du moment où nous avons connu son retour, il n'a pas couché une seule fois dans son logement.

— Et qu'avez-vous supposé ?

— Pardine, tout naturellement qu'il y avait par là-dessous quelque histoire de femme...

— Mais, vous n'avez jamais vu de femme avec M. Henry ?

Les époux Taupier se mirent à rire bruyamment.

— Oh ! faites excuse, monsieur — me répondit la plus belle moitié de ce couple — nous en avons vu... et beaucoup... et souvent...

— Depuis le retour de M. Henry ?

— Non... non... — avant son départ... — depuis, quand il venait à la maison, et ça n'était pas fréquent, il venait toujours seul.

En outre de ce que j'avais appris directement des logeurs de la rue des Fossés-Saint-Victor, je trouvais dans mes notes fournies par eux de nombreux jalons qui pouvaient me diriger à coup sûr, et m'être d'une très-grande utilité pour mes recherches ultérieures.

C'est ce qui ne manqua pas d'arriver.

Après quelques semaines consacrées par moi à explorer le passé de Henry Varner, j'arrivai à une connaissance, sinon bien approfondie, du moins suffisante, de la position sociale, des habitudes, du caractère et des relations de celui que me préoccupait si fort.

Seulement je le perdais entièrement de vue au moment de son départ pour le voyage de dix-huit mois qui avait précédé son installation à Maisons-Laffitte ; — après son retour à Paris, je ne retrouvais pas sa trace, et, enfin, je ne rencontrais aucun indice relatif à une personne qui me semblait bien autrement intéressante qu'Henry Varner, — je veux parler de madame Marguerite.

Toutes mes recherches, à l'égard de cette dernière, n'avaient abouti à rien — exactement à rien.

Le découragement s'emparait de moi, — je commençais à me dire que je m'étais embarqué dans une entreprise au-dessus de mes forces, — et cependant je me résignais difficilement à m'avouer vaincu, et à renoncer à l'idée de découvrir un jour le mot de la sombre et fatale énigme que je poursuivais.

Il est vraisemblable pourtant que, de guerre lasse, j'allais abandonner cette tâche impossible, dire adieu à cette solution vainement pourchassée, devenue pour moi un cauchemar de tous les instants, et qui depuis longtemps déjà me détournait de tout travail sérieux, de toute occupation régulière.

Et voilà qu'au moment où je ne la cherchais plus, — où je ne l'espérais plus, — la solution vint à moi.

Voici comment :

J'étais allé passer une après-midi à la Maison rose.

Je voulais dire adieu à ce beau portrait devant lequel j'avais si souvent rêvé, et que je me sentais décidé à ne plus revoir.

Assis en face de ce visage idéal, — je songeais, tout en le contemplant, — à l'étrangeté des destinées humaines... — Je songeais à cette jeune femme dont l'heure suprême avait sonné sitôt, — je songeais à cette tombe qui gardait un secret de sang...

Et j'interrogeais du regard les regards de la muette image... — Il me semblait que ses yeux allaient s'animer, — il me semblait que ses lèvres immobiles allaient s'entr'ouvrir et murmurer à mon oreille le dernier mot du secret tant cherché.

Un souvenir traversa soudain mon esprit.

Je me rappelai quelques paroles prononcées par Dominique, le jour où pour la première fois j'avais visité en sa compagnie l'intérieur de la Maison rose.

Dominique m'avait dit :

« Madame était là, où nous sommes, ass'se devant ce petit bureau tout ouvert.. — Elle écrivait, *non pas une lettre*, *mais sur un cahier de papier blanc*... — Elle se retourna, et je vis bien qu'elle avait les yeux rouges, et qu'elle venait de pleurer... »

Ces mots : — *Non pas une lettre*, *mais sur un cahier de papier blanc*, — s'imprimèrent dans mon esprit en caractères de feu et me parurent contenir toute une révélation.

Marguerite était triste jusqu'au désespoir, ses larmes éloquentes l'attestaient, — et pourtant elle écrivait, et ce qu'elle écrivait n'était pas une lettre...

Qu'était-ce donc?...

Pour moi, ceci ne faisait même pas question...

Évidemment, — à l'exemple de tant d'autres jeunes femmes, — Marguerite confiait au papier ses chagrins, ses peines, ses douleurs...

Marguerite, n'ayant pas une amie à qui elle pût ouvrir son âme et dévoiler les blessures de son cœur, trouvait une sorte d'amère consolation à écrire des pages que personne ne lirait jamais...

Ces pages, Marguerite, sans doute, devait les soustraire aux regards d'Henry, de celui qui faisait couler ses pleurs... Elle les cachait donc.

Surprise à l'improviste par la mort, elle n'avait pu détruire ces manuscrits qui renfermaient une part de sa vie.

Ces manuscrits, à coup sûr, devaient exister encore... Mais, où ?...

Mes yeux s'arrêtèrent sur le petit secrétaire en bois de rose, et il me parut évident que ce meuble devait renfermer la cachette de Marguerite.

Je l'ouvris aussitôt, — j'enlevai tous les tiroirs, — j'examinai les jointures du bois avec l'attention d'un agent de police anglais qui flaire un nid de fausses bank-notes.

Un résultat prompt et décisif couronna cette exploration.

Je découvris, sur l'une des parois du meuble, une sorte de défaut semblable à ces nœuds qui se rencontrent dans le bois.

A tout hasard j'appuyai mon doigt sur ce nœud, et, à ma grande joie, je le sentis céder sous la pression.

En même temps j'entendis le craquement sec d'un ressort qui se détendait, — un mince panneau, revêtu d'élégantes incrustations, glissa dans des coulisses invisibles.

Le secrétaire avait un double fond, et plusieurs cahiers de la grandeur d'un volume in-octavo remplissaient ce double fond.

Avec quel battement de cœur je m'emparai de ces papiers qui pouvaient être d'une si capitale importance pour le résultat de mes recherches!

L'adolescent timide et tendre qui pour la première fois de sa vie brise le cachet parfumé d'une lettre d'amour, n'est pas plus ému, je crois, que je ne l'étais en ce moment.

Un rapide regard jeté sur les objets de ma trouvaille m'apprit que mes plus ambitieuses espérances se trouvaient dépassées.

Chacun des cahiers était couvert des lignes serrées d'une petite écriture élégante et fine, et leur ensemble volumineux constituait les mémoires autobiographiques, ou plutôt les souvenirs de la vie entière de celle par qui ils avaient été remplis.

J'emportai à Paris mon précieux butin, et je passai la nuit à dévorer ces pages dont l'intérêt me sembla prodigieux.

A mesure que j'avançais dans ma lecture, les ténèbres épaisses autour d'Henry et de Marguerite se dissipaient, comme s'envolent les brumes du matin sous les premiers rayons du soleil.

Quand j'eus achevé ma lecture, la tragédie de la Maison rose n'avait plus de secrets pour moi. — Je connaissais les motifs du crime, je savais le nom de l'assassin !...

Je pourrais publier ces *souvenirs* de Marguerite sans y rien changer, — sans en retrancher une seule ligne, — mais il me faudrait les compléter sans cesse en y joignant ce que mes investigations précédentes m'avaient appris au sujet d'Henry Varner.

La clarté, et surtout la rapidité du récit en souffriraient.

Pour cette raison, — et pour quelques autres, — je préfère garder ici ma place d'historien véridique, et vous raconter moi-même, chers lecteurs, le prologue et les péripéties du drame dont vous savez le dénoûment.

C'est ce que je vais faire.

FIN DE L'INTRODUCTION.

PREMIÈRE PARTIE

—

UN AMOUR EN PROVINCE.

—

I. — Une ville de province.

Nous prions nos lecteurs — et au besoin nous les requérons (comme on dit en style judiciaire) — de remonter avec nous de cinq ou six ans en arrière et de nous accompagner dans une petite ville qu'ils ne connaissent probablement que de nom, et qui se trouve dans cette vieille province de Franche-Comté où nous les avons déjà conduits plus d'une fois.

Cette petite ville n'est autre que Vesoul, chef-lieu du département de la Haute-Saône.

Nous avons si peu d'envie de nous lancer, à propos de Vesoul, dans de pittoresques descriptions — auxquelles, d'ailleurs, le sujet se prêterait avec une rare complaisance — que nous allons en dire ni plus ni moins que les cours de géographie à l'usage de la jeunesse studieuse, et en particulier la *France illustrée* du savant Malte-Brun.

« Vesoul — siége d'une préfecture — d'un tribunal de première instance — d'une société d'agriculture — d'un collége communal — d'une école normale préparatoire et d'une école secondaire ecclésiastique, était autrefois une des deux principales villes du bailliage d'Amont, avec présidial, prévôté, recette, maîtrise particulière, chapitre fondé d'abord à Calmouthier au xi° siècle, transféré à Vesoul au xvi° et uni à son église par une bulle du pape Alexandre VII en 1658 — dépendait du diocèse, du parlement et de l'intendance de Besançon.

« Cette ville, dont la population est de 6,625 habitants, est située sur la rivière le Durgeon, dans un bassin d'une grande fertilité, où coulent deux petites rivières qui y réunissent leurs eaux, et dont les limites sont dessinées par une ceinture de collines peu élevées, sur lesquelles s'étagent de riches vignobles.

« Elle est dominée par une montagne conique qu'on appelle la Motte de Vesoul, et dont les flancs, quoique escarpés, sont cependant couverts de vignes et de pâturages.

« De son sommet le regard embrasse un panorama aussi vaste qu'intéressant. Les six ou sept cents maisons de Vesoul, groupées au pied de cette pittoresque éminence, forment des rues larges, bien percées, bien entretenues.

« On y remarque peu d'édifices anciens, ce qui s'explique par les nombreuses transformations que la guerre a fait subir à cette cité; — mais il y a quelques belles constructions parmi les monuments d'utilité publique—l'église paroissiale possède un maître-autel d'une grande richesse et un mausolée décoré de figures très-remarquables. — Citons encore l'hôtel de ville — la caserne de cavalerie — l'hôtel de la préfecture — l'hospice civil et militaire... »

. . . .

Nous en avons fini avec Malte Brun et consorts.

Ajoutons que Vesoul possède une salle de spectacle dans laquelle de malheureux comédiens, abandonnés sinon de Dieu du moins des hommes, viennent de temps en temps jouer (et de quelle façon!) — les vaudevilles du Palais-Royal et les drames du boulevard devant cent écus de recette...

Ajoutons encore que Vesoul (ville éminemment littéraire à ce qu'il paraît) — ne compte pas moins de deux cabinets de lecture, dans lesquels ce pauvre roman viendra prendre place à côté de ses aînés.

A l'époque où se passèrent les faits que nous allons raconter, le chemin de fer de Mulhouse à Paris n'existait point encore, et deux entreprises rivales et célèbres, les messageries Laffitte et Caillard et les messageries de la rue Notre-Dame-des-Victoires, se disputaient les voyageurs.

Il y avait, en outre, la malle-poste, et une foule de petites entreprises particulières, faisant le service entre des localités plus ou moins éloignées.

Vesoul, se trouvant sur le chemin de l'Alsace et de la Suisse et dans le très-proche voisinage des eaux thermales de Plombières et de Luxeuil, était donc, surtout pendant l'intervalle compris entre le mois de juin et le mois d'août, le théâtre d'un mouvement extraordinaire.

Des diligences de toutes sortes s'arrêtaient à toutes les heures du jour et de la nuit en face des trois ou quatre bureaux de la grand'-rue, et les deux hôtels de la Madeleine et de la Cigogne regorgeaient de voyageurs.

Que les temps sont changés!... — Quantum mutatus ab illo!

Aujourd'hui les wagons du chemin de fer glissent en grondant sur leurs rails, avec un long panache de fumée, et les voyageurs se contentent de saluer au passage la petite cité où rien ne les appelle.

Au mois de septembre de l'année qui nous occupe, une diligence venant de Plombières traversa la ville au grand trot de ses trois chevaux, avec force bruit de grelots et claquements de fouet, et s'arrêta devant les bureaux de son administration.

Il était cinq heures du soir et la voiture devait stationner à Vesoul pendant une heure avant de partir pour Besançon.

Les représentants des deux hôtels dont un peu plus haut nous avons écrit les noms, se précipitèrent aux portières et les ouvrirent, en répétant sur des tons identiques les phrases stéréotypées en pareille circonstance :

— Faut-il faire transporter les bagages de ces messieurs à l'hôtel de la Madeleine?

— Faut-il transporter les bagages de ces messieurs à l'hôtel de la Cigogne?

Un grand jeune homme brun, qui se trouvait seul dans le coupé, descendit en répondant :

— Ni à l'un, ni à l'autre...

Puis, s'adressant au conducteur de la voiture qui venait de l'amener, il reprit :

— Veuillez donner l'ordre de décharger les effets qui m'appartiennent et de les porter aux bureaux de celle des diligences dont le départ pour Paris est le plus prochain.

— Aux Laffitte et Caillard, alors — répondit le conducteur — ce sont elles qui passent les premières...

— Le bureau est-il loin?

— A vingt pas d'ici.

Le grand jeune homme brun alluma un cigare, tout en surveillant le transbordement de ses colis; — il se débarrassa, moyennant quelques sous, d'une nuée de petits vauriens qui, la main droite armée d'une brosse en mauvais état, l'obsédaient, sous prétexte de vouloir cirer ses bottes vernies — et, enfin, il se dirigea vers les bureaux des messageries Laffitte et Caillard.

— A quelle heure passe la voiture pour Paris? — demanda-t-il à l'employé.

— A onze heures du soir.

Le jeune homme fit une moue prononcée.

Six heures d'attente sur le pavé d'une petite ville, c'était là, en effet, une perspective peu attrayante. — Mais le mal était sans remède.

Le voyageur reprit :

— Je voudrais pour Paris une place de coupé.

— Il m'est tout à fait impossible de vous la promettre.

— Pourquoi donc?

— Parce que, la voiture venant de Mulhouse, il est probable que les meilleures places seront occupées depuis le point de départ...

— Mais, alors, si la voiture arrivait ici absolument pleine?

— Les voyageurs de Vesoul ne partiraient pas.

Nouvelle moue, plus prononcée que la première; — mais cette fois encore le mal était sans remède.

— Enfin — demanda le jeune homme brun — il est peu vraisemblable, n'est-ce pas, que je sois obligé de remettre mon départ à demain? — Que diable! les diligences ne doivent pas crier : Complet! comme les omnibus du boulevard les jours de pluie.

— Tranquillisez-vous, monsieur — dit l'employé en riant, — je crois pouvoir vous répondre que, bonne ou mauvaise, vous aurez une place... — Il est extrêmement rare, en effet, que la voiture soit au complet en arrivant ici...

Le voyageur, un peu rassuré par cette promesse, quitta le bureau et gagna l'hôtel de la Madeleine.

Une cloche légèrement fêlée annonçait l'heure du dîner de table d'hôte.

Laissons notre jeune homme satisfaire un appétit aiguisé par le tangage et le roulis d'une diligence de troisième ordre, et traçons de sa personne un rapide croquis.

— Sa qualité de principal personnage de notre récit lui donne des droits incontestables à cette prérogative.

Il était grand et brun, — nous l'avons déjà dit et répété plus d'une fois. — Nous devons ajouter que sa taille mince et souple était exempte de roideur et de tout déhanchement.

Il marchait avec grâce—chose rare!—et sa tournure ne rappelait ni celle d'un jeune substitut empesé, compassé, pédant — ni celle, extra-désinvolte, d'un sous-lieutenant de houzards ou de lanciers. — Ses moindres mouvements avaient quelque chose de moelleux sans apprêt, et de cadencé sans prétention.

Ses traits, fins et réguliers, — prodigieusement expressifs et d'une extrême mobilité — offraient tout à la fois le type français et le caractère italien.

La coupe du visage — le regard et le sourire étaient évidemment parisiens. Les lignes du nez et du front — le noir bleuâtre des cheveux et de la barbe — la pâleur bistrée et chaude de la carnation, rappelaient la race transtévérine la plus pure.

L'éclair qui, sous un double réseau de longs cils, jaillissait des prunelles fauves, était franc, sympathique, et devait bien vite, et sous la moindre excitation, devenir passionné.

Des moustaches, très-longues et recourbées en crocs de mousquetaire, encadraient une bouche spirituelle et sensuelle, dont les lèvres, en s'écartant, laissaient voir des dents d'une éclatante blancheur.

Le pied étroit et cambré — la main allongée, et petite plutôt que grande, offraient ces diagnostics presque infaillibles, qui, chez l'homme comme chez les animaux, décèlent la pureté du sang aristocratique.

L'ensemble à peu près irréprochable que nous venons de décrire ne permettait point de prendre le jeune inconnu pour quelque membre de la nombreuse et errante tribu des commis-voyageurs. — Un seul regard jeté sur lui devait suffire, à un observateur de force moyenne, pour le classer sans hésitation dans la caste des privilégiés de la naissance, de la fortune, et, disons le aussi, de l'intelligence.

Le personnage qui nous occupe pouvait être ou un artiste ou un gentilhomme — à coup sûr il était l'un des deux — peut-être tous les deux à la fois.

Son costume, d'une simplicité parfaitement élégante, se recommandait par le soin des détails.

La jaquette, le gilet et le pantalon étaient d'une étoffe légère à petits carreaux gris et noirs. — Le col de chemise se rabattait sur un ruban de soie négligemment noué. — Des bottines d'un bon faiseur dessinaient le pied sans le serrer. — Des gants de peau de Suède et une casquette en soie caoutchouquée, complétaient cette toilette de voyage.

Notre jeune homme mit à son repas la lenteur calculée de quelqu'un qui s'efforce de tuer le temps par tous les moyens possibles.

Mais un dîner de table d'hôte ne saurait s'éterniser, et, après avoir demandé du café — après avoir parcouru d'un œil distrait et avec d'énergiques bâillements les longues colonnes du *Constitutionnel*, — force fut bien au jeune homme de quitter la salle à manger dans laquelle, depuis assez longtemps déjà, il se trouvait seul.

Tout en appelant le garçon pour solder sa dépense, il regarda le cadran de la pendule en zinc bronzé et doré qui décorait la salle, puis celui de sa montre.

— Pas encore sept heures! — murmura-t-il avec une incommensurable tristesse—plus de quatre heures avant le départ!... que faire?...

Et, comme en ce moment le garçon lui rapportait sa monnaie, il lui demanda:

— Y a-t-il quelque chose de curieux à visiter dans la ville?...

L'individu ainsi interpellé fixa sur lui ses yeux ronds et ternes, et lui répondit avec un accent dont nous allons essayer de donner une idée:

— Che ne pourrais bas tire à monsieur... che ne suis bas te Fesoul... che suis te Golmar en Alsaze... Che fais tire au badron te fenir barler à monsieur...

— Inutile... inutile — répliqua vivement le jeune homme — le *badron*, comme vous dites, me réciterait l'article du *Guide du voyageur en France*, ce qui n'est pas indispensable à mon bonheur... — je trouverai tout seul...

— Mais, monsieur, ça serait l'afaire t'un insdand...— le badron flentrait dout te suide...

—Inutile, vous dis-je. — Tenez, prenez ceci pour vous.

Et tandis que l'Alsacien saluait très-bas la main généreuse qui venait de lui donner une pièce de vingt sous, le propriétaire de cette main allumait un nouveau cigare et sortait de l'hôtel.

II. — La promenade.

Notre jeune homme fut guidé par le hasard aussi bien, et peut-être mieux qu'il ne l'aurait été par le propriétaire de l'hôtel de la Madeleine.

Résolûment et sans savoir où il allait, il s'engagea dans une rue qui s'ouvrait presqu'en face de lui, et, après avoir marché pendant cinq minutes, il déboucha sur une place fort vaste et fort laide, mais de l'autre côté de laquelle commençait la promenade publique dont la situation est remarquable.

Cette promenade, plantée de platanes et de tilleuls d'une belle venue, qui forment une voûte de verdure à peu près impénétrable aux rayons du soleil, se trouve à l'entrée et presque au niveau de cet immense bassin circulaire dont parle Malte-Brun, bassin que d'admirables prairies recouvrent d'un tapis toujours vert, arrosé par les eaux capricieuses de deux petites rivières dont les méandres sont innombrables.

Tout à l'entour s'étagent des collines aux crêtes rocheuses et dont la vigne tapisse les flancs.

Enfin, au fond, et s'asseyant au pied des escarpements qui ferment l'horizon, le petit village de Frotey, avec son château disparaissant sous les masses de verdure qui l'entourent et qui versent à flots leur ombre sur des pelouses larges comme des prairies, et qu'enveloppent les eaux transparentes d'une petite rivière bordée d'arbres séculaires — paysage enchanté que l'auteur de ce livre a sous les yeux en écrivant ces pages.

A mesure que notre voyageur se rapprochait de la promenade, il la voyait inondée par une foule presque compacte, et il s'étonnait qu'une si petite ville pût fournir une si grande quantité de promeneurs.

En même temps les sons métalliques des instruments de Sax — les majestueux accents des trombones — les voix argentines des chapeaux chinois et des triangles — les tapages éclatants des cymbales, arrivaient jusqu'à lui...

— Que se passe-t-il donc là-bas? — se demandait-il.

— Vais-je tomber au milieu de la fête du pays?... — Ces beaux arbres recèlent-ils sous leur feuillage toute une population de saltimbanques avec leurs baraques, et d'écuyers nomades avec leurs cirques?...—C'est la seule supposition qui puisse expliquer cette affluence et cette musique... — Pourtant voilà un orchestre qui me semble bien nombreux et bien habile pour être composé de musiciens de fête ou de foire... — Enfin, je vais savoir à quoi m'en tenir...

L'étranger ne tarda guère en effet à s'assurer que ses suppositions, assez vraisemblables il faut en convenir, étaient cependant bien loin de la vérité.

Tous les jeudis, la musique du régiment de dragons en garnison à Vesoul venait sur la promenade, le soir, donner un concert martial aux habitants de la bonne ville.

Ce jour-là était un jeudi et le concert avait lieu comme de coutume, et, comme de coutume aussi, la population avide de distractions d'une cité où toute distraction manque, s'empressait à écouter les belliqueuses fanfares et les marches guerrières.

On pouvait dire qu'à de bien rares exceptions près, la ville entière était là.

Pendant quelques minutes l'étranger trouva une sorte de plaisir à errer au milieu des groupes, examinant avec le sourire de l'ironie aux lèvres ces prétentieuses élégances que Paris ne connaît pas, et ces ridicules qui se trouvent partout, mais qui néanmoins acquièrent en province, et surtout dans les petites villes, un développement tout à fait inusité.

Parfois aussi il se retournait pour suivre du regard un joli visage féminin — une gracieuse tournure — une toilette de bon goût.

— Mais jolis visages — tournures gracieuses — simples toilettes étaient rares! — Que voulez-vous, la province a une malheureuse tendance à l'exagération. — Elle copie Paris, et de la copie, en termes d'atelier, elle fait une *charge*. — Quand Paris est absurde (et il l'est souvent!), la province l'imite et alors elle est grotesque.

Prenons un *exemple* tout près de nous — L'exemple de la crinoline.

Peut-être croyez-vous qu'il était impossible, — oh! mais, *là*, ce qui s'appelle impossible, de dépasser Paris en extravagance — au sujet de cette mode insensée?...

Eh bien, si vous croyez cela, vous êtes dans l'erreur, — dans une erreur matérielle, complète, inouïe.

Si gigantesques que fussent les cercles de baleine ou d'acier qui, sur les boulevards et dans les couloirs des théâtres, obstruaient si parfaitement le passage, — ces cercles n'étaient rien, ou du moins bien peu de chose, à côté de ceux des *élégantes* de province.

J'ai vu — de mes yeux vu — plus d'une jupe provinciale auprès de laquelle la robe de mademoiselle Delaporte, dans *les Toilettes tapageuses*, aurait pu passer pour un de ces *fourreaux*, ornements des belles dames du premier empire...

Ceci est de l'histoire!

Bientôt l'étranger se lassa de sa promenade satirique et solitaire. — Que faire d'une épigramme finement aiguisée, quand d'un *mot* bien réussi, quand on n'a personne sous la main, ou plutôt sous le bras, à qui communiquer l'épigramme ou le mot?...

Il alla s'asseoir sur un banc de pierre à l'extrémité de la promenade la plus éloignée de la ville, et, tout en laissant errer ses regards distraits sur le frais panorama des prairies et des collines dont nous avons dit quelques mots, il prêtait vaguement l'oreille aux mélodies d'Auber, d'Hérold, de Boïeldieu ou d'Adolphe Adam, qui lui rappelaient l'Opéra et l'Opéra-Comique, et qui replaçaient sous ses yeux des profils d'acteurs ou des silhouettes de cantatrices.

Et, en même temps que ses oreilles et ses yeux s'occupaient ainsi, sa pensée vagabondait, poussée à droite ou poussée à gauche, selon tous les hasards du vent de la fantaisie.

Soudain — et après avoir tonné pendant quelques secondes avec un redoublement d'énergie — la musique s'éteignit.

Le concert était terminé.

Il se passa alors, en partie, ce qui se passe dans un théâtre quand la représentation finit. — La promenade perdit en quelques minutes les trois quarts des auditeurs que la musique avait rassemblés et qui, les uns, rentrèrent dans la ville et regagnèrent leurs logis, les autres s'engagèrent avec leurs femmes, leurs enfants et leurs chiens, dans les sentiers de la prairie qui s'étend jusqu'au village de Frotey.

L'inconnu les regarda s'éloigner et se mit à philosopher à perte de vue à propos au sujet de ces bourgeois, de ces marchands, de ces commis, de ces employés, qui passaient devant lui et qui, en passant, le regardaient curieusement en sa qualité d'étranger.

— Tous ces gens-là sont heureux... — se disait-il — heureux d'un bonheur qu'ils ignorent, et qui cependant est le seul vrai — le seul certain — le seul durable...

« Ils ne vivent pas — ils végètent — dans une petite ville qu'ils n'ont jamais quittée — qu'ils ne quitteront jamais — sans rien voir — sans rien savoir — comme des huîtres sur leur rocher; — mais les huîtres sont heureuses!... — et ces bourgeois, plus favorisés qu'elles encore, n'ont à redouter ni la drague du pêcheur, ni la fourchette du gourmet!...

« Que leur manque-t-il, dans cette obscurité profonde où leur existence entière est une sorte de calme et long sommeil? — Ils ont peu de fortune — peu de besoins — peu de désirs. — La maison qui les a vus naître — la rue qu'ils habitent — la cité dont tous les visages leur sont familiers, voilà leur univers.

« Ils ont une famille — des amis — des voisins, — des connaissances. — Ils s'intéressent aux autres et les autres s'intéressent à eux, — ils perpétuent leur race anonyme — ils sont membres du conseil municipal ou ils espèrent le devenir — ils s'abonnent à des journaux qu'ils ne comprennent guère et qu'ils croient beaucoup...

— Ils ont des ambitions et des espérances... Ils font de leurs fils ce qu'ils sont eux-mêmes, c'est-à-dire des citoyens pleins de nullité et pleins de vertus — de leurs filles des ménagères parfaites, sachant tricoter les bas de laine et accommoder les confitures — à demi-servantes pendant la journée, et, le soir, élégantes à falbalas multicolores.

« Tout les occupe... — tout les attire — tout les distrait — ils ignorent l'ennui. — Ils ne sont rien, mais ils se croient quelque chose... — Ah! oui, voilà des gens heureux!!... si heureux que je les envie de toute mon âme, moi qui suis riche, — moi qui suis libre — moi qui deviendrais célèbre si je voulais m'en donner la peine...

« Ah! comme volontiers j'échangerais ma vie bruyante et facile, mais vide et sans but, contre leur existence engourdie, mais pleine de choses infiniment petites qui semblent grandes, vues dans le microscope de leurs regards...

« Et, cependant, je suis l'un des heureux du siècle!!... — Je suis l'un de ces hommes de qui l'on dit : — *Comme ils s'amusent!*... — Comme si, dans l'univers entier, les gens les plus complétement ennuyés n'étaient pas ceux qui s'amusent le plus!!... »

. . . .

L'étranger en était là de son monologue — ou de sa divagation — l'un et l'autre peuvent se dire — et sans doute il allait le continuer indéfiniment, car il se complaisait dans cette boutade solitaire, quand il fut tiré de sa rêverie bavarde par une circonstance extrêmement futile en apparence, ainsi que semblent l'être presque toujours celles qui doivent avoir sur la vie entière une influence absolue et sans limites.

Ce dieu qu'on appelait jadis *le Destin*, et qui n'est ni aussi aveugle, ni aussi sourd qu'on fait parfois semblant de le croire, se plaît à ces railleries bizarres.

Enfin, voici le fait.

La promenade se dégarnissait d'autant plus rapidement que le soleil venait de disparaître derrière les montagnes qui ferment à l'horizon la vallée de la Saône — qu'une brume légère montait à la surface des deux petites rivières courant au milieu des prairies, et que, sous les platanes et sous les tilleuls, une fraîcheur humide commençait à se faire notablement sentir.

De distance en distance, pourtant, quelques groupes attardés se voyaient encore; — mais ils devenaient plus rares de minute en minute, et les personnes qui les composaient se dirigeaient, les unes après les autres, vers l'intérieur de la ville.

Depuis un instant déjà une charmante levrette blanche, de la plus petite espèce, portant un collier de maroquin rouge à son cou de neige, décrivait au galop des cercles rapides autour du banc de pierre sur lequel était assis l'étranger dont elle semblait vouloir attirer sur elle l'attention par ses cabrioles entremêlées de petits cris provocants.

Mais le jeune homme, fort occupé à dérouler les grains du chapelet de *non sens* que nous avons mis sous les yeux de nos lecteurs, n'accordait pas un seul regard aux gentillesses de la coquette petite bête.

La levrette, impatientée sans doute par cette distraction persistante, et voulant en triompher à tout prix, rapprocha de plus en plus ses gambades elliptiques, multiplia les frétillements de sa queue et vint enfin poser sur l'un des genoux du jeune homme, avec une confiance audacieuse, sa ravissante tête vipérine.

Le voyageur aimait les chiens. — (Les membres intelligents de la race canine se trompent bien rarement sur les sentiments qu'ils inspirent) — Il fut touché de la preuve irrécusable de soudaine sympathie que lui accordait la levrette blanche, et, laissant là sans trop de regret son monologue interrompu, il se mit à caresser la charmante petite bête dont la joie se manifesta par une série de gambades folles.

— Quelle tendresse, ma belle petite amie! — dit l'étranger en la caressant de nouveau. — Serais-tu donc égarée, par hasard, et aurais-tu formé le projet de me prendre à ton service en qualité de maître?.:. — Si cela est, fais-le moi comprendre, et je consentirai volontiers à me mettre à tes ordres...

Nous ignorons quelle aurait été la réponse de la levrette *du temps que les bêtes parlaient* (comme dit le bonhomme Jean de La Fontaine dans l'une de ses plus jolies fables).

Sans doute elle se serait écriée :

— Je ne suis ni perdue, ni même égarée — je vis dans une bonne maison où l'on me choie, où l'on me chérit selon mes mérites — ce qui n'est pas peu dire — et si je viens à vous, monsieur l'inconnu, c'est tout simplement parce que vous me plaisez fort, et que je vous le témoigne de mon mieux; à ma façon...

Le jeune homme venait à peine de formuler sa question, qu'une voix masculine et impérieuse s'éleva dans le lointain, et cette voix appelait :

— Gibby!... Gibby!.., eh!... Gibby!!

III. — Gibby.

La levrette entendit cet appel aussi bien que l'étranger, — elle eut un petit tressaillement d'impatience, qui courut depuis ses oreilles fines jusqu'à l'extrémité de sa queue déliée comme celle des lézards verts qui dorment sur les rochers au soleil, mais elle ne fit pas un mouvement pour se rapprocher du maître qui la cherchait.

— Il paraît que nous nous nommons Gibby, ma petite amie? — reprit l'inconnu.

La levrette répondit: *Oui!* par un frétillement rapide et significatif.

— Et nous paraissons fort disposée à faire ce soir l'école buissonnière et à ne pas rentrer au logis!... continua le jeune homme.

La levrette recommença ses courses folles et ses gambades, qu'elle interrompait de seconde en seconde pour venir de nouveau poser sa tête sur les genoux du voyageur.

Pour la seconde fois la voix impérieuse cria, mais plus près:

— Gibby!.. Gibby!.. eh! Gibby!!... ici... ici tout de suite!..

— Allons, Gibby, — fit l'étranger, — il faut obéir.

La levrette secoua la tête d'un air mutin, — et l'on aurait pu jurer que ce mouvement voulait dire:

— Ah! ma foi non!.. l'obéissance n'est pas ma vertu favorite.

Le jeune homme le comprit ainsi :

Il se mit à rire, et il murmura.

— Je le vois bien!

En même temps un troisième appel se faisait entendre.

Gibby se réfugia entre les jambes du jeune homme qu'elle adoptait décidément et qu'elle semblait disposée à ne plus quitter.

— Sacrebleu!.. — dit avec la brusque intonation la voix masculine qui se rapprochait de plus en plus, — sacrebleu, que cette bête est insupportable! — il faudra la corriger avec énergie, Marguerite, et faire en sorte qu'elle perde la fantaisie de ces escapades.

Une autre voix, — voix de femme ou de jeune fille,— murmura quelques mots que le voyageur n'entendit pas distinctement.

Il se retourna et il vit à une très-faible distance, dans la pénombre produite par le crépuscule et par l'épaisseur du feuillage, deux personnes qui se dirigeaient de son côté.

— Ah ç'à, mais, — pensa-t-il, — voilà des gens qui vont me prendre pour un voleur de levrettes, — ce qui serait fort désagréable... — Il faut y mettre ordre.

— Monsieur, — dit-il à haute voix, — si l'animal que vous cherchez est une petite chienne blanche, très-jolie, avec un collier rouge, elle est là, dans mes jambes, et même elle paraît extrêmement désireuse de ne se point séparer de moi...

— Merci, monsieur, — répondit la voix d'homme, — nous allons vous débarrasser de cette vilaine bête!.. Ah! la coquine!..

— Gibby... Gibby... — fit la voix de femme avec une intonation d'une douceur infinie.

Cet appel nouveau triompha à l'instant même de l'entêtement de la levrette.

Elle quitta d'un bond le lieu d'asile qu'elle avait choisi et elle courut à la rencontre des nouveaux venus.

— Scélérate! — dit le maître en brandissant sa canne, — recommenceras-tu donc toujours!

— Oh! je vous en supplie, ne la frappez pas... — dit la jeune femme d'un ton suppliant.

Mais déjà Gibby était hors d'atteinte.

A la vue de la canne levée contre elle, elle avait tourné sur ses jarrets nerveux en poussant un petit cri de frayeur, et en trois élans elle était revenue auprès du jeune homme.

Ce dernier la prit dans ses bras, — se leva, et se dirigea vers les propriétaires légitimes de la levrette.

— Permettez-moi, monsieur — dit-il, — permettez-moi d'implorer la grâce de cette jolie bête... — ne la punissez pas d'avoir cédé au mouvement de vive sympathie que je lui ai très-involontairement inspiré. — Je la remets aux mains de mademoiselle, et je suis certain qu'à l'avenir elle ne se permettra plus la moindre fugue.

— Marguerite vous remercie, monsieur, — dit l'homme à la canne, — et, puisque vous voulez bien vous intéresser à la coupable, je lui fais grâce pour cette fois... — mais qu'elle ne s'avise pas de recommencer! — Je vous ai recommandé bien souvent, Marguerite, de ne jamais sortir avec Gibby sans la tenir en laisse... — Vous savez aussi bien que moi qu'elle est insupportable!..

— Je ne l'oublierai plus, — murmura celle que nous venons d'entendre nommer Marguerite, et qui, au mot de *mademoiselle* prononcé par le voyageur, avait souri d'abord, puis rougi légèrement.

Le moment est venu de tracer un croquis rapide de ces deux nouveaux personnages.

L'homme à la canne était un vieillard de soixante-huit à soixante-dix ans, dont l'apparence, sans être précisément distinguée, n'offrait rien non plus de vulgaire.

De haute taille, — extrêmement maigre, — et très-droit encore, malgré son âge, — il présentait un spécimen accompli du vieil officier en retraite.

Un chapeau de forme basse et à larges ailes couvrait sa tête absolument chauve, sauf une mèche de cheveux gris à chaque tempe, et jetait son ombre sur un visage rude et expressif.

Ses yeux d'un bleu pâle, profondément enfoncés sous l'arcade sourcillière, ne brillaient que d'un éclat intermittent. — La peau des joues se collait comme un parchemin sur les pommettes saillantes. — D'épaisses moustaches, à moitié noires et à moitié blanches, cachaient entièrement la bouche. — Tout le reste de la figure était soigneusement rasé.

Le large ruban rouge de la Légion d'honneur se nouait à l'une des boutonnières de la redingote bleue, très-longue et tombant carrément sur un pantalon blanc un peu court, que la tyrannie des sous-pieds contraignait seule à descendre jusqu'à la botte.

Sa main, large et carrée, recouverte d'un gant noir, tenait cette canne en bambou qui inspirait une si grande frayeur à Gibby.

Rien qu'à regarder cet homme, — vivant bulletin de la grande armée, — on songeait aux héroïques campagnes du premier empire.

Sa compagne formait avec lui le plus frappant de tous les contrastes.

Quoiqu'elle fût grande, il y avait quelque chose de si jeune dans les lignes de la figure — une telle candeur dans le regard — une si rayonnante pureté sur le front blanc et velouté comme le pétale d'un camellia, — il y avait dans tout l'ensemble une telle expression d'innocence et de virginité, que cette jolie et gracieuse personne semblait être arrivée tout au plus à cet âge où l'enfant se fait jeune fille.

C'est à peine si l'on pouvait lui donner seize ans. — Elle en avait cependant tout près de dix-neuf.

Sa mise, d'une simplicité virginale comme son aspect,

Et tout en choisissant des cigares, il demanda au marchand... (P. 26).

n'offrait aucune prise aux remarques de la critique la moins bienveillante.

Sur les beaux cheveux noirs qui de leurs bandeaux lustrés encadraient l'ovale délicieux de son visage, elle avait posé un petit chapeau de paille dont une torsade de velours faisait le seul ornement.

Sa robe de soie grise, unie comme la robe d'une pensionnaire, recélait dans ses moindres plis une grâce sans pareille et découvrait par instants le bout d'un très-petit pied chaussé d'une bottine de satin.

Un mantelet de taffetas noir, bordé d'un étroit ruban de velours, complétait cette toilette irréprochable dans sa modestie.

Autour d'un poignet d'une forme idéale se tordait un étroit bracelet de corail rose, et des gants d'un gris très-pâle enfermaient des mains semblables à celles qu'un grand sculpteur sait trouver dans le marbre de Paros.

On ne pouvait dire que cet enfant fût d'une beauté hors ligne, — souveraine, — éclatante.

Sa beauté ne s'imposait point, comme le font certains radieux visages ; — elle n'éblouissait pas, elle charmait, — elle ne montait pas à la tête, ainsi qu'un vin capiteux, elle remuait doucement le cœur et faisait rêver.

Les yeux surtout, d'un bleu si profond qu'il ne se pouvait comparer qu'à l'azur de la mer ou du ciel d'Italie, les yeux avaient un regard ferme et droit, plein de franchise et plein de pudeur, qui semblait toucher les fibres les plus sensibles de l'âme, et aussi les plus délicates, et qui commandait à la fois le respect et l'adoration.

En quelques secondes le voyageur s'était dit à lui-même tout ce que nous venons d'écrire.

— Comment diable, — se demanda-t-il, — cette angélique créature peut-elle être la fille de cette vieille culotte de peau ?.. — Comment ce classique troupier, crayonné cent fois par Charlet, a-t-il engendré la Mignon

de Goëthe ?.. — Phénomène ! — phénomène bizarre, et, selon moi, tout à fait inexplicable !..

Tandis qu'il monologuait ainsi (ce voyageur avait évidemment la passion du monologue,) — la maîtresse de Gibby caressait d'une main distraite la fantasque bête, qui se laissait faire en véritable chien gâté.

— Mademoiselle, — dit l'étranger pour dire quelque chose, — vous avez là une bien jolie petite bête... — elle ne le cède en rien aux levrettes célèbres de M. de Lamartine...

La maîtresse de Gibby avait pour la seconde fois souri et rougi à ce mot de *mademoiselle*.

En entendant les dernières paroles du jeune homme, elle leva la tête et fixa sur lui le regard si profond de ses grands yeux.

— Vous connaissez les levrettes de M. de Lamartine, monsieur ? — demanda-t-elle vivement et avec curiosité.

Le jeune homme s'inclina, et répondit avec un sourire :

— Oui, mademoiselle, j'ai cet honneur.

— Et, Gibby leur ressemble ?..

— Pour la forme, oui, mais non pour la couleur.

— Ah ! — De quelle couleur sont-elles, monsieur, je vous prie ?...

— Gris pâle et café au lait, mademoiselle. — Mais, ainsi que je vous le disais tout à l'heure, votre levrette est tout aussi fine et d'une race tout aussi pure... — Je n'ai jamais vu d'animal d'une plus irréprochable correction de formes, — et ne prenez point ceci pour un compliment plus flatteur que vrai adressé à la gentille Gibby, — mes paroles ne sont que l'expression sincère de la vérité.

— Hum! hum!... — fit l'ex-officier en intervenant dans la conversation ainsi engagée — il est possible que Gibby soit un joli chien — je ne m'y connais pas assez

Dans un cadre de rameaux verts et de fleurs aux couleurs vives, une céleste image... (P. 29.)

pour dire le contraire — mais j'affirme, et je le soutiendrai, mordieu, au risque de déplaire à Marguerite, que de tous les lévriers, caniches et barbets du passé, du présent et de l'avenir, Gibby est le plus insupportable !...

— Vous êtes sévère, monsieur! — dit l'étranger en riant.

— Sévère? — non, monsieur; mais juste! — d'une justice rigoureuse, inattaquable!... — Je maintiens mon dire, et, quand on le voudra, je prouverai que j'ai raison. Gibby est un odieux et indécrottable animal!...

— Mais, qu'a-t-elle donc fait de si grave, la pauvre petite? — demanda Marguerite presque timidement.

— Ce qu'elle a fait, mordieu? — répliqua le vieillard en frappant énergiquement la semelle de sa botte avec le bout de sa canne, afin, sans doute, de donner plus de force à ses paroles — ce qu'elle a fait? — Mais, dix fois déjà, elle aurait été condamnée à mort par une cour martiale pour désertion!! et tenez, aujourd'hui encore — il y a trois minutes — ne passait-elle pas à l'ennemi avec armes et bagages!

L'étranger ne put retenir un éclat de rire.

— L'ennemi — demanda-t-il — c'est moi, sans doute?...

— Vous entendez bien que c'est une façon de parler, — répliqua le vieux soldat — le mot ennemi, dans ma bouche, voulait tout simplement dire inconnu...— Gibby, qui vous voyait ce soir pour la première fois, nous abandonnait, Marguerite et moi, pour courir à vous. — Et cependant Marguerite est d'une faiblesse désespérante pour cet animal, et moi-même, tous les jours, après dîner, je prends Gibby sur mes genoux...

— Oh! de cela — s'écria Marguerite — il ne faut rien dire...

— Pourquoi donc?

— Parce que, lorsque Gibby est sur vos genoux, vous ne manquez jamais d'envoyer dans les naseaux de cette chère petite bête la fumée de votre cigare ou de votre pipe!... croyez-vous donc que cela lui plaise?

— Ah! le fait est — dit l'étranger — que les chiens apprécient mal le tabac le plus parfumé. — Gibby, d'ailleurs, ne voulait que jouer un instant avec moi — j'étais pour elle une distraction, et sa tendresse, j'en suis bien sûr, restait toute entière à ses maîtres, et surtout à sa jeune maîtresse...

Un regard de Marguerite remercia l'étranger d'avoir fait l'éloge de la levrette bien-aimée.

Le vieillard hocha la tête.

— Tout cela est bel et bon — dit-il — mais, croyez-moi, Marguerite, n'oubliez plus de mettre une laisse à Gibby quand vous voudrez qu'elle vous accompagne, car je suis vraiment fatigué de me voir le domestique de cette chienne, et je vous affirme que, la prochaine fois qu'il lui plaira de se séparer de nous, nous rentrerons à la maison sans nous occuper d'elle, et elle passera la nuit dans la rue... — Voilà mon dernier mot!!

IV. — Le commandant.

— Monsieur — reprit le vieil officier en changeant de ton et en s'adressant au voyageur — vous êtes étranger, et sans doute de passage seulement dans notre ville — étiez-vous déjà sur la promenade tout à l'heure, et avez-vous entendu la musique militaire?

— Oui, monsieur, j'ai eu ce plaisir.

— Et, comment l'avez-vous trouvée?

— Excellente.

— Je vois avec joie que vous vous y connaissez... — C'est la musique du 5me dragons, monsieur — et j'ose dire qu'elle ne laisse rien à dire. — Le colonel me disait l'autre jour : — *Mon cher commandant, la musique de mon régiment est peut-être la meilleure de l'armée !* — et il avait raison... — Je suis enchanté, monsieur, que vous ayez passé ce soir quelques instants agréables. — La musique élève l'âme en charmant l'oreille — je le répète tous les jours à Marguerite. — J'ai bien l'honneur, monsieur, de vous souhaiter le bonsoir... — Votre serviteur, monsieur... votre serviteur, de tout mon cœur...

En prononçant ces derniers mots, l'ex-officier salua l'étranger et fit ce que sans doute il aurait appelé une *conversion par le flanc droit*, entraînant avec lui sa compagne que Gibby suivit, non sans tourner plus d'une fois la tête vers le nouvel ami qu'elle s'était donné et qu'elle regrettait de quitter si vite.

— Certes — murmura le voyageur resté seul — voilà un vieux grognard formidablement ennuyeux ! — Mais quelle adorable enfant que la sienne ! — Pourquoi ne suis-je pas le fils d'un de ces bourgeois dont tout à l'heure j'enviais le sort ? — Je sens que j'aurais aimé cette jeune fille... — Je vais partir... je ne la reverrai plus... mais son souvenir restera dans un petit coin de mon âme, et parfois, bien loin d'ici, je penserai à elle comme on pense à une belle et chaste fleur dont on a, pendant une seconde, respiré le parfum...

Machinalement le jeune homme se mit à marcher dans la direction prise par le commandant et par Marguerite, de façon à ne point les perdre de vue, mais à rester cependant à une certaine distance derrière eux.

Il les vit traverser la place du Marché — suivre dans toute sa longueur la rue George-Genoux — et enfin tourner à gauche dans la Grande-Rue.

Sans trop le savoir, il avait, peu à peu, hâté sa marche, et, entre lui et les deux personnes qu'il suivait, il n'y avait plus guère qu'un intervalle d'une dizaine de pas.

Le vieillard et sa compagne passèrent devant un bureau de tabac.

Un grand et gros homme, d'une tournure militaire, debout sur le seuil de la boutique, salua l'ex-officier en lui disant :

— Bonsoir, commandant.

— Bonsoir, mon brave, — répondit ce dernier.

Puis il ajouta :

— Mettez-moi donc de côté un cent des petits cigares que vous savez... bien secs... je les prendrai demain matin.

— C'est convenu, commandant.

Le voyageur entra dans la boutique, et, tout en choisissant des cigares, il demanda au marchand :

— Quel est donc ce monsieur décoré à qui vous parliez à l'instant ?

— Ce monsieur que j'appelais commandant?

— Oui.

— C'est un vieux de la vieille — un brave à trois poils — un fier lapin et un brave homme — le commandant comte de Ferny... — En voilà un qui n'a jamais eu de chance ! — il aurait dû être fait maréchal de France, ou tout au moins général de division et grand'croix de la Légion d'honneur ! il n'est que commandant en retraite et simple légionnaire !... — Que voulez-vous, monsieur ? pas de chance !

— Du moins — dit le voyageur en souriant — il a eu la chance d'avoir une bien jolie fille...

Le marchand regarda son interlocuteur d'un air étonné.

— Une jolie fille ?... — répéta-t-il — que voulez-vous dire, monsieur, et de quelle fille parlez vous?...

— Mais, de cette jeune personne qui accompagnait le commandant tout à l'heure. — N'est-ce pas sa fille ?

Le marchand se mit à rire.

— Mais non, monsieur — répondit-il ensuite — ce n'est pas plus sa fille que la mienne... — c'est sa femme.

— Allons donc ! — s'écria l'étranger — sa femme !...

— Oui, monsieur, très-bien.

— Une enfant !

— Pas si enfant. — Mademoiselle Marguerite Chesnel allait avoir dix-sept ans quand elle s'est mariée, et il y aura bientôt deux ans de cela...

— Mais, lui, le commandant, quel âge a t-il?

— Eh! eh!... pas bien loin de soixante-dix.

— Quelle union étrange !...

— Ah! dam!... c'est l'hiver et le printemps, je ne dis pas non. — Et cependant mamzelle Marguerite a été bien heureuse de le trouver...

— Pourquoi cela.

— Parce que, sans lui, belle comme elle est, et mieux élevée que la fille d'un préfet, il lui aurait fallu travailler pour vivre... — et ce que peut gagner une jeune fille avec ses dix doigts n'est pas lourd...

— Le commandant est-il riche, au moins ?...

— Mais oui, monsieur... — il a une maison à lui, très-jolie, — un millier d'écus de rentes -- et sa pension de retraite — c'est gentil... — ça fait de l'aisance.

— D'autant plus, ajouta le marchand en souriant, — que vous comprenez bien qu'il n'est guère probable que les enfants viennent. — Et puis la petite dame est comtesse, puisque son mari est comte, et c'est toujours agréable...

— Ah! quand le commandant aura reçu sa dernière consigne, la petite veuve sera un bon parti, et elle ne manquera pas d'épouseurs. — Il en viendra de tous les âges et de toutes les couleurs, et rien ne l'empêchera de s'en donner un de vingt-cinq ans... pour changer un peu.

Le voyageur paya les cigares qu'il avait choisis et il sortit de la boutique.

— Étrange union, je le répète ! — murmura-t-il -- l'hiver et le printemps, cet homme l'a dit ! -- La neige et le soleil — la glace et le feu — un bouquet vivant et parfumé dans la main d'une momie — c'est triste ! — Pauvre enfant... pauvre enfant, condamnée par la misère à cet accouplement hideux ! — Légale mais odieuse prostitution de la jeunesse et de la beauté enchaînées par la faim à ce vieillard qui ne devrait avoir d'autre fiancée que la mort, d'autre drap nuptial qu'un linceul !...

— Et moi qui l'appelais *mademoiselle !* — Allons, ne pensons plus à tout cela, car, ma parole d'honneur, ça me met du noir dans l'âme !...

Le voyageur regarda sa montre.

— Neuf heures et demie ! — dit-il — Encore une heure et demie d'attente ! — Ah! cette soirée ne finira pas !...

Il entra dans un café — il demanda du punch et il se mit à lire les journaux — mais il ne comprenait point ce qu'il lisait — sa pensée était ailleurs, et tandis que son regard parcourait machinalement les alinéas des *faits divers* ou les colonnes du feuilleton, les yeux de son âme ne pouvaient se détacher de la figure touchante et virginale de l'enfant mariée au vieillard.

Sans cesse il lui semblait voir devant lui, comme sous les arbres de la promenade, celle qu'il avait prise pour une jeune fille, et, de plus en plus, son image apparaissait saillante et palpable dans son souvenir, avec une exactitude de photographie.

Il revoyait la pâleur faiblement rosée de son visage — ses cheveux noirs et veloutés sur son front candide — ses grands yeux d'un azur si chaste et si profond — sa bouche humide et souriante, rose écrin qui gardait des perles plus précieuses que toutes celles de Ceylan...

Il revoyait ce corsage pudiquement voilé, mais gracieux dans ses lignes comme une Vierge de Giotto ou de Cimabué — ce poignet de statue — cette main d'enfant — ce pied de nymphe...

L'obsession devint si forte qu'il éprouva le besoin de s'en distraire, en la matérialisant en quelque sorte.

Il appela le garçon et il lui demanda du papier et une plume.

Dans un café de province cette demande était à peu près insolite. — Il fallut faire de longues recherches pour arriver à poser devant le voyageur un cahier de papier à lettre, et un encrier de plomb rempli d'une boue liquide dans laquelle plongeait une plume tordue comme un soleil d'artifice.

Muni de ces instruments défectueux, le jeune homme se mit à exécuter de mémoire, avec une verve artistique extrêmement remarquable, une foule de rapides croquis qui tous ressemblaient d'une façon frappante avec la femme du commandant.

Tantôt c'était son visage sous le petit chapeau de paille garni de sa torsade de velours.

Tantôt c'était elle tout entière, avec sa robe grise et son mantelet garni de velours.

Ce croquis reproduisait Marguerite de face, de profil, de trois quarts — et toujours avec une vérité et une exactitude incroyables.

La levrette Gibby n'était point oubliée, et la main effilée de sa maîtresse s'étendait vers sa jolie tête de serpent.

Le jeune homme essaya de reproduire aussi les traits du vieux commandant, et quoique ce fût une entreprise des plus faciles pour une main aussi merveilleusement habile que la sienne, il ne put en venir à bout d'une manière satisfaisante.

Les croquis d'après Marguerite étaient de charmants portraits.

Ceux qui s'efforçaient de retracer l'image du comte de Ferny n'étaient que de spirituelles caricatures.

Dix heures et demie sonnèrent à la lourde pendule de l'établissement.

L'étranger plia ses dessins, les mit dans sa poche et sortit, à la grande joie du garçon, qui n'attendait que son départ pour fermer le café.

Toutes les boutiques étaient déjà closes — la ville semblait endormie et les rayons de la pleine lune versaient à flots leurs clartés blanches sur les trottoirs presque déserts.

A l'heure où dans Paris illuminé, rayonne le gaz éclatant comme le soleil, — à l'heure où les boulevards sont plus encombrés qu'en plein midi d'une foule avide de plaisir et de mouvement — la province se met au lit...

Et nous ne pouvons disconvenir qu'elle a raison... — si elle ne dormait pas, que ferait-elle?...

Çà et là, quelques lueurs vagues, expirant dans de grandes lanternes de verre dépoli, illustrées de lettres rouges et noires, signalaient les bureaux des voitures publiques.

L'étranger se rapprocha de celui de ces bureaux où la diligence des messageries Laffite et Caillard ne devait, désormais, plus tarder à arriver.

V. — Déconvenues.

Au bout d'un quart d'heure ou de vingt minutes, il se fit dans le lointain un grand tapage de roues broyant le pavé et de chevaux trottant avec une vitesse stimulée par l'approche de l'écurie et par les claquements d'un fouet énergique.

En même temps retentissait la criarde fanfare que les conducteurs avaient l'habitude de jouer si faux, en soufflant dans une petite trompette fêlée pour solenniser leur entrée dans chaque ville.

La diligence arrivait.

Un employé et deux portefaix sortirent du bureau au moment précis où l'attelage suant et soufflant arrêtait au bord du trottoir la pesante machine.

Le conducteur, tenant entre ses dents le large portefeuille de cuir qui contenait la feuille des voyageurs et celle des bagages, descendit de la banquette tandis que le postillon détacha les chevaux.

— Combien de places disponibles? demanda l'employé au conducteur.

L'étranger s'approcha pour mieux entendre la réponse qui, nous le savons, était pour lui d'un grand intérêt.

Cette réponse fut désolante.

— Des places disponibles?... pas une!

— Allons donc! fit l'employé d'un air incrédule.

— Parole d'honneur!... chargement complet! — Depuis Mulhouse tout est plein, et tout le monde pour Paris...

— Vous entendez, monsieur — dit l'employé au voyageur. — Ce qui vous arrive est d'autant plus contrariant que cela est assez rare et semble fait exprès pour vous...

— Eh quoi! — dit le jeune homme en s'adressant à son tour au conducteur — pas même un petit coin, là-haut, sur la banquette?

— Eh! monsieur, vous me demanderiez de vous mettre sous la bâche, avec les paquets, que je serais forcé de vous refuser... — Tout est archi-bourré, et j'ai même dans la rotonde un voyageur de contrebande dont je rendrai compte à mon administration, mais qui n'est pas porté sur la feuille...

— Sacrebleu! — s'écria le jeune homme désappointé en frappant du pied et en jetant sur le trottoir, par un mouvement de colère, son cigare qui s'écrasa avec un fourmillement d'étincelles — sacrebleu! quel ennui!

L'employé se sentit pris de compassion pour cette contrariété qui semblait si vive.

— Monsieur, dit-il, vous tenez beaucoup à partir cette nuit?...

— Oui, certes, j'y tiens!...

— Eh bien! ce n'est pas encore tout à fait impossible..

— Comment?

— Les Messageries impériales passent dans une heure, — je vais faire porter vos bagages à leur bureau, là, presque en face, et peut-être aurez-vous la chance d'être plus heureux avec leur voiture qu'avec la nôtre...

— Merci de votre conseil — fit l'étranger; — si je pars, vous m'aurez rendu un véritable service.

Un nouveau transbordement eut lieu. — Pendant une nouvelle heure, notre voyageur arpenta le trottoir de la rue Basse, avec une impatience qui croissait de minute en minute.

Enfin, au moment où minuit sonnait aux horloges de la ville, la seconde diligence arriva.

Fatalité invraisemblable et cependant réelle!!!

Pas plus dans celle-ci que dans la première, il ne se trouvait l'ombre d'une place libre.

Le jeune homme maudit en fort bons termes les destins rigoureux qui se déclaraient ouvertement contre lui.

Puis, comme il y avait au fond de son caractère une certaine dose de philosophie, il prit son parti de sa double déconvenue, et, laissant ses bagages au bureau, il se dirigea vers l'hôtel où il avait dîné et il demanda une chambre.

Le garçon qui ronflait au coin du foyer éteint de la cuisine, s'éveilla à demi — prit une clef — alluma la bougie d'un large bougeoir de cuivre jaune, et conduisit le voyageur dans une pièce que nous nous garderons bien de décrire, car elle ressemblait à toutes les chambres de toutes les auberges de France.

Là, il se coucha dans un lit qu'enveloppaient des rideaux de calicot jaune à bordure de calicot rouge.

Cet lit n'était d'ailleurs pas mauvais.

Le jeune homme s'endormit d'un sommeil profond, sinon calme, et il rêva que la jeune femme du commandant était changée en une levrette blanche exactement pareille à Gibby, — que le commandant lui même, métamorphosé en un boule-dogue noir, énorme et féroce, s'apprêtait à dévorer les deux levrettes, et que sans doute il aurait mené à bonne fin son hideux projet, sans l'intervention du dormeur qui s'efforçait d'arracher à ses griffes et à ses crocs les innocentes victimes.

Après une lutte longue et acharnée, le jeune homme restait vainqueur et étranglait résolument le boule-dogue.

Marguerite, aussitôt, reprenait sa forme naturelle — et — chose bizarre! — elle apparaissait vêtue de blanc et portant sur sa tête la couronne de fleur d'oranger des vierges.

A peine ce rêve était-il achevé qu'il recommençait sous une forme identique, avec les mêmes péripéties et le même dénoûment, amenant à sa suite, pour le dormeur, une agitation violente et presque fébrile.

Il était déjà dix heures du matin quand le jeune homme se réveilla, tout aussi fatigué qu'après une longue nuit d'insomnie.

— Je ne comprends rien à ce qui se passe en moi! — se dit-il en s'habillant. — Pourquoi donc cette femme que je n'ai vue qu'une seule fois et que je ne reverrai plus, pourquoi donc s'empare-t-elle ainsi de ma pensée, jusqu'à ce point de la dominer pendant mon sommeil?...

— J'ai été amoureux dans ma vie, et plus d'une fois, hélas! — jamais les femmes aimées ne m'ont occupé plus, ni même autant, que cette inconnue qui, cependant, m'est indifférente! — Eveillé, j'ai son image tellement présente que je dessine d'elle des portraits qui rivalisent, pour l'exactitude, avec une épreuve daguerrienne... — Endormi, son image me poursuit encore... Mais, pourquoi?... — Ceci est un problème que mon intelligence ne saurait en aucune façon résoudre...

Mieux peut-être que le personnage que nous mettons en scène, nous connaissons la solution du problème qui l'embarrassait si fort.

Cette solution ne se fera pas longtemps attendre, et ce sont les faits eux-mêmes qui se chargeront de la donner.

Le voyageur descendit à la salle à manger de l'hôtel, et se fit servir à déjeuner en réfléchissant avec tristesse et amertume qu'il avait maintenant devant lui, jusqu'à l'heure d'un départ incertain, non plus quelques heures, comme la veille, mais toute une éternelle journée.

— Mon ami — dit-il au garçon alsacien quand il eut terminé son repas — auriez-vous la complaisance de me faire parler au propriétaire de l'hôtel?

— Monsieur peut voir le badron?...

— Oui, si cela est possible.

— C'est possible et vacile... — Che fai gerger le badron... il viendra tans teux segontes. . Ne vous imbatientez bas!...

En effet, au bout d'un instant, l'Alsacien revenait avec le maître de la maison

— Monsieur — lui dit l'étranger — j'ai besoin de vous demander un renseignement et un conseil...

— L'un comme l'autre sont à votre disposition.

— Je suis arrivé hier par la voiture de Plombières... — Je comptais repartir cette nuit pour Paris, mais voici ce qui m'est arrivé...

Il raconta sa double déconvenue — puis il reprit :

— Or, ce qui s'est passé cette nuit peut se renouveler indéfiniment, pour peu que ma mauvaise étoile s'en mêle... — Indiquez-moi donc, dans le cas où cette nuit encore je ne trouverais pas de place dans les deux voitures, les meilleurs moyens à employer pour parvenir à quitter Vesoul et à regagner Paris...

— Nous avons deux moyens infaillibles, monsieur.

— Lesquels?..

— Le premier est d'écrire à Mulhouse pour faire assurer votre place dès le point de départ... — Mais une lettre écrite aujourd'hui n'arriverait que demain ; — ce n'est que dans trois jours que vous auriez une certitude matérielle de pouvoir partir...

— Trois jours!... c'est beaucoup trop long!... — L'autre moyen s'il vous plaît?...

— C'est de vous mettre en route pour Besançon, qui est, comme Mulhouse, un lieu de départs directs...

— A merveille... — Mais qui m'empêcherait de me mettre dès à présent en route pour Besançon?...

— La dernière voiture de jour est partie il y a juste une demi-heure... — il vous faudrait, maintenant, attendre le départ de dix heures du soir... — et je ne vous conseillerais pas de le faire sans avoir tenté, cette nuit encore, de trouver place dans l'une des deux grandes diligences...

— Merci du conseil, j'en profiterai.

— Vous allez sans doute, monsieur, trouver la journée un peu longue?...

— J'en ai peur !...

— Si vous vouliez monter, pour vous distraire, au sommet de la Motte (la Motte est cette montagne en forme d'entonnoir renversé, qui domine la ville) — vous y jouiriez d'un coup d'œil véritablement admirable et qui vous dédommagerait bien de la peine que vous auriez prise pour grimper jusque-là... — Nous avons en outre une bibliothèque publique fort curieuse... — j'en parle par ouï-dire, car mes occupations ne me permettent point de

me livrer à l'étude et à la lecture, ainsi que du reste j'aimerais à le faire...

Le voyageur remercia de ces indications, puis il dit :

— Auriez-vous la complaisance de m'expliquer où se trouve la maison du commandant comte de Ferny?...

— Ah! ah! — fit le maître d'hôtel — vous connaissez le commandant?...

L'étranger ne répondit à cette question que par un signe de tête qui ne voulait rien dire, et que son interlocuteur prit pour une réponse affirmative.

Il poursuivit :

— La maison, d'ailleurs, est bien facile à trouver, et vous ne pourrez pas vous tromper quand une fois je vous aurai dit ce que je vais vous dire... — En sortant de l'hôtel, vous tournerez à gauche... — à gauche, vous m'entendez bien?...

— Oui, à merveille.

— Vous rencontrerez, à cinquante pas d'ici, une rue toujours à gauche, la rue de l'*Aigle noir* — vous vous souviendrez du nom?...

— Parfaitement.

— Vous suivrez cette rue jusqu'à la rue de la Préfecture, qui est en même temps la route de Paris, et vous monterez cette rue, plus à gauche que jamais... — vous passerez devant la préfecture... — un beau bâtiment, monsieur !... — vous marcherez droit devant vous pendant cinq ou six minutes et vous verrez sur votre gauche une jolie petite maison qui a l'air neuve, parce que le commandant l'a fait récrépir et repeindre au moment de son mariage... — la porte est verte et le nom du commandant est gravé sur une belle plaque de cuivre, bien poli et bien brillant, juste au beau milieu du panneau... — Vous voyez, monsieur, qu'un aveugle et qu'un enfant trouveraient sans hésiter.

— Après une explication aussi claire que la vôtre, je le crois comme vous ! — répondit le voyageur en souriant. — Je n'ai qu'à marcher toujours à gauche, jusqu'à ce que je voie un nom sur une porte... — S'il était aussi simple et aussi facile d'arriver à Paris, ce serait charmant !...

Le voyageur alluma un cigare et s'engagea dans cette succession de rues qui devaient le conduire à la maison du commandant.

Mais pourquoi donc la cherchait-il, cette maison, et quel aimant l'attirait vers une demeure dont il n'avait aucune raison de franchir le seuil?...

VI. — La tête ou le cœur.

Dix minutes suffirent au jeune homme pour arriver en face d'une petite maison, élevée d'un seul étage sur le rez-de-chaussée, et qui lui parut tout à fait conforme à ce que venait de dire le maître d'hôtel.

Cette maison, coiffée d'un toit de tuiles rouges, était blanche, avec une porte et des persiennes vertes. — Au milieu de la porte étincelait aux rayons du soleil une plaque de cuivre aussi brillante que si elle eût été fourbie par la main d'une ménagère hollandaise.

L'étranger s'approcha, et il lut, gravés sur la plaque, ces mots :

« M. ET MME DE FERNY. »

Le cuivre du bouton de la porte et de l'anneau de la sonnette n'était pas moins éblouissant que celui de la plaque.

Parfaitement certain qu'il ne se trompait point, le jeune homme alla se placer de l'autre côté de la rue afin de pouvoir se bien rendre compte de l'ensemble et des détails de la petite maison.

La partie de la ville dans laquelle il se trouvait est déjà presque la campagne — les habitations y sont rares et séparées les unes des autres par des espaces assez vastes.

La demeure du commandant avait un jardin et ce jardin se terminait du côté de la rue par une terrasse qui continuait la maison, se trouvant de plain-pied avec une porte-fenêtre du premier étage.

Des poteaux peints en verts, soutenant un grillage de fil de fer à larges mailles sur lequel couraient les épais feuillages de plusieurs pieds de vigne, formaient au-dessus de la terrasse une voûte de verdure.

Poteaux, treillages et feuilles de vigne dessinaient sur la rue deux ouvertures en forme d'arcades, ménagées pour laisser toute liberté au regard.

Des stores de coutil rayé, vert et blanc, fermaient ces arcades au besoin, et défendaient la terrasse contre les rayons trop chauds du soleil.

On entrevoyait, depuis le dehors, toute une collection de fleurs assez belles, dans des pots de terre vernissés rangés en bon ordre le long des treillages.

Au moment où le jeune homme examinait avec attention ce que nous venons de décrire, les stores de coutil étaient baissés, car le soleil du milieu du jour dardait ses flèches d'or contre le berceau de verdure — les persiennes étaient closes — nul bruit ne se faisait entendre à l'intérieur et rien n'indiquait que la maison fût habitée.

Le voyageur tira de sa poche une feuille de papier et un crayon dont il avait eu soin de se munir, et il esquissa en quelques secondes les lignes principales de cette petite demeure qui n'avait, ainsi qu'on vient de le voir, rien de bien pittoresque.

Ce croquis achevé il allait s'éloigner sans doute, quand tout à coup, sur la terrasse, un mouvement subit eut lieu.

Une sorte de frémissement agita les feuilles de vigne dans la partie la plus basse du berceau — un museau rosé se fit jour entre deux grappes de raisin déjà presque mûres, et la tête tout entière de Gibby apparut à cette lucarne improvisée.

Le voyageur salua la levrette d'un geste amical.

La levrette, de son côté, reconnut son compagnon de la veille au soir, et se mit à lui souhaiter le bonjour à sa manière, c'est-à-dire par les aboiements les plus joyeux et les plus expressifs.

Le jeune homme répondit à ces avances par de nouveaux signes de sympathie qui poussèrent jusqu'au délire l'enthousiasme joyeux de Gibby.

Au bout d'une ou deux minutes elle mena si grand tapage, que c'était à se demander comment de tels éclats de voix pouvaient sortir d'un gosier si mignon.

— Eh! bien, Gibby, eh! bien, ma petite, qu'y a-t-il donc?... — demanda depuis la terrasse un organe féminin, doux et suave, que le voyageur ne put méconnaître, quoique, la veille, il ne l'eût entendu qu'à peine.

Et comme Gibby ne se taisait point, et comme sa maîtresse la savait trop intelligente pour s'agiter de telle façon sans quelque raison bonne et valable, une main blanche et fine, une main de fée ou d'enfant, fit jouer la détente du store de coutil qui se releva brusquement, démasquant l'ouverture et dévoilant Marguerite, dont la tête angélique s'avançait vers la rue avec une expression de curiosité naïve.

La jeune femme était enveloppée dans un large peignoir blanc, flottant autour de sa taille.

Ses bras roses sortaient des manches larges, comme du calice d'une fleur.

Ses immenses cheveux noirs, à grand'peine mordus par les dents d'un peigne d'écaille, se nouaient négligemment sur sa tête dans un désordre qui mettait en valeur leurs masses profondes et veloutées.

Le soleil, se jouant autour d'elle, la dessinait comme une lumineuse et surnaturelle apparition sur les fonds moins éclairés de la terrasse, et couronnait d'un nimbe d'or — le nimbe éclatant des vierges et des anges — les flots de sa chevelure sombre.

Figurez-vous, dans un cadre de rameaux verts et de fleurs aux couleurs vives, une céleste image dessinée par Raphaël et peinte par Rembrandt, et vous aurez une idée à peu près exacte, quoique bien faible encore, du tableau qui pendant le quart d'une minute s'offrit aux regards du voyageur.

Nous disons *le quart d'une minute*, et nous le disons à dessein, car un seul coup d'œil suffit à Marguerite pour reconnaître le jeune homme.

A l'instant même une belle nuance pourpre envahit son adorable visage, montant, comme un nuage écarlate, depuis la naissance de son cou jusqu'à la racine de ses cheveux — et, le voyageur la saluant, elle s'inclina légèrement, moitié pour répondre à ce salut, moitié pour prendre Gibby dans ses bras.

Le store retomba. — La vision disparut.

Aussitôt le jeune homme s'éloigna d'un pas rapide, mais, au lieu de rentrer dans la ville en revenant sur ses pas, il s'engagea dans le premier chemin qui s'offrit à lui, sur sa droite, et il marcha pendant près de trois quarts d'heure sans avoir conscience de ce qu'il faisait — sans penser ou du moins sans savoir à quoi il pensait, et sans se préoccuper de l'endroit vers lequel se dirigeait sa marche impétueuse.

Le chemin était rude et difficile. — Il n'en tenait aucun compte.

Le soleil l'enveloppait dans une pluie de feu. — Il ne s'en doutait seulement pas.

La sueur coulait à grosses gouttes sur son front et sur son visage. — Il n'en avait nullement conscience, et il la laissait couler sans songer à l'étancher avec son mouchoir.

Il lui fallut bien enfin s'arrêter. — Mais cela ne fut qu'au moment où la terre, en quelque sorte, manqua devant ses pas.

Alors il jeta autour de lui un regard de suprême étonnement, et, comme un homme qu'on éveille, il revint au sentiment de la vie réelle.

Il était arrivé, à son insu, au sommet du piton rocheux qui forme le couronnement de la *Motte*, et, de quelque côté qu'il lui plût de se tourner, sa vue embrassait de vastes espaces, plongeait sur d'admirables campagnes, et ne s'arrêtait qu'aux chaînes de montagnes qui fermaient de toutes parts les lointains horizons.

Mais c'est à peine si le jeune homme regarda distraitement ce panorama splendide.

En même temps qu'il avait repris la conscience de lui-même, il s'était senti écrasé par la fatigue et par la chaleur.

Ses jambes ployaient sous son corps — son cœur battait avec une violence douloureuse — le sang affluait aux veines de son cou et de ses tempes — des nuages passaient devant ses yeux, et ses oreilles étaient remplies de bruissements pareils au fracas lointain d'une chute d'eau.

A l'époque où se passèrent les faits que nous racontons, le sommet de la montagne n'était pas encore occupé par le monument gracieux et d'un goût charmant qu'on a édifié depuis en l'honneur de la sainte Vierge, dont la statue s'élève sur un massif piédestal et sous une voûte ogivale et un gothique plein d'élégance et de style.

Le voyageur descendit de quelques pas et fit le tour du piton afin de chercher un peu d'ombre qui pût l'abriter et une pierre sur laquelle il lui fût possible de s'asseoir.

Il trouva mieux qu'il ne l'espérait.

Dans la partie rocheuse qui fait face à la ville est pratiquée une grotte peu profonde, mais qui parut au jeune homme fraîche comme un souterrain, par comparaison avec l'atmosphère embrasée du dehors.

Le long des parois de cette grotte existent des bancs grossiers, formés de pierres équarries et ajustées les unes à côté des autres.

Ces bancs — comme on le voit — laissaient singulièrement à désirer sous le rapport du comfortable, et cependant le jeune homme, en s'étendant sur l'un d'eux, ressentit une volupté véritablement inouïe.

Trois minutes après il dormait d'un sommeil profond et réparateur que, cette fois, nuls rêves ne venaient visiter.

Ce sommeil dura longtemps.

Il était tout près de six heures et demie du soir quand le jeune homme s'éveilla enfin, les membres fort endoloris par le contact de la couche pierreuse à laquelle cependant il avait trouvé tant de charmes.

— En vérité — se dit-il, tandis qu'il étirait ses jambes et ses bras et qu'il enlevait avec son mouchoir la poussière dont ses vêtements étaient saupoudrés — il est grandement temps que je quitte cette petite ville! — Depuis vingt-quatre heures que j'y suis, ma vie se désorganise d'une façon bizarre! si j'y devais rester longtemps, je ne sais ce qui adviendrait de moi! — Enfin, quoi qu'il arrive, demain je serai loin!

Et il se mit à redescendre du côté de Vesoul.

La rapidité de la pente rendant sa marche extrêmement rapide, il ne lui fallut pas plus de vingt minutes pour atteindre les premières maisons de la ville, dans laquelle il rentra par un chemin tout différent de celui qu'il avait suivi pour en sortir, et, par conséquent, sans passer devant la maison du commandant.

Le repas de table d'hôte était fini quand il arriva à l'hôtel. — Il prit solitairement son repas, pendant lequel il ne cessa de se répéter que la préoccupation qui le dominait depuis la veille était la chose du monde la plus ridicule, et qu'il ne voulait point penser davantage à Marguerite.

Tout en se répétant cela — ce qui — soit dit entre parenthèses — était encore un moyen de s'occuper de la jeune femme, — il tira de sa poche les portraits esquissés la veille au soir, de souvenir, et il se mit à comparer ces croquis avec la rayonnante apparition de la terrasse.

Et comme il résulta de cet examen que, tout en reproduisant exactement les traits de Marguerite, il ne les avait point suffisamment *idéalisés*, il voulut réparer ce tort involontaire.

En conséquence, il demanda de nouveau papier, et, prenant son crayon, il se remit à dessiner ces traits charmants, qu'il ne croyait gravés que dans sa mémoire, et qui l'étaient déjà dans son cœur.

Nous sommes forcé de convenir que notre héros avait, pour ne se plus occuper des gens, des procédés légèrement excentriques, dont le cas nous paraît douteux, et que nous ne nous permettrions, sous aucun prétexte, de recommander à nos lecteurs.

Passons sans nous arrêter sur les incidents, absolument nuls, du reste, ou de minime importance, par lesquels furent remplies les quelques heures qui restaient à s'écouler avant l'instant où le voyageur pourrait effectuer une nouvelle tentative de départ.

Rejoignons-le, s'il vous plaît, au moment où, comme la veille, il fumait son cigare sur le trottoir désert, en attendant l'arrivée de la diligence, dont le bruit de chaînes, de grelots, de coups de fouet et d'aigre fanfare, annonçant la venue de la lourde machine, se faisait entendre dans le lointain.

— Espérons, monsieur, que vous serez plus heureux aujourd'hui qu'hier! — lui dit l'employé en sortant du bureau.

— Oui... oui... — espérons-le... — répondit le jeune homme d'un air assez soucieux.

L'employé reprit :

— Je serais fort surpris si, deux jours de suite, vous aviez une chance également mauvaise... — Cela constituerait un fait anormal et dont j'aurais peine à me rendre compte, surtout en ce moment qui n'est pas encore l'époque de la rentrée après les vacances...

— Ah! — répliqua le voyageur — ce soir, j'ai toute confiance... — Mais je tiens essentiellement à avoir une place de coupé.

Il dit cela d'un ton si lugubre que l'employé le regarda d'un air stupéfait.

Grelots — fanfares — grincements de fer sur le pavé, s'étaient rapprochés rapidement.

Les lanternes avaient apparu au tournant de la Grande-Rue comme deux énormes lampyres. — La voiture s'arrêta devant le bureau.

Un conducteur, qui ne ressemblait à celui de la veille que par le costume et le portefeuille, se hâta de descendre de l'impériale.

— Avez-vous de la place, Josquin? — lui demanda l'employé.

— J'en ai trop! — grommela le conducteur.

— Intérieur ou coupé?

— Partout. — Je n'ai que trois personnes dans l'intérieur, et le coupé est vide.

— Vous entendez, monsieur... — dit l'employé au jeune homme — le coupé est tout entier à votre disposition... — C'est une revanche...

— Une revanche complète — murmura le jeune homme qui mâchait son cigare au lieu de le fumer — incontestable symptôme d'une grande perturbation intérieure.

L'employé reprit, en s'adressant aux hommes de service : — Défaites-moi la bâche, vous autres, et vite! — il s'agit de charger les bagages du voyageur... — Nous disons quatre colis, n'est-ce pas? — Voulez-vous venir reconnaître vos bagages, monsieur?...

— Inutile — répondit d'un ton décidé le jeune homme, qui, selon toute apparence, venait de prendre brusquement un grand parti.

Puis, comme il s'aperçut que ses auditeurs semblaient ne le comprendre qu'imparfaitement, il ajouta :

— Je ne pars plus.

— Hein?... — s'écria l'employé.

— Je ne pars plus — répéta le jeune homme.

— Mais, monsieur, hier vous teniez tant à vous embarquer!...

— Hier, c'est possible.

— Tout à l'heure encore vous souhaitiez une place de coupé!...

— Je n'en disconviens point.

— Eh bien! au lieu d'une, vous en avez trois...

— J'en aurais dix, que ce serait absolument la même chose...

— Mais, monsieur, je vous ferai observer qu'une personne de la ville s'est présentée cet après-midi dans nos bureaux pour retenir conditionnellement une place de coupé, et, comme cette place vous était déjà promise, j'ai dû remettre cette personne à demain ; — c'est donc un voyageur que nous allons perdre par votre fait...

— N'est-ce que cela?... — D'ici à Paris, quel est le prix dans le coupé?

— Cinquante francs.

— Les voici.

— Parfaitement, monsieur.

— Maintenant, je vous prierai de faire transporter mes bagages, demain matin, à l'hôtel de *la Madeleine*.

— Fort bien. — A quel nom?

— Au nom de M. Henry Varner, — qui, d'ailleurs, se trouve gravé sur la plaque de ma valise.

— Avant dix heures, les quatre colis seront à l'hôtel.

Le voyageur — que désormais nous appellerons Henry Varner — reprit le chemin de *la Madeleine* — tandis que l'employé le regardait s'éloigner en se disant :

— Voilà un monsieur qui, très-certainement, a la tête à l'envers!

Nous demanderons, nous :

— Était-ce la tête ou le cœur?...

VII. — Un croquis d'après nature.

La ville de Vesoul est située, moitié dans la plaine, moitié sur la pente assez rapide du versant de la Motte. — De là les dénominations de *ville haute* et *ville basse* — *Grande-Rue-Haute* et *Grande-Rue-Basse*.

Deux rues — la *rue Du Breuil* et la *rue Georges-Genoux* — mettent en communication directe la promenade publique, la place du Marché et la Grande-Rue.

Plusieurs petites ruelles innommées débouchent dans la rue Du Breuil, avec laquelle elles se croisent à angles droits, et vont aboutir aux prairies étroites et aux jardins maraîchers qui, de ce côté, occupent l'espace compris entre la rivière et la ville.

Engageons-nous dans une de ces ruelles, et, après avoir passé devant l'établissement d'un charron — devant une forge et devant une blanchisserie, — après avoir fait une centaine de pas entre des barrières à claires-voies, enfermant des prés bordés de saules, — arrêtons-nous devant une maison d'aspect chétif et misérable, dont il importe de tracer un croquis rapide.

Figurez-vous une construction à peu près pareille aux demeures des paysans les plus pauvres, car elle n'a pas même un étage au-dessus de son rez-de-chaussée, et le toit, débordant la muraille sur laquelle il s'appuie, jette son ombre aux petits carreaux, comme un vieux chapeau trop enfoncé sur le front et dont les rebords avachis cachent à moitié les yeux.

Ce toit, couvert en tuiles multicolores, menace ruine, et par endroits les lattes trop faibles, et pourries par les infiltrations pluviales, s'enfoncent à demi sous les briques lourdes, et sont semblables à des corbeilles d'osier qui se trouent et laissent échapper les cailloux qui le remplissent.

La mousse, cette dangereuse amie de tout arbre qui meurt et de toute maison qui chancelle, étale çà et là ses plaques vertes et hâte la destruction de la charpente, qu'elle dissout de plus en plus par son humidité permanente.

Les murs, construits avec des moellons de rebut, étaient jadis recouverts d'un crépissage épais qui dissimulait de son mieux les défectuosités de la maçonnerie.

Les pluies et les gelées ont fait tomber par larges écailles cet enduit de plâtre, donnant ainsi à la maison une apparence malsaine et, en quelque sorte, dartreuse, — qu'on nous permette cet ignoble mot qui rend avec énergie notre pensée.

La façade — si l'on peut employer cette expression pompeuse pour indiquer le côté de la maison qui fait face à la rue — est percée de trois ouvertures irrégulières.

Une porte à un seul battant, dont les panneaux déjetés et crevassés semblent vouloir échapper aux gonds rouillés qui les retiennent. — Une fenêtre sans volets, aux vitres étoilées, maintenues par des bandes de papier collées sur les cassures du verre. — Enfin, dans le haut du pignon, une lucarne ronde, obstruée par des guipures de toiles d'araignées, et destinée à donner de l'air et de la lumière au grenier.

Sur le rebord extérieur de cette lucarne, des graines apportées par le vent ont germé dans la poussière, et deux ou trois touffes de longues herbes ont poussé et flottent au vent comme un verdoyant panache.

Un enclos attenant à la maison et entouré d'une palissade disloquée et d'une haie d'épines à fleurs blanches, s'étend à droite et en arrière.

Cet enclos peut avoir cent pas de longueur sur cinquante de largeur.

Il est divisé en carreaux dans lesquels croissent quelques choux maladifs — des carottes étiolées — des pommes de terre rachitiques — de maigres panais et des tiges d'oseille presque sans feuilles.

Une demi-douzaine d'arbres fruitiers rabougris végètent au milieu des carreaux. — La mousse dévore leur écorce; — la moitié des branches sont mortes; — ils ne produisent que des hannetons.

Au fond du jardin, un tonneau défoncé et enfoui dans la terre, de manière à présenter son orifice au niveau du sol, est rempli d'une eau vaseuse et gluante que les grenouilles et les crapauds des environs semblent apprécier infiniment.

Quelques *soleils* — quelques pavots — quelques *roses trémières* (qu'en Franche-Comté l'on appelle *roses-à-bâtons*) croissent le long de la maison, et constituent toute l'élégance et tout le luxe de ce misérable jardin.

Enfin, sur des ficelles rattachées en cent endroits, et qui courent d'un pieu à un autre dans l'intérieur de l'enclos, sont suspendues presque sans cesse, pour y sécher au soleil, des loques indescriptibles qui n'ont plus ni forme ni couleur et auxquelles il est à peu près impossible, même après un long et minutieux examen, d'assigner un usage vraisemblable et de découvrir une utilité quelconque.

Si vous pénétrez dans l'intérieur de cette maison...

Mais à quoi bon soulever le cœur de ceux qui nous lisent par des tableaux repoussants et sans but?

L'intérieur est le digne complément de l'extérieur, c'est tout dire!...

Ôtez les détails hideux de la plus immonde malpropreté, et vous serez encore de beaucoup en deçà du réel et du vrai.

Telle est aujourd'hui cette masure, habitée par une famille de dix personnes, le père, la mère et huit enfants — population mendiante et lâche, qui grouille dans une abjecte misère, et qui, au lieu de chercher à en sortir par le travail, préfère tendre la main, dans les rues et sur les grands chemins, à l'aumône injurieuse qui ravale et dégrade celui qui la reçoit.

Ne craignez point, ami lecteur, — nous n'aurons pas à nous occuper de cette famille.

Si nous en avons dit quelques mots, c'est que ces mots étaient nécessaires pour nous permettre d'établir une comparaison entre le présent et le passé.

Trois ans avant l'arrivée à Vesoul de ce voyageur que nous savons maintenant se nommer Henry Varner, la maison que nous venons de décrire ou plutôt de photographier, n'était point un logis luxueux — et il s'en fallait de beaucoup, hélas!

Déjà, à cette époque, le toit laissait fort à désirer sous le rapport de la régularité de sa couverture, — déjà quelques écailles du crépissage s'étaient soulevées, — déjà, enfin, la porte était dans un état douteux de conservation.

Et cependant, quelqu'un qui alors aurait vu cette pauvre demeure, aurait grand'peine à la reconnaître aujourd'hui.

La raison en est simple.

L'ordre et la propreté régnaient, en ce temps, là où le désordre et l'incurie trônent à présent.

Aucune toile d'araignée n'obstruait la lucarne du pignon. — Pas un seul carreau ne manquait aux fenêtres, et ces carreaux de verre commun, parfaitement intacts, étaient nettoyés et polis avec autant de soin que des vitres de cristal.

La haie d'épines blanches, correctement émondée, cachait, sous ses rameaux épais, l'état de délabrement de la clôture.

Les arbres fruitiers, taillés avec sagesse, voyaient leurs branches plier à l'automne sous le poids des pommes et des poires.

Dans la terre, suffisamment travaillée, les légumes de toutes sortes poussaient avec une vigueur exubérante.

Des plates-bandes remplies de fleurs communes, mais bien choisies et de couleurs vives et admirablement assorties pour le plaisir des yeux, bordaient le contour des allées, toujours aussi bien ratissées que celles du Luxembourg ou des Tuileries.

Enfin, le tonneau enfoncé dans la terre et jouant le rôle de bassin, était rempli d'une eau limpide, sur laquelle flottait un petit cygne en fer-blanc peint.

A cette époque, la maison qui nous occupe était habitée par deux femmes sans fortune, madame Marie-Monique Chesnel et mademoiselle Marguerite Chesnel, sa fille.

VIII. — Marie-Monique.

L'histoire de madame Chesnel était d'une extrême simplicité et peut se raconter brièvement.

Issue d'une famille d'honnêtes artisans, Marie-Monique avait appris chez les sœurs de charité à lire, à écrire et à travailler.

Fort adroite de ses doigts et ne manquant pas de goût, elle était devenue une couturière assez habile, et dès l'âge de dix-sept ans elle gagnait sa vie et venait en aide au ménage de ses parents, en allant travailler en journées dans toutes les maisons où l'on avait besoin d'une ouvrière.

Elle ne manquait point d'ouvrage et ne risquait guère d'en manquer jamais, car, dans les familles de notables et de commerçants aisés, on la recherchait, de préférence à toute autre, non-seulement à cause de sa supériorité dans le maniement des ciseaux et de l'aiguille, mais encore en raison de sa politesse, de sa bonne réputation et de sa jolie figure.

Marie-Monique Taillandier était en effet charmante;

Assise et travaillant auprès d'une fenêtre... (P. 35.)

— sous son petit bonnet de grisette elle avait le visage le plus frais, les plus beaux yeux, la physionomie la plus piquante qu'il fût possible d'imaginer.

Ce visage, sans offrir l'idéale noblesse qui devait caractériser un jour celui de sa fille, ne manquait cependant pas de distinction.

Bien des femmes du monde — et non pas des plus disgraciées — auraient envié l'air de dignité naturelle de la pauvre ouvrière.

Chez une jeune fille de cette classe et de cette profession, la beauté n'est souvent qu'un don fatal, un dangereux trésor.

Demandez plutôt au proverbe qui dit, en parlant de toute jolie fille pauvre :

— *Elle a des yeux à la perdition de son âme !*

La forme de ce dicton n'est pas très-correcte — mais, à coup sûr, le fond en est très-moral et surtout très-vrai.

Sur vingt ouvrières douées de quelques charmes, quinze au moins se perdent d'une façon à peu près irrémédiable.

Que voulez-vous?... — Ne faut-il pas au Minotaure de la débauche des vierges pauvres à dévorer?...

Eh bien! Marie-Monique (éclatante exception à la triste règle générale que nous venons de formuler) — tout en étant la plus séduisante grisette de la ville, en était aussi la plus sage.

Chose remarquable — chose presque incroyable dans une petite ville — cette sagesse n'était contestée par personne !

La calomnie elle-même mettait bas ses armes empoisonnées et s'avouait vaincue, en face du front si chaste et des grands yeux si candides de Marie-Monique.

Et cependant cette vertu triomphante et universellement reconnue avait été bien souvent attaquée.

De bien audacieux amants étaient venus échouer devant cette forteresse que gardaient la vigilante pudeur et le respect de soi-même...

Dans les maisons où la jeune fille allait travailler, ils étaient nombreux les maris libertins, toujours prêts à donner au contrat quelque coup de canif — toujours en quête de bonnes fortunes payées comptant, à prix débattu !...

Ils étaient nombreux aussi, les fils de famille encore jeunes, tenus de près par des parents rigides, — empêchés de jeter leurs gourmes au dehors, et fort séduits par la perspective attrayante de mener à bien une intrigue amoureuse sans sortir de chez eux et sous l'abri du toit paternel!...

Les vieux maris offraient de l'argent.

Les jeunes gens offraient de l'amour.

Tous promettaient une inviolable discrétion et une constance à toute épreuve.

Marie-Monique — trop véritablement sage pour être prude — les laissait dire sans se fâcher, et leur répondait en riant qu'elle se reconnaissait tout à fait indigne du grand honneur qu'ils lui voulaient faire en abaissant sur elle leurs regards.

Si quelques-uns — ne se tenant pas à l'instant même pour battus — essayaient de pousser les choses plus avant et joignaient à leurs beaux discours une tentative de pantomime irrespectueuse, — Marie-Monique fronçait les sourcils, et, d'un seul coup d'œil, moderne Jeanne d'Arc, elle faisait reculer la main audacieuse du Lovelace le plus entreprenant.

A deux ou trois reprises, des officiers de la garnison, don Juans à la taille fine et aux petites moustaches retroussées, habitués à abandonner d'innombrables Arianes dans toutes les cités qu'ils quittaient, firent des folies pour se rapprocher de Marie-Monique et pour l'emporter

Et comme Marie-Monique, la tête et les yeux baissés, gardait le silence, Maurice poursuivit... (P. 40).

dans son cœur sur les habitants de la ville, — lesquels, nous le savons, laissaient ce cœur parfaitement calme.

Pour les uns comme pour les autres, le résultat fut absolument et incontestablement négatif.

Au milieu de toutes ces tentatives de séductions, la jeune fille passait insouciante et pure, et chaque jour plus belle que la veille.

Quelques femmes riches, appartenant à l'aristocratie du département, s'émurent à la pensée des périls continuels qui menaçaient la vertu de Marie-Monique, et, voulant mettre un infranchissable rempart entre la jeune fille et ces périls quotidiens, lui proposèrent, à plusieurs reprises, de la prendre à leur service en qualité de femme de chambre.

La grisette avait l'âme fière.

Elle voulait bien rester, comme couturière, aux ordres du public et travailler pour tous ceux qui la payaient, — mais l'idée de se faire la servante d'une seule personne ne lui plaisait point.

Néanmoins, l'intention de ses protectrices étant bonne et charitable, elle en fut touchée et reconnaissante.

Elle remercia comme il convenait — tout en refusant les offres qu'on lui faisait — et elle donna pour raison de ce refus que sa famille ne pouvait se passer d'elle — qu'après sa journée, elle consacrait chaque soir quelques heures au soin du ménage — et qu'enfin, s'étant bien défendue toute seule et sans aide jusqu'à ce jour, elle continuerait, Dieu aidant, à se défendre de même à l'avenir.

Nous sommes forcés d'avouer que les femmes riches, de qui nous parlions à l'instant, se sentirent quelque peu formalisées de ce refus, pour si bien motivé qu'il fût, et déclarèrent, avec une conviction douloureuse, que la grisette péchait par excès d'orgueil et de confiance en elle-même, et qu'un jour ou l'autre, un peu plus tôt ou un

peu plus tard, elle finirait par tourner à mal, ce dont elles se laveraient les mains, ayant fait tout ce qui pouvait dépendre d'elles pour éviter une catastrophe.

Leurs prédictions néfastes ne semblaient point, d'ailleurs, devoir se réaliser de sitôt.

Le temps passait — les jours succédaient aux jours — les mois aux mois — les années aux années — et Marie Monique ne se perdait pas.

— C'est étonnant! — disaient les âmes charitables sus-mentionnées — l'orgueil est cependant un des sept péchés capitaux, et infailliblement il doit conduire à l'abîme ceux qu'il aveugle! — du reste, Marie-Monique est encore jeune... il faudra voir la fin!...

Le monde fourmille de gens ainsi faits!...

Au fond, ils ne sont nullement méchants, mais, s'ils ont prédit que le mal devait arriver, ils souhaitent assez volontiers que le mal arrive, afin de prouver combien leurs calculs étaient justes et leurs prévisions bien fondées.

Et ce sont là de *bonnes gens*!... — Du moins on les appelle ainsi.

Jugez de ce que sont les méchants!...

Tandis que se croisaient autour de la grisette les propositions déshonorantes et les inutiles offres de service, repoussées les unes comme les autres, d'autres demandes, d'un genre absolument différent, arrivaient jusqu'à elle.

D'honnêtes ouvriers, des gens du peuple, laborieux et habiles travailleurs, se mirent sur les rangs pour obtenir sa main. Les uns et les autres, — et sous des prétextes plus ou moins plausibles, — furent évincés impitoyablement.

Pourquoi cela? — demandera-t-on; — est-ce que la jeune fille avait fait vœu de célibat?...

En aucune façon, et voici le motif réel de tous ses refus.

L'ouvrière, par suite de son contact incessant avec des

3

gens d'une caste supérieure à la sienne, s'était élevée réellement au-dessus de cette classe.

Elle avait pris des idées et des goûts, sinon de luxe ou même de bien-être, du moins de soins intelligents de sa personne et de minutieuses recherches de propreté.

Sous ce dernier rapport sa toilette de tous les jours, qui certes, dans son ensemble, ne valait pas quinze francs, ne le cédait point à celle d'une duchesse.

Elle blanchissait elle-même pendant la nuit son linge, ses jupons et ses robes, afin que ces pauvres objets fussent sans cesse d'une irréprochable et incomparable fraîcheur.

Hiver comme été, chaque matin elle se levait au point du jour, — elle plongeait dans une eau glacée sa figure rose et ses bras blancs, et longuement elle peignait et lissait sa magnifique chevelure brune — non par coquetterie, mais, nous le répétons, par un soin intelligent de sa personne.

La propreté, ce luxe du pauvre, était son seul luxe. — Mais, celui-là, bien peu de millionnaires le poussaient aussi loin qu'elle.

Or, Marie-Monique savait à merveille quelle est en province l'existence de la femme d'un ouvrier, — même quand cet ouvrier est un bon sujet, un travailleur énergique, et qu'il gagne quelque argent.

La ménagère doit tenir en bon ordre la garde-robe de son mari, dont le plus souvent l'incurie en matière de toilette est chose désolante; — elle doit, de plus, veiller à tous les détails de l'intérieur et préparer les repas.

Ces divers soins absorbent une partie des journées de la jeune femme, et, tout en l'assujettissant à des travaux pénibles et parfois répugnants, ne lui laissent que bien peu de temps pour elle-même...

Mais ceci n'est rien encore...

Il arrive assez souvent que l'union des gens riches reste stérile. — Bizarrerie de la nature que la science médicale, à l'heure qu'il est, ne se charge point encore d'expliquer d'une façon préremptoire.

Les alliances entre pauvres diables sont presque toujours, au contraire, déplorablement fécondes.

Marie-Monique n'ignorait point ce que devient la destinée de la femme, lorsque les enfants arrivent dans un ménage de travailleurs.

Quand trois ou quatre bambins se sont suspendus successivement à la mamelle de la mère, celle-ci ne garde plus de la femme que le sexe et le vêtement...

Adieu pour elle la beauté, la jeunesse, le soin de soi-même et de ceux qui l'entourent — il lui faut vivre au milieu d'un incurable désordre, car le temps lui manque pour purifier son intérieur devenu une sorte de succursale des étables d'Augias — et, au bout de bien peu d'années, la jolie fille appétissante et verdissante du jour du mariage, est métamorphosée en une créature vieille avant l'âge, avachie, usée, flétrie, repoussante pour tous les sens et blessante pour tous des organes.

De cette existence et de cette destinée, Marie-Monique ne voulait à aucun prix.

Avait-elle tort ou raison?...

Ce n'est pas à nous qu'il appartient de le décider. — Que les amis de la controverse entassent, s'ils leur semble, des arguments pour ou contre. — Nous ne songeons point à les empêcher, — et, s'ils le font, nous ne les blâmerons nullement.

La grisette ne voulait pas...

Tout est dit!...

Nous faisons un récit et non point une dissertation.— Nous disons ce qui a été, et nous ne cherchons pas ce qui aurait dû être.

IX. — Maurice Chesnel.

Le temps avait passé.

Marie-Monique, tout aussi sage qu'aux jours de sa quinzième année, allait avoir trente ans.

Comme jadis, elle vivait de son aiguille, mais elle en vivait seule, ses parents étant morts depuis longtemps déjà.

La beauté de l'ouvrière n'avait rien perdu — au contraire.

Les charmes de Marie-Monique s'étaient développés dans de merveilleuses proportions. — La vierge du Pérugin était devenue une nymphe du Corrège ou de l'Albane. — Cette beauté, si chaste qu'elle fût, parlait maintenant autant à l'imagination et aux sens, qu'à l'âme et au cœur.

Elle n'avait perdu aucune de ses anciennes séductions, — elle en avait acquis de nouvelles.

Il était d'ailleurs impossible de supposer que l'ouvrière eût dépassé l'âge de vingt-trois ou vingt-quatre ans, tant son front restait uni et en quelque sorte candide, tant ses joues fermes et marquées de petites fossettes, conservaient le coloris velouté de la première jeunesse.

Malgré ce radieux éclat qu'elle semblait devoir garder bien longtemps encore, Marie-Monique, que l'expérience du passé rendait défiante à l'endroit de l'avenir, avait perdu tout espoir de se marier.

Elle en prenait d'ailleurs son parti fort gaillardement.

Souvent on l'entendait s'écrier en riant :

— J'ai coiffé sainte Catherine!... — mon sort est fixé!... — fille j'aurai vécu, fille je mourrai — et très-vieille fille s'il plaît à Dieu!... — Je ne me plains point et je me déclare contente de mon lot ! — le célibat a des charmes ! — combien je connais de femmes qui, s'il était possible qu'un pareil miracle s'accomplît en leur faveur, souhaiteraient ardemment redevenir filles !...— Un mari, je le crois sans peine, est une bonne chose... quand il est bon... — Mais il y en a tant de mauvais — et les médiocres sont si nombreux...

Ainsi philosophait la charmante couturière — et, chose peu commune en ce monde — son langage était bien véritablement l'exacte expression de ses sentiments.

Et, voyez un peu les fantasques caprices de la destinée féconde en contradictions de toutes sortes : — Telles vieilles filles, aigries au-delà de toute vraisemblance par les obsessions de leur virginité *montée en graine* — (qu'on nous passe cette expression triviale mais pittoresque) — telles vieilles filles, disons-nous, vivent et meurent dans les accès d'une impuissante rage contre les hommes qui ne savent point les apprécier — et les épouser...

Marie-Monique, au contraire, doucement résignée à son sort, et ne désirant plus qu'à peine un changement d'état, devait trouver sans le chercher ce mari qu'elle n'espérait pas.

Un grand et beau jeune homme de trente-huit ou trente-neuf ans, — Maurice Chesnel — originaire d'un gros bourg situé sur les confins du département de la Haute-Saône et de celui des Vosges, vint se fixer à Vesoul pour y exercer la médecine.

Chirurgien-major dans un de nos héroïques régiments de chasseurs d'Afrique, il avait reçu une balle dans le bras gauche pendant une expédition en Kabylie; — cette blessure ayant nécessité l'amputation, il revenait dans sa province avec un bras de moins et la croix d'officier de la Légion d'honneur.

Orphelin, et n'ayant plus de parents, ou du moins plus que des parents très-éloignés dans le bourg où il était né, — manquant d'ailleurs absolument de fortune, Maurice Chesnel avait choisi Vesoul pour sa résidence, parce que le nombre des habitants lui semblait devoir favoriser l'exercice de sa profession.

Nous l'avons dit, l'ex-chirurgien-major était beau. — Son visage martial, — son teint bistré par le soleil africain, — sa longue barbe, — sa rosette d'officier, — lui donnaient une grande mine.

Son bras mutilé lui-même attirait sur lui l'intérêt.

Ajoutez à tout ceci une science véritable — un mérite réel — vous comprendrez sans peine que le nouveau venu se trouva bien vite à la mode, et qu'il eut promptement une clientèle nombreuse et choisie — non seulement dans la ville, mais encore dans les environs.

Au bout de six mois il gagnait à lui seul autant d'argent que tous les autres médecins de Vesoul ensemble, et c'est à peine si les deux chevaux arabes qu'il avait ramenés d'Algérie pouvaient suffire à le transporter partout où l'on réclamait sa présence et ses soins.

Presque chaque jour, dans quelques-unes des maisons qu'il fréquentait, Maurice Chesnel rencontrait Marie-Monique, assise et travaillant auprès d'une fenêtre, tantôt dans l'antichambre, tantôt dans la salle à manger.

Il ne donna d'abord à la couturière que cette attention banale que tout homme accorde à une belle fille.

Cette attention vague se modifia rapidement et ne tarda guère à devenir exclusive — puis passionnée.

Un beau matin, en s'interrogeant lui-même sur la nature des sentiments qu'il éprouvait, Maurice Chesnel fut bien forcé de s'avouer — avec un vif dépit — qu'il était très-réellement et très-notablement épris de l'ouvrière.

D'où venait ce dépit?

Nous allons l'expliquer en peu de mots.

Comme tout le monde, l'ex-chirurgien-major avait entendu parler de la sagesse inébranlable de Marie-Monique — et, chaque fois que, devant lui, quelque allusion était faite à cette sagesse, il hochait la tête en souriant.

— Qu'y a-t-il? — lui demandait-on.

— Rien — répondait-il.

— Alors, pourquoi souriez-vous?

— Ce sont de vieux souvenirs qui me reviennent et qui me mettent en gaîté...

— Peut-on les connaître?

— Ils n'ont d'intérêt que pour moi...

— Est-ce qu'ils ont rapport à Marie-Monique, ces souvenirs?...

— En aucune façon.

Naturellement on n'insistait pas, et le médecin gardait le secret de son sourire.

Le fait est que Maurice Chesnel — matérialiste comme le fut Broussais et comme le sont un grand nombre de chirurgiens, qui à force de fouiller dans le corps sans y trouver l'âme, finissent par douter de tout, excepté des sens et de leur action, — le fait est, disons-nous, que Maurice Chesnel ne croyait point à la vertu des femmes en général — à la sagesse des couturières en particulier — et, spécialement, à celle de Marie-Monique.

— Cette fille est très-belle, se disait-il — très-remarquablement belle, et passe pour très-pure...

« Qu'est-ce que cela prouve?

« Qu'elle est plus habile et plus rouée qu'une autre — qu'elle cache hypocritement son jeu — et qu'elle trouve moyen d'allier le culte du plaisir avec les honneurs de la vertu!

« Une créature de ce calibre est très-forte. — Pour réussir près d'elle, il doit être indispensable de se donner beaucoup de mal, — et voilà justement ce que je ne veux pas faire... — Mes occupations me défendent impérieusement d'être le courtisan assidu d'une grisette...

« Que penseraient mes clients s'ils me voyaient m'atteler au char de Marie-Monique?

« Ils riraient de moi... — et ils auraient, ma foi, bien raison!

« Et ce n'est pas tout!

« Dans les petites villes, la pruderie est à l'ordre du jour! — je passerais bien vite pour un homme sans moralité — pour un libertin — pour un suborneur! — Les trois quarts des portes se fermeraient devant moi, et il me faudrait dire adieu au riche mariage que je ferai sans doute, et même certainement, car, à l'heure qu'il est, je ne sais guère d'honorable famille qui refusât de me donner sa fille si je la lui demandais...

« Allons, il ne faut plus penser à cette ouvrière! — J'en suis amoureux, mais qu'importe?...

« Il ne doit pas être beaucoup plus difficile d'extirper un amour qui n'est pas encore très-enraciné, que de couper un bras ou une jambe! »

Voilà ce que se disait et se répétait le médecin, et son discours prouvait selon jusqu'à l'évidence que s'il connaissait jusque dans ses moindres détails l'organisation du corps humain, il ne savait pas le premier mot des mystères du cœur.

L'amour ne s'extirpe point comme une molaire ou une incisive, et les efforts que l'on fait pour l'arracher ne servent presque toujours qu'à le rendre plus solide et plus indestructible.

Maurice Chesnel ne tarda guère à l'apprendre par sa propre expérience.

Le sentiment qu'il éprouvait pour Marie-Monique et auquel il n'avait attribué d'abord que les proportions d'une fantaisie, se métamorphosa rapidement en une passion bien caractérisée, et le médecin se dit qu'il lui fallait à tout prix devenir l'amant de la belle ouvrière.

— Elle est pauvre — pensa-t-il — elle ne résistera point à des offres aussi brillantes que le seront les miennes!... — la clef d'or ouvre toutes les portes... — celle de la vertu de Marie-Monique ne restera pas fermée plus que les autres. — D'ailleurs cette jolie fille tient à sa bonne réputation... — autant qu'elle, au moins, j'ai besoin d'un absolu mystère — elle le comprendra sans peine, et nous saurons dérober aux regards les plus clairvoyants le secret de notre liaison...

La détermination de Maurice Chesnel était prise. — Il avait résolu de parler.

Mais, pour mettre ce projet à exécution, il fallait trouver moyen d'écarter certaines difficultés matérielles assez embarrassantes.

Le médecin ne pouvait aller chez Marie-Monique sans donner prise à la médisance. — Comment faire pour se trouver en tête-à-tête avec elle assez longuement pour pouvoir s'expliquer et s'entendre?

Presque chaque jour, — nous l'avons dit — Maurice rencontrait l'ouvrière dans des maisons tierces — mais ces rencontres ne duraient que quelques secondes, et en outre elles avaient toujours des témoins.

Le médecin cherchait, — et son imagination, peu fertile en ruses amoureuses, ne lui suggérait aucun expédient.

Il commençait à se décourager.

Le hasard lui vint en aide tout à coup et à l'improviste, de la façon la plus complète et la plus inespérée.

Voici comment Maurice Chesnel apprit ce secours inattendu, si favorable à la réalisation du dessein qu'il avait conçu.

— Mon cher docteur — lui dit un jour la femme d'un conseiller de préfecture — vous avez dû voir quelquefois, dans mon antichambre, une ouvrière?...

Maurice, ne pouvant deviner quel était le but de cette question, se sentit prêt à perdre contenance.

— Mais — répondit-il — je ne sais trop. .

— Vous ne vous en souvenez plus sans doute, mais il est à peu près impossible que vous ne l'ayez pas remarquée .. — une très-jolie fille — blanche et rose — l'air distingué — de beaux yeux — de beaux cheveux — une tournure gracieuse et décente — Marie-Monique enfin — la belle Marie-Monique — la plus honnête personne de la terre... — Tout le monde la connaît à Vesoul.

— Peut-être — mais je ne suis pas de Vesoul. — Enfin, madame, oserai-je vous demander pourquoi vous me parlez de cette personne?...

— Parce qu'elle est malade...

Malgré lui, Maurice pâlit.

— Gravement? — demanda-t-il d'une voix qu'il s'efforça de rendre ferme.

— J'espère bien que non.

— Quelle est sa maladie?...

— Je ne saurais trop vous le dire... — hier Marie-Monique devait venir travailler à la maison — elle m'a manqué de parole... — Ce matin, voyant qu'elle n'arrivait pas plus qu'hier et sachant combien, d'habitude, elle est parfaitement exacte, j'ai envoyé chez elle ma femme de chambre qui a trouvé la pauvre fille dans son lit avec la fièvre. — Marie-Monique se traite à ce qu'il paraît avec de fortes doses de je ne sais quelle tisane qu'elle s'est ordonnée à elle-même, ce qui peut être dangereux, n'est-ce pas, docteur?...

— Très-dangereux, oui, madame, pour peu que l'indisposition soit grave...

— Elle a dit à ma femme de chambre qu'elle sentait bien que ce n'était rien, et qu'elle en serait quitte pour quelques jours d'inaction, et, à cette demande : *Pourquoi ne faites-vous pas venir un médecin ?* — elle a répondu en riant : — *Parce que ce serait trop cher, et que je suis trop pauvre pour me permettre ce luxe-là...* — Maintenant, mon cher docteur, vous devinez ce que j'attends de vous ?...

— Que j'aille voir votre malade, n'est-ce pas ?...

— Tout justement... — et veuillez vous considérer comme mon créancier pour le prix des visites que vous lui ferez...

Maurice, involontairement, rougit.

— Permettez-moi — dit-il — de réclamer pour moi tout seul la bonne œuvre que vous m'indiquez... — je soignerai votre protégée pour rien...

— Mais — interrompit la femme du conseiller de préfecture.

— Je la soignerai pour rien — reprit le médecin — ou je ne la soignerai pas du tout...

— Allez donc...

— L'adresse ?...

— Rue du Collége, n° ***

— J'y serai dans cinq minutes...

Maurice Chesnel sortit, le cœur palpitant, et se dirigea vers la maison où demeurait Marie-Monique.

X. — Le médecin et la malade.

La maison habitée par l'ouvrière était un de ces vieux logis du moyen âge, qui sont rares à Vesoul, car la pauvre ville, saccagée et brûlée à dix reprises, a gardé peu de constructions anciennes, témoins encore debout d'un passé désastreux.

Cette maison, bâtie en pierres de taille noircies par le temps, — avec sa porte ogivale surmontée d'un écusson mutilé, et ses croisées coupées en quatre par la croix de pierre symbolique, — a deux étages de hauteur.

Au bout d'un couloir étroit et obscur, on rencontre un escalier en forme de vis, dont toutes les marches ont été usées dans leur milieu par les pas de vingt générations successives.

Le logement de Marie-Monique se trouvait dans la partie la plus élevée de la maison.

Le rez-de-chaussée était occupé par un cordonnier à qui Maurice s'adressa et qui lui répondit :

— Monsieur le médecin, montez tout en haut — vous verrez sur la porte une carte collée, et, sur cette carte, il y a écrit : *Marie-Monique Taillandier, couturière.* — Pas moyen de se tromper...

Maurice s'engagea dans le sombre escalier, éclairé seulement d'étage en étage par une sorte de machicoulis très-étroit pratiqué dans l'épaisseur de la muraille et ne laissant passer qu'un faible rayon lumineux, pareil à cette clarté douteuse qui tombe dans les cachots.

Au sommet de l'escalier il vit la porte, et, sur la porte, l'écriteau indicateur.

Il frappa.

Personne ne répondit.

Il pesa sur le loquet et la porte s'ouvrit.

Maurice se trouva dans une grande pièce triste et froide — aux murailles entièrement nues, — et n'ayant d'autres meubles qu'une haute armoire ancienne, — une petite table de bois blanc et deux escabelles.

Sur la petite table étaient posés quelques ustensiles de ménage.

Au fond se voyait une seconde porte.

Maurice frappa à celle-ci comme il avait frappé à la première.

— Qui est là ? — demanda une voix faible.

— Le médecin... — répondit Maurice.

— Entrez.

Maurice ouvrit d'une main tremblante et pénétra dans une chambre qui formait un frappant contraste avec celle qu'il venait de quitter.

Autant l'une était sombre et d'aspect lugubre, autant l'autre était aérée, lumineuse, et en quelque sorte souriante.

Cela s'explique.

La fenêtre de la première pièce s'ouvrait sur une cour étroite et semblable à un puits.

Celle de la seconde prenait jour sur la rue, ou plutôt sur le ciel, car, en face d'elle, il n'y avait que des jardins qu'elle dominait de très-haut.

Un petit papier commun, mais d'une jolie couleur claire semée de fleurs roses et bleues, couvrait les murs.

Des lithographies enluminées, représentant des sujets pieux et les aventures de Mathilde et de Maleck-Adel, s'alignaient symétriquement dans leurs cadres de bois noir.

La commode — la table — les chaises, étaient en noyer ciré, et si brillants qu'on aurait pu se mirer dans leur surface.

Le carreau, soigneusement mis en couleur et frotté, étincelait.

Sur la cheminée se voyaient une pelote en coquillages et des bouquets de fleurs artificielles dans deux vases d'ancienne faïence italienne, sans valeur pour l'ouvrière, et qui se paieraient aujourd'hui fort cher à l'hôtel des ventes.

Ces vases se dressaient de chaque côté d'une statuette de la sainte Vierge en plâtre colorié.

Enfin le lit, en noyer comme les autres meubles, disparaissait à demi sous de larges rideaux en cotonnade d'une éclatante blancheur.

Dans ce lit Marie-Monique était couchée — le visage animé par la fièvre — ses longs cheveux bruns à demi dénoués, épars sur l'oreiller blanc — si belle enfin que Maurice Chesnel en fut ébloui.

— Monsieur — dit vivement l'ouvrière — vous êtes bien bon d'être venu, mais je n'avais pas demandé de médecin...

— Je le sais, mon enfant, je vois que part c'était un tort grave, mais que par bonheur il est grandement temps de réparer...

— Comment donc avez-vous su que j'étais malade ?...

— Par une personne qui s'intéresse beaucoup à vous...

— Qui donc ?

— Madame ***

— Et c'est elle qui vous a envoyé, monsieur ?...

— C'est elle.

— Eh bien, monsieur, vous aller voir que la chère et bonne dame s'inquiète à mon sujet sans motif, et que ce que j'ai ne vaut véritablement pas la peine que l'on s'en occupe...

— Je vois bien en effet que c'est peu de chose — mais une indisposition, si légère qu'elle soit, peut s'aggraver si on la néglige...

— Mais j'ai grandement soin de moi, monsieur...

— Que faites-vous ?

— Je bois de la tisane.

— Qui la prépare, cette tisane ?

— Moi-même.

— Avec quoi la faites-vous ?...

Marie-Monique nomma deux ou trois plantes anodines qui, infusées dans de l'eau chaude, ne pouvaient à la vérité faire aucun mal, mais ne pouvaient non plus produire aucun bon résultat.

Maurice sourit.

— De qui tenez-vous cette belle recette ? — demanda-t-il.

— De ma pauvre mère, qui l'employait toujours, et toujours avec succès.

— *C'est la foi qui sauve !* — pensa le médecin.

Puis il reprit :

— Voulez-vous me donner votre main... j'ai besoin de vous tâter le pouls.

Marie-Monique sortit son bras du lit.

La manche de sa chemise était courte.

Son beau bras blanc velouté, qui pour la première fois se montrait aux regards d'un homme, avait l'éclat et la pureté de formes des chefs-d'œuvre de la statuaire antique.

— Comment se peut-il faire qu'on trouve dans le peuple d'aussi admirables créatures ? — se demanda Maurice, tout en appuyant ses doigts sur la peau fine et transparente sous laquelle il sentit la veine battre à coups redoublés.

Le contact de cet épiderme fit courir dans tout son être, jusqu'à son cœur, une sorte de frisson pareil à celui que cause le choc d'une faible étincelle électrique.

Et il pensait :

— Que doit être le corps auquel s'attache un bras pareil !... — Oh ! Pradier, quel chef-d'œuvre se serait échappé de tes mains, si le Dieu des artistes avait envoyé sur ton passage un semblable modèle !...

Et ses regards cherchaient à se rendre compte de contours admirables qui se dessinaient en un relief hardi sous les draps que la sueur de la fièvre rendait humides.

Cependant les yeux de Marie-Monique interrogeaient les yeux du médecin.

L'ouvrière semblait étonnée de son silence, et même quelque peu inquiète.

— Est-ce que ce serait plus grave que je ne le croyais, monsieur ?... — demanda-t-elle enfin.

— Non, mon enfant, non, rassurez-vous... — votre maladie, je vous l'affirme, je vous le jure, n'est en aucune façon dangereuse, et la convalescence ne tardera point...

— Bien vrai ?...

— Oui, bien vrai.

— Vous ne me dites pas cela pour me rassurer ?...

— Non. — Je vous en donne ma parole d'honneur !... — seulement, il vous faut des soins assidus, — et, de plus, quelques médicaments bien simples et peu coûteux sont indispensables...

Le visage de Marie-Monique prit une expression effrayée.

— Qu'avez-vous donc ?... — lui dit Maurice.

— Comment faire, monsieur ?... — Ces médicaments dont vous parlez, je ne puis me lever pour aller les prendre à la pharmacie...

— Ne vous inquiétez de rien, mon enfant... — je vais écrire une petite ordonnance... — j'irai moi-même chercher ce dont vous aurez besoin... — je vous apporterai les deux ou trois fioles qui contiendront la guérison prompte et certaine... — et vous n'aurez qu'à boire d'heure en heure une cuillerée de leur contenu... — Vous voyez que c'est bien facile...

— Sans doute, monsieur, mais...

— Mais, quoi ?...

L'ouvrière baissa les yeux, et une rougeur nouvelle s'ajouta à la teinte pourpre que la fièvre mettait sur ses joues.

Elle balbutia d'une voix à peine distincte :

— Vous êtes bon, monsieur, et je vous remercie de toute mon âme, — mais je suis pauvre... je n'ai pour vivre que mon travail... et je ne saurai comment reconnaître tout ce que vous voulez faire pour moi...

— N'est-ce que cela qui vous inquiète ?... — dit Maurice, — tranquillisez-vous, mon enfant... ce que je ferai sera bien peu de chose... et nous verrons plus tard... quand vous serez guérie... — nous nous entendrons facilement... Mettez-vous l'esprit en repos... — le repos de l'âme est aussi indispensable que celui du corps pour votre prompte convalescence... — En attendant, comptez sur moi et regardez-moi comme un ami... comme un ami dévoué...

Le regard qui accompagnait ces paroles bienveillantes leur donnait un sens que Marie-Monique ne devina point.

Là où le calcul intéressé de la passion sensuelle montrait le bout de l'oreille, l'ouvrière ne vit que l'élan d'une charité affectueuse.

Elle se sentit touchée jusqu'aux larmes, et elle s'écria :

— Ah ! monsieur, Dieu seul pourra vous récompenser... et je lui demanderai de le faire... et mes prières seront si ardentes qu'il les entendra, je l'espère...

— Ce n'est pas sur Dieu que je compte pour la récompense que j'attends ! — se dit Maurice.

Puis, tout haut, il reprit :

— Point d'exaltation, surtout ! — je vous en prie, et, en qualité de médecin, je vous l'ordonne, évitez de vous animer !... — A cette condition seulement la fièvre tombera... — Je vais m'occuper de vous et je reviendrai dans deux heures... — d'ici là, tâchez de dormir un peu... — A bientôt, mon enfant...

Il sortit, laissant Marie-Monique, émue et reconnaissante, se dire qu'il y avait de belles et nobles âmes sur la terre !...

XI. — Tout est bien, qui finit bien.

Le bon Lafontaine a dit en vers charmants :

> Ne forçons point notre talent,
> Nous ne ferions rien avec grâce !
> Jamais un lourdaud, quoi qu'il fasse,
> Ne saurait passer pour galant !

Pour nous conformer à ce précepte dont mieux que personne nous reconnaissons l'inattaquable vérité, nous allons éviter avec le plus grand soin de nous livrer, à propos de la maladie de Marie-Monique, à une dissertation médicale qui ne manquerait point de mettre en relief notre complète ignorance en cette matière savante.

Contentons-nous de répéter, qu'ainsi que l'avait affirmé Maurice Chesnel à Marie-Monique, cette maladie ne présentait aucun danger réel, mais qu'elle pouvait se prolonger pendant assez longtemps et, par conséquent, amener à sa suite une grande faiblesse.

Ce fut en effet ce qui arriva.

Au bout d'une quinzaine de jours seulement eut lieu le dernier accès de fièvre et la convalescence commença.

Nous devons ajouter que le médecin avait fait tout au monde pour empêcher le mal de devenir sérieux, mais que, de propos délibéré, il n'avait pris aucune mesure pour en abréger la durée.

Ceci était une des conséquences du plan qu'il s'était tracé, et qui, selon lui, devait l'amener peu à peu à prendre sur Marie-Monique un empire absolu.

Rien de plus simple d'ailleurs que ce plan.

Deux fois chaque jour, pendant toute la durée de la maladie, Maurice venait s'asseoir au chevet de l'ouvrière.

Dans le cours des longs entretiens qu'il se ménageait ainsi, il lui prodiguait les consolations, les encouragements, les marques de vive sympathie.

Marie-Monique se laissait prendre à ces bonnes paroles qui ne dépassaient jamais les bornes d'une sorte de fraternelle affection, d'un honnête et tendre intérêt, et, pleine de reconnaissance, elle élevait dans son cœur un autel à celui qui l'entourait de soins si dévoués et, croyait-elle, si parfaitement désintéressés.

Maurice s'applaudissait de la confiance croissante, de l'attachement manifeste que lui témoignait Marie-Monique, et il se disait :

— Si elle ne m'aime pas encore d'amour, elle m'aimera bientôt... et, le jour où elle m'aimera, comment me résisterait-elle ?...

Il ne se trompait qu'à demi. — Il n'avait raison qu'à moitié.

Lorsque arriva la convalescence, l'ouvrière, si elle avait eu l'idée d'interroger son cœur, aurait découvert avec épouvante que sa reconnaissance pour le jeune homme changeait en effet de nature et se métamorphosait rapidement en amour.

Mais elle ne songeait point à s'interroger à cet égard.

La seule idée qu'elle pouvait voir en Maurice autre chose qu'un ami et qu'un frère, lui aurait semblé la plus complète et la plus invraisemblable de toutes les folies.

Le médecin, lui, ne partageait pas cette illusion. — Il devinait clairement ce qui se passait dans l'âme de Marie-Monique — il lisait dans son cœur comme dans un livre ouvert — il comptait pour ainsi dire les pulsations de ce cœur (avec sa double expérience d'homme et de médecin), et un jour arriva où il se dit que le moment de parler était venu.

La scène qui, ce jour-là, devait avoir lieu, était combinée d'avance dans l'esprit du médecin, jusque dans ses moindres détails.

Quoiqu'il n'eût point dépassé cet âge où l'homme est dans toute sa force et dans toute sa beauté (quand l'homme est fort et quand il est beau, choses entièrement exceptionnelles à notre époque), Maurice se disait que la gravité de sa position ne lui permettait point de faire à l'ouvrière une de ces déclarations brusques et formelles, précises dans le fond, ardentes dans la forme, telles que les savent formuler les jeunes roués, lorsqu'ils ont de l'aplomb, et les étudiants de troisième année, lorsqu'ils ont de l'esprit.

Selon lui — et nous ne prendrons point sur nous d'affirmer qu'il se trompait — l'aveu de la passion ressentie par un homme sérieux devait avoir quelque chose de sérieux.

Enfin — nous le répétons, — il avait préparé le canevas sur lequel, au moment décisif, il ne lui resterait plus qu'à broder ces fleurs amoureuses qui plaisent tant aux femmes de la terre, depuis le jour où dans le Paradis terrestre Eve la blonde, notre arrière-grand'-mère à tous, prit un plaisir si vif à regarder les broderies du serpent...

Et ici, ne convient-il pas de verser une larme sympathique sur les infortunes conjugales de ce pauvre Adam qui, bien qu'il fût seul sur la terre avec sa femme, ce qui devait lui donner, on en conviendra, de grandes raisons de sécurité, eut cependant la mauvaise chance invraisemblable, grâce au serpent symbolique, d'être le premier mari... trompé !...

C'était triste !...

Enfin, pour le plaindre un peu moins, disons-nous que Caïn, le premier meurtrier, ne fut pas le fils du mari de sa mère .. — ce qui, pour un homme de mœurs douces et paisibles comme Adam, dut être une notable consolation !...

Et revenons à nos moutons.

Donc, le jour choisi par Maurice Chesnel pour faire à Marie-Monique l'aveu de sa flamme était arrivé.

L'ouvrière, depuis l'avant-veille, venait d'entrer dans la période de convalescence.

Au moment où le médecin ouvrit la porte de sa chambre, elle était assise dans un fauteuil envoyé par lui-même bien simple et qui semblait cependant à la pauvre fille le dernier mot du sybaritisme le plus raffiné.

Depuis qu'elle était au monde, l'ouvrière n'avait jamais connu, ou du moins jamais pratiqué, que des chaises de paille ou de bois.

Enveloppée dans une robe mal attachée, elle avait noué autour de son buste un petit châle jeté sur ses épaules et qui voilait pudiquement sa gorge.

Ses longs cheveux, difficilement tordus par ses mains affaiblies, tombaient en lourdes mèches le long de l'ovale un peu amaigri de son visage, dont leur couleur brune rendait plus éclatante l'exquise pâleur.

Au-dessous de ses yeux si grands, et qui semblaient pourtant agrandis, se dessinait un léger cercle de bistre, leur donnant une expression nouvelle et en quelque sorte orientale.

La transformation subie par sa beauté ajoutait quelque chose encore au cachet de distinction déjà si réel de ses traits.

En voyant entrer Maurice, elle se souleva à demi et elle lui tendit la main avec un sourire, en lui disant :

— Bonjour, mon sauveur...

— Pourquoi m'appelez vous ainsi ?...

— Parce que je suis bien sûre que j'ai été malade plus que vous n'avez voulu me le laisser croire... — je le sens à ma faiblesse, et rien ne m'ôtera de l'esprit que je vous dois la vie...

— Quelle folie ! — répondit Maurice d'un ton un peu contraint et tout à fait propre à laisser supposer à Marie-Monique que l'opinion qu'elle venait d'émettre était conforme à la vérité.

Il n'était pas fâché de grossir par tous les moyens la somme de reconnaissance qu'elle croyait déjà lui devoir.

— Enfin, — reprit-il — que vous ayez été un peu plus ou un peu moins malade, peu importe maintenant, puisque vous voilà guérie...

— Guérie... — oh ! pas encore tout à fait... — il me semble que mes forces ne reviendront jamais...

— Il vous semble mal.

— C'est que, voyez-vous, monsieur Maurice, j'ai un si grand besoin de me voir complétement rétablie et capable de recommencer mon existence habituelle !... — Dans combien de temps pensez-vous que ce bonheur m'arrivera ?

— Il ne faut pas songer à reprendre votre travail avant un mois...

— Un mois ! — répéta l'ouvrière avec tristesse.

— Mon Dieu, oui... et je mets la chose au plus près...

— Mais alors, que vais-je devenir ?... — le travail, c'est mon pain... — J'aurai beau vivre avec une économie sordide, encore faut-il gagner ma vie !... — et mon loyer qui n'est pas payé !... — Mon Dieu... mon Dieu, que faire ?... que faire ?...

— N'avez-vous pas vos amis ?... — Ne suis-je pas là, moi qui vous parle ?

Marie-Monique rougit légèrement.

— Que voulez-vous dire, monsieur Maurice ? — demanda t elle.

— Je veux dire que, si vous avez besoin de quelque chose, j'espère bien que vous vous adresserez à moi... — est-ce que vous doutez que ma bourse soit à votre disposition ?...

— Non, je n'en doute pas... — Vous êtes si bon... si bon pour moi...

— Ainsi vous acceptez ?...

Marie-Monique secoua la tête.

— Je refuse... — dit-elle.

— Vous refusez ! — et pourquoi ?...

— Parce que, lorsqu'on emprunte, il faut rendre...— et, pour vous rendre l'argent que vous me prêteriez, comment faire ?...

— Ceci importe peu...

— Pour vous, peut-être, monsieur Maurice... — Mais il n'en est point de même pour moi...— accepter de l'argent qu'on ne rendra pas, c'est recevoir une aumône...

— Quels vilains noms vous donnez aux choses !...

— Je leur donne le nom qui leur convient...

— Appelez-vous donc aumône le présent que le fiancé offre à sa fiancée ?...

— Quelle différence !... — Les fiancés seront bientôt mari et femme, et entre mari et femme tout est commun...

— Et les dons d'un amant à celle qu'il aime ?...

— C'est différent encore...

— En quoi ?...

— Je le comprends mieux que je ne saurais l'exprimer, — mais il me semble que l'amour change le sens des choses, et doit changer celui des mots...

— Et vous avez cent fois raison !... — Eh bien! pourquoi n'auri z-vous pas recours à quelqu'un dont le cœur vous appartiennne absolument ?...

— Pourquoi ?...

— Oui.

— Pour la meilleure de toutes les raisons du monde...

— Laquelle ?

— C'est que le quelqu'un dont vous parlez n'existe pas.

— Croyez-vous donc que personne ne vous aime ?...

— Je le crois fermement.

— Et vous, n'avez-vous jamais aimé ?

— Jamais.

— On vous a dit, cependant, n'est-ce pas, que vous étiez belle ?

— Oui, on me l'a dit... — comme les hommes le disent à toutes les femmes, pourvu qu'elles soient un peu jeunes et assez fraîches... et quelquefois même sans cela...

— On vous a dit qu'on vous aimait ?...

— On me l'a dit aussi...

— Souvent ?

— Plus d'une fois...

— Et que répondiez-vous ?

— Moi ! — rien, — je riais...

— De la déclaration, ou de celui qui la faisait ?

— De l'un et de l'autre.

— Et votre cœur ne battait pas?

— En aucune façon... — Pourquoi donc aurait-il battu? — Je savais bien que mes prétendus amoureux ne pensaient pas un seul mot de leurs belles phrases, et la preuve que je ne me trompais point, c'est que ceux qui venaient de me jurer que mes rigueurs les feraient mourir, en juraient autant à une autre femme deux heures après que j'avais ri en les écoutant...

— Et si cependant l'un de ceux-là vous avait parlé sérieusement?

— Vous voulez dire, s'il m'avait véritablement aimée?

— Oui.

— Eh bien?

— Eh bien! qu'auriez-vous répondu?

— Je ne sais pas, puisque jamais je ne me suis trouvée dans cette position-là... — puisque personne ne m'a aimée — puisque personne ne m'aime — puisque personne ne m'aimera jamais...

— Personne ne vous aime! — personne ne vous aimera! — en êtes-vous bien sûre?... — murmura Maurice d'une voix tellement émue que Marie-Monique leva vivement sur lui ses grands yeux étonnés.

Mais son regard s'abaissa presque aussitôt, après avoir rencontré le regard ardent du médecin.

— Du moins — balbutia-t-elle avec un trouble extrême et un embarras involontaire dont elle ne devina pas clairement la cause — du moins, je le crois...

— Eh! bien, vous vous trompez et vous doutez injustement! — Ne savez-vous donc pas à quel point vous êtes belle? — Ne savez-vous pas que la beauté de votre âme et la pureté de votre cœur se lisent en caractères merveilleux sur les traits si doux de votre visage? — Je connais un homme, moi, — un homme qui vous aime en secret depuis longtemps déjà, jusqu'à l'adoration, jusqu'à l'idolâtrie! — un homme qui ne vit que pour vous — qui n'existe que sous votre regard — qui ne se trouve heureux que lorsque le son de votre voix frappe son oreille! — Cet amour impétueux a-t-il été si bien caché que vous ne l'ayez soupçonné jamais?...

— Ah! — s'écria Marie-Monique éperdue, et sentant une émotion inconnue s'emparer de son cœur et le dominer — je ne sais pas... je ne sais pas...

Maurice poursuivit, en paraphrasant ce qu'il venait déjà de dire, selon l'invariable usage de toutes les déclarations passées, présentes et à venir:

— Cet homme, dont la vie est entre vos mains et dont votre volonté seule réglera désormais les destinées — cet homme, que d'un regard vous pouvez faire le plus heureux ou le plus malheureux de tous les êtres — cet homme qui vous a donné son âme et qui ne vous la reprendra jamais. — Ah! vous l'avez deviné déjà. . vous le comprenez maintenant... vous le voyez comme on voit la lumière et comme on voit la vérité... — c'est celui dont le cœur, en ce moment, se trahit à vos pieds... — c'est celui qui vous parle... — c'est moi...

— Vous! — répéta Marie-Monique en appuyant ses deux mains sur le côté gauche de sa poitrine pour comprimer les battements impétueux qui lui semblaient devoir la briser. — Vous! — répéta-t-elle avec une expression d'indicible stupeur, et en même temps de joie surhumaine — vous, monsieur Maurice!!! est-ce vrai?... — est-ce possible?...

— N'en doutez pas! — s'écria Maurice avec feu — je vous aime comme jamais femme n'a été aimée... — Vous êtes tout pour moi! — suis-je quelque chose pour vous?...

— Je ne vous demande pas si vous m'aimez autant que je vous aime... — je sais bien que c'est impossible!... — mais m'aimez-vous seulement un peu?... — Vous avez mon âme toute entière... — me donnez-vous une part de la vôtre? — Ma vie désormais vous appartient... — ai-je une place dans votre vie?...

Plus pâle encore qu'elle ne l'était au début de cet entretien, la tête renversée en arrière contre le dossier du fauteuil, Marie-Monique ne répondait pas.

Elle semblait plongée dans une muette extase. — Son regard se tournait vers le ciel. — Un indicible sourire errait sur ses lèvres.

— Ah! vous vous taisez! — dit Maurice d'une voix haletante — vous vous taisez, Marie... — vos yeux se détournent des miens! — Mon Dieu, que dois-je craindre? — Mon Dieu... mon Dieu, ne m'aimez vous pas?...

Le regard de Marie-Monique redescendit jusqu'au visage suppliant et inquiet de Maurice.

— Ah! — fit-elle d'une voix douce et basse — pourquoi m'interrogez-vous?... Pourquoi troublez-vous mon beau rêve?...

— Un rêve?... que voulez-vous dire, et de quel rêve parlez-vous?

— De celui que je fais. — Il me semble que vous êtes là, près de moi... — il me semble que je vous entends me jurer que vous m'aimez et que votre vie est à moi.

— Mais ce n'est pas un rêve, mais c'est la réalité!

— Oh! taisez-vous, Maurice, taisez-vous! — si le réveil doit suivre, il sera trop horrible! — Vous... vous qui de tous les hommes me semblez le plus noble et le meilleur... vous, que j'en sais le plus généreux... — vous, devant qui ma pensée s'agenouillait... vous, à qui, sans le savoir, j'avais donné mon cœur... — Il serait vrai... vous m'auriez choisie entre toutes... vous m'aimeriez... — vous consentiriez à unir ma vie à la vôtre... vous feriez de moi votre femme?

Maurice tressaillit.

Les derniers mots de Marie-Monique firent courir sur son épiderme un frisson d'impatience et d'effroi.

Il comprit qu'une parole mal à propos prononcée allait l'engager bien plus qu'il ne voulait l'être, et jeter autour de lui d'inextricables chaînes qu'il arriverait difficilement à rompre.

Mentalement il compara sa position à celle d'un nageur qui, tout à coup, dans une eau rapide et profonde, sent des herbes dangereuses s'enrouler autour de ses pieds.

Si, d'un vigoureux élan, le nageur ne rompt pas les entraves naissantes — il est infailliblement perdu — quelques secondes de plus et le vivant ne sera plus qu'un noyé.

Il résolut de se soustraire à l'instant même au danger, et de détruire sans plus retard les folles illusions de l'ouvrière, avant qu'elles eussent eu le temps de s'enraciner.

— Chère bien-aimée — dit-il, non sans un peu de trouble — oui, mon cœur et mon âme vous appartiennent, — oui, ma vie est à vous, — mais il est d'autres liens que ceux dont vous veniez de parler, — d'autres liens qui, pour être moins solennels, n'en sont ni moins doux, ni moins durables. — Au lieu de partager les peines de la vie, ne vaut-il pas mieux n'en mettre en commun que les joies?... — Évitons les nœuds qui bien souvent ne semblent lourds que parce qu'ils sont indissolubles! — Cherchons le bonheur dans une liaison qui nous le donnera à coup sûr, et non point dans une union où nous pourrions peut-être ne trouver que des déceptions et des tristesses...

Maurice se tut, embarrassé par l'expression de profonde douleur qui mit son empreinte sur le visage pâle de l'ouvrière.

A deux reprises, Marie-Monique entr'ouvrit les lèvres.

A deux reprises, sa voix parut refuser d'obéir à sa volonté.

Enfin, elle murmura, d'une façon à peine distincte :

— Je ne vous comprends pas .. que voulez-vous donc de moi?

— Ce que je vous offre moi-même — un amour sans bornes et sans partage...

— Eh bien! cet amour, n'est ce pas celui qu'un mari promet à sa femme?

— C'est aussi celui qu'un amant offre à sa maîtresse...

— Vous ne me demandez d'être la vôtre?...

— La maîtresse de ma vie entière... — mon seul trésor... mon seul bonheur... — Avons-nous donc besoin, pour être l'un à l'autre et pour joindre la tendresse à l'estime, qu'un maire et qu'un curé nous aient dit : — *Soyez unis!*

Et comme Marie-Monique, la tête et les yeux baissés, gardait le silence, Maurice poursuivit :

— Jusqu'à ce jour, quelle triste existence avez-vous menée !... — quelle morne solitude !... — quels incessants labeurs, si mal rémunérés !... A l'avenir, rien de tout cela... — Vous saurez que, de loin comme de près, il est un cœur, le mien, qui bat à l'unisson du vôtre... — Les journées passeront vite en attendant l'heure de nos réunions mystérieuses, dont le secret doublera le charme, — le travail, au lieu d'être pour vous une nécessité de toutes les heures, ne sera qu'une distraction... si même il vous convient de travailler encore...

Marie-Monique releva brusquement la tête.

— Et pour vivre sans travailler — dit-elle en interrompant Maurice — comment ferais-je donc ?

— Est-ce que je ne suis pas là, moi, riche, sinon de mon patrimoine, du moins des résultats de mon labeur ? Est-ce que ma main, pour vous, ne sera pas toujours pleine et toujours ouverte ?

— Ainsi — dit l'ouvrière avec une intonation étrange — ainsi, vous me proposez de l'argent ?

— Tout ce qui m'appartient vous appartiendra — vous pourrez donc en user sans gêne et sans scrupules, et vous devrez le faire.

— Ah ! — s'écria l'ouvrière avec une amertume déchirante, tandis que de grosses larmes s'échappaient de ses yeux et roulaient sur ses joues — ce n'était pas assez de vouloir de moi pour maîtresse, il vous fallait encore m'offrir de me payer ! — Une fille déshonorée ne vous suffisait pas ! — vous vouliez faire de moi une fille entretenue !

— Mais... — essaya de dire Maurice stupéfait.

Marie-Monique ne lui laissa pas le temps de poursuivre. Elle reprit impétueusement :

— Monsieur Maurice, vous venez de me faire plus de mal en quelques minutes que personne ne m'en avait fait depuis que je suis au monde !... — Vous venez de m'insulter sans motifs, et s'il est quelqu'un sur la terre de qui je n'attendais pas une insulte, ce quelqu'un, c'est vous !... Plus d'une fois, c'est vrai, on a cru pouvoir m'adresser des paroles d'amour, me faire de honteuses propositions, mais que m'importait ?... — ceux qui me témoignaient assez peu d'estime pour me parler ainsi ne m'inspiraient que de l'indifférence ou du mépris !... — Ces jeunes débauchés et ces vieux libertins, c'était avec ironie et avec pitié, mais sans colère, et surtout sans souffrance, que je les entendais... — mais vous... vous que je croyais si bon.. si délicat... si loyal .. — vous que je m'étais accoutumée à chérir et à respecter comme un frère... hélas ! — et plus encore !... — vous ne m'avez donc témoigné d'affection que pour me perdre plus sûrement ?... — Vous ne m'avez donc sauvé la vie que pour me rendre la vie odieuse ?... — Vous ne vous êtes donc emparé de mon âme que pour la torturer par vos injures ?... Monsieur Maurice, mon Dieu, que vous avais-je fait ?... — Ces soins que me prodiguiez pendant ma maladie, ces soins qui m'enchaînaient à vous par la reconnaissance et qui devaient me coûter si cher, je ne vous les avais pas demandés !... — pourquoi donc, à cette heure, y voulez-vous mettre un prix infâme ?... — J'étais tranquille, j'étais heureuse... — vous êtes venu... — et voici que mon bonheur et mon repos sont partis !... — Pourquoi m'avoir enivrée d'espérances insensées dont la réalisation était impossible !... — pourquoi, pendant un instant, m'avoir élevée si haut, pour me laisser retomber si bas... — je me suis brisée dans la chute !... — Votre amour !... vous me parliez de votre amour !... — ah ! si c'est ainsi que vous aimez, de quelle façon témoignez-vous donc votre mépris ?... — Mais pourquoi me méprisez-vous ?... — c'est donc à cause de ma pauvreté, à cause de ma condition d'ouvrière ?... et, si ce n'est pour cela, pourquoi est-ce donc ?... — Je suis une couturière, c'est vrai, une fille de rien, comme on dit, mais enfin je suis honnête, je n'ai jamais failli... je n'ai jamais été souillée même par un soupçon... — tout le monde le sait, et vous auriez dû le savoir comme tout le monde, vous qui prétendiez m'aimer !... Mais

vous ne l'avez pas cru, n'est-ce pas, et vous m'avez offert de l'argent pour être votre maîtresse !... et, maintenant, vous êtes tout étonné que je n'accepte pas, et peut-être même pensez-vous que j'ai l'air d'hésiter d'abord, afin de me faire payer par vous, un peu plus tard, un peu plus cher !... C'est bien triste et c'est bien cruel, monsieur Maurice, ce que vous avez fait là !... — Au nom du ciel, partez !... — je vous en supplie, laissez-moi seule !...

— Si je dois mourir de la blessure que vous venez de me faire, je ne veux pas mourir devant vous... — Vous aviez tout droit sur ma vie sauvée par vous... — si vous me tuez, je vous pardonne... — Adieu... adieu...

Après avoir prononcé d'une voix éteinte ces derniers mots, Marie-Monique fit un geste pour éloigner le médecin, et elle essaya de se soulever dans son fauteuil.

Mais sa complète faiblesse la trahit.

Un cri étouffé ou plutôt un gémissement douloureux s'échappa de ses lèvres, — et elle retomba livide et sans connaissance.

— Elle a dit vrai ! — balbutia Maurice presque aussi pâle que l'ouvrière — elle a dit vrai, je l'ai tuée et je suis un misérable !... oui, un misérable, car elle était un ange et je l'ai traitée comme une fille perdue !... — et elle me pardonne !... — Ah ! c'est maintenant qu'il faut la sauver !...

Maurice, avec cette rapidité et cette précision qui caractérisent surtout les médecins dont l'apprentissage s'est fait sur un champ de bataille au milieu du sifflement des balles, employa tous les moyens nécessaires pour rappeler promptement Marie-Monique à elle-même.

Il appliqua sur ses tempes et sur son front un linge imbibé d'eau fraîche.

Il plaça sous ses narines un flacon rempli des sels les plus violents, etc... etc...

Cette médication sembla d'abord n'amener aucun résultat. — Les paupières de Marie-Monique restaient abaissées sur ses yeux, et les battements de son cœur étaient si faibles qu'ils semblaient interrompus.

Maurice se désespérait...

Enfin un tressaillement léger annonça le retour à la vie — la poitrine oppressée se souleva — les bras raidis se détendirent — un peu de sang revint aux lèvres et aux joues.

Quand Marie-Monique rouvrit les yeux, elle vit Maurice Chesnel agenouillé devant elle et elle l'entendit lui demander d'une voix tremblante :

— Voulez-vous être ma femme ?...

XII. — Le mariage.

Quinze jours ne s'étaient pas écoulés, que déjà la Renommée embouchait ses plus sonores trompettes (et Dieu sait si dans les petites villes ces trompettes-là sont tapageuses !) — pour annoncer à la cité et au monde, *urbi et orbi*, le prochain mariage de Maurice Chesnel avec Marie-Monique.

Vous vous souvenez du fameux passage de la fameuse lettre de madame de Sévigné : — *Figurez-vous la chose la plus...*

Eh ! bien, ce passage était peu de chose à côté du déchaînement des langues, exprimant à grand renfort d'épithètes et d'adverbes les multiples nuances de l'étonnement poussé jusqu'à la stupeur.

Quelques-unes de ces langues ne se refusaient point la joie de prononcer le mot : *scandale !*

Nous allons donner un échantillon rapide et court des dialogues invariables qui s'engageaient en des termes identiques dans les salons et dans les rues, à la grande joie des divers interlocuteurs, dialogues d'un thème de conversation qui n'exigeait nulle contention d'esprit, nulle fatigue d'imagination, et qui d'ailleurs leur semblait inépuisable.

— Bonjour, voisin, — vous connaissez la nouvelle ?...
— La nouvelle du mariage, n'est-ce pas ?
— Oui. — Je vois que vous le savez.
— Si vous ne l'aviez pas sue vous-même, je vous l'aurais apprise ..

Maurice, tué sur le coup, avait été trouvé sur la grande route... (P. 44).

— Ce pauvre docteur Chesnel!
— Un si bon garçon!
— Un homme d'esprit, cependant!
— Et savant!
— C'est lui, maintenant, qui aurait besoin d'être soigné!
— Est-ce qu'il est malade?
— Parbleu!
— Et de quoi?
— Un cas très-grave. — Aliénation mentale subite et foudroyante!
— C'est parfaitement juste! — il faut qu'il soit fou pour faire ce qu'il fait!
— Un homme dans sa position...
— Et une position superbe! — un homme arrivé! — Je suis sûr qu'il gagnait au moins quinze mille francs par an!...
— Oui, au moins.,.
— Épouser une couturière!
— Une fille qui s'en allait travailler chez tout le monde pour vingt-cinq sous!.. — une fille qui a raccommodé mes vieilles culottes!
— Mais c'est du délire!
— C'est un accès de fièvre chaude!...
— Ah! çà, comment donc le docteur est-il devenu amoureux? — Est-ce que ça lui a pris comme une envie de... dîner?
— Oh! soyez sûr que la fille Marie-Monique mitonnait ça de longue date... — Il devait y avoir quelque chose entre eux...
— Mais, s'il y avait eu quelque chose entre eux, il ne l'épouserait pas...
— Bah! — qui sait? — la force de l'habitude ..
— Auriez-vous jamais cru que cette couturière était une commère rouée à ce point-là?..
— Je m'en étais toujours douté.

— Vraiment?...
— Parole d'honneur! je me défiais d'elle, avec ses airs de sainte nitouche. — Une couturière à qui l'on ne connaît pas d'amoureux, voyez-vous, c'est suspect!
— A coup sûr...
— On ne disait rien de Marie-Monique, savez-vous ce que j'en conclus? — C'est qu'elle avait quelque chose à cacher et qu'elle le cachait bien!
— Je me range de votre avis...
— Pauvre docteur!
— Ah! elle lui en fera voir de belles!
— Et de toutes les couleurs, gardez-vous d'en douter!
— Tant pis pour lui — ça le regarde!...
— En voilà un, à qui l'on aura le droit de dire, comme dans la comédie de M. SCRIBE : — *Tu l'as voulu, Georges Dandin!...* (1).
— Eh bien! moi, j'aimais le docteur... — il m'avait soigné dans mes derniers rhumatismes — ça me fait de la peine pour lui...
— Et à moi aussi...
— C'est un homme fini!...
— Un homme enterré!...
— Voilà un mariage qui lui casse le cou!
— Beaucoup plus formellement que s'il tombait du haut du clocher!...
— Et je ne sais même pas trop s'il pourra continuer à habiter Vesoul.
— Moi, en ami, je lui donnerais le conseil de changer d'air...
— Il est trop fier — il ne voudra pas paraître s'enfuir devant la réprobation publique...

(1) L'auteur de ce livre a entendu de ses propres oreilles, un provincial honorable attribuer à M. Scribe la pièce de *Georges Dandin.*

— Mais quand il verra que sa position est perdue ?

— Alors, il faudra bien qu'il s'avise et qu'il se décide à prendre un parti...

— Un gaillard qui pouvait arriver à tout !

— Et faire un mariage magnifique !...

— Il n'y a pas une famille bourgeoise qui lui aurait refusé sa fille !...

— Ah ! certainement, — s'il l'avait voulu, il pouvait épouser jusqu'à dix mille francs de rentes...

— Sans compter les espérances !...

— Et il épouse qui ?... je vous le demande !...

— Une couturière sans le sou !...

— C'est déplorable !...

— C'est immoral !...

— Pauvre docteur Maurice !...

— Malheureux docteur Maurice !...

— Au revoir, voisin...

— Au revoir...

— Si vous apprenez de nouveaux détails, vous me les direz ..

— Et vous pareillement.

— C'est convenu.

Les interlocuteurs se séparaient, et s'éloignaient l'un de l'autre en des sens différents.

Au bout de trois ou quatre minutes de marche, chacun d'eux rencontrait un ami, ou tout au moins une connaissance.

On s'arrêtait, — comme de raison — et de part et d'autre un double entretien s'engageait en ces termes :

— Bonjour, voisin... — vous savez la nouvelle ?...

— La nouvelle du mariage, n'est-ce pas ?...

Et cœtera, et cœtera, — voir comme plus haut — sans variantes !...

Séparation nouvelle, non plus de deux, mais de quatre interlocuteurs, en rencontrant bientôt quatre autres...

Continuez, par une opération arithmétique bien simple, et vous arriverez à découvrir quels devaient être à la fin de la journée les résultats ou plutôt les bavardages obtenus.

Maurice Chesnel, lui, ne s'occupait en aucune façon de tous ces croassements de grenouilles méchantes. — Il faisait en sorte qu'aucun de ces bruits malfaisants n'arrivât jusqu'à lui — et il hâtait les préparatifs de son mariage, c'est-à-dire qu'il se mettait en règle, vis-à-vis de la mairie et vis-à-vis de l'église, pour les publications requises par la loi.

Marie-Monique était entièrement rétablie, sa convalescence ayant été activée d'une façon prodigieuse par ce tout puissant dictame qu'on appelle l'espoir du bonheur.

Enfin, le jour fixé pour le mariage arriva.

Maurice Chesnel, homme d'esprit en même temps qu'homme de talent, — avait résolu de n'entourer d'aucune pompe la cérémonie nuptiale.

Une messe basse, à huit heures du matin, dans une chapelle de l'église métropolitaine, — pour public officiel les quatre témoins, — voilà tout.

Et cependant, dès le point du jour, — ou plutôt dès que les portes furent ouvertes, une foule compacte, attirée par une dévorante curiosité, encombrait l'église.

L'expression consacrée : — *Toute la ville était là !...* pouvait, dans la circonstance que nous racontons, s'employer en gardant son acception la plus étendue et la plus littérale.

Cet indiscret et avide empressement du public fut particulièrement désagréable à Maurice au moment où il pénétra dans la nef, donnant le bras à Marie-Monique qu'il venait de conduire à la mairie, et qui, par conséquent, était déjà sa femme devant les hommes, en attendant l'heure prochaine où elle allait l'être aussi devant Dieu.

Ce sentiment pénible disparut d'ailleurs presque aussitôt, quand il entendit le murmure flatteur et involontaire qui s'échappait de la foule entr'ouverte pour le passage des deux époux.

Dans sa robe blanche, sous son voile virginal et sous sa couronne de fleurs d'oranger, Marie-Monique, toute pâle et toute tremblante de joie et d'émotion, était belle d'une beauté si pure et si frappante que tous ceux qui se trouvaient là se figurèrent qu'ils la voyaient pour la première fois.

L'ex-ouvrière, nous le savons, approchait de sa trentième année, et c'est tout au plus cependant si elle paraissait avoir vingt ans ce jour-là...

Dans tous les temps et dans tous les pays, l'empire d'un doux et charmant visage a été puissant et irrésistible sur les masses.

Les Troyens assiégés oubliaient en regardant Hélène les maux écrasants qu'ils souffraient pour elle... — du moins Homère nous l'affirme, et nous en croyons bien volontiers, sur parole, ce roi des poètes.

En un instant s'évanouirent les impressions fâcheuses qui, depuis quelque temps, fermentaient dans la ville à propos du mariage de Maurice et de Marie-Monique, et dont les pages qui précèdent ont fidèlement reproduit l'écho.

On oublia, comme par enchantement, l'ouvrière pauvre, pour ne voir que la femme irrésistiblement séduisante.

— Qu'elle est jolie !... — murmurèrent les voix féminines

— Sérieusement — se dirent les hommes — ce pauvre docteur n'est point trop à plaindre... — il n'a pas choisi le mauvais lot ! — Qui diable aurait pu jamais croire que cette petite couturière aurait un si grand air de belle dame ?...

Ainsi, la malveillance se taisait — ou plutôt la malveillance n'existait plus...

Marie-Monique qu'on attendait, le dédain dans les regards et le sarcasme aux lèvres, n'avait eu qu'à se montrer vêtue de blanc, palpitante et chaste, pour entraîner, comme Vénus victorieuse, tous les cœurs sur son passage.

Ce mariage, à l'endroit duquel tant d'épigrammes se forgeaient d'avance, tant de railleries s'aiguisaient, — cette union que chacun s'attendait à voir accueillir par d'insultantes ironies, fut acclamée comme un triomphe !..

Les deux époux — agenouillés l'un à côté de l'autre, — reçurent la bénédiction nuptiale.

Le vieux prêtre qui les unissait leur adressa quelques courtes et touchantes paroles.

Il félicita Maurice d'avoir choisi pour compagne de sa vie celle que tant de vertus lui recommandaient, sans s'inquiéter de ces vaines et fausses distinctions sociales que l'égalité évangélique ne reconnaît point.

Il dit à Marie-Monique :

— Votre destinée vient de s'enchaîner à celle d'un homme de cœur et d'honneur... — Vous vous montrerez digne de celui qui n'a pas douté de vous... — Vous avez été une honnête fille, vous serez une honnête femme... — Heureux l'un par l'autre, vous n'oublierez jamais que le bonheur ici-bas n'existe que dans les chastes tendresses .. — Ensemble vous élèverez vos âmes en une ardente action de grâce vers le Dieu de bonté qui vous gardait ce bonheur sans mélange d'amertume et qui vous bénit par ma voix...

Tout était fini.

Les masses de curieux se dispersèrent comme les spectateurs d'un théâtre quand la toile est tombée sur le dernier mot de la pièce.

Dans les groupes qui s'éloignaient, on entendait ces mots : — Marie-Monique a de la chance, mais elle mérite vraiment son bonheur !...

Ou bien :

— A la place du docteur Maurice, je crois, ma foi, que j'aurais fait comme lui !...

Telles étaient les voix du peuple.

Et l'on sait l'adage antique — qui malheureusement n'est pas toujours vrai, mais qui l'était du moins dans cette circonstance : — *Vox populi, vox Dei !...*

§

Accompagnerons-nous, ce jour-là, dans la maison et dans la chambre nuptiales Maurice et Marie-Monique ?

A quoi bon ?...

Il est des joies qu'on ne peut raconter — il est des voiles qu'on ne doit pas soulever.

Taisons-nous.

Ils s'aimaient et ils étaient seuls...

Ami lecteur — si vous êtes poëte — sur ces huit mots bâtissez un poëme... — mais ne le publiez jamais !

XIII. — Les bonnes âmes.

Il nous semble que, depuis quelques chapitres, nous oublions un peu trop que ce n'est pas l'histoire de Maurice Chesnel et de Marie-Monique que ce livre se propose de raconter — et, selon toute vraisemblance, nos lecteurs ont déjà fait la même remarque, accompagnée d'un certain nombre de critiques sévères et mordantes...

Nous allons abréger notablement désormais, de façon à arriver, sans trop de retards, aux véritables personnages de notre récit.

L'union du médecin et de l'ouvrière fut-elle heureuse ? Oui et non.

Heureuse dans ce sens que Maurice trouva dans la femme qu'il venait d'épouser toutes les qualités du cœur et de l'âme, tous les trésors d'une profonde tendresse et d'un inaltérable dévouement, auquel il répondit lui-même par une affection sans bornes et sans partage.

Mais, à ces guirlandes de fleurs des joies conjugales, vinrent se mêler bien des épines.

Une feuille de rose tombée entre les draps de son lit suffisait pour troubler le sommeil de je ne sais plus quel voluptueux de l'antiquité.

D'innombrables piqûres, de cuisantes petites blessures d'amour-propre, jouèrent, pour Maurice Chesnel, le rôle de la feuille de rose dont nous venons de parler, et troublèrent son bonheur.

Le médecin, avant son mariage, recevait de continuelles invitations.

Il ne se donnait pas, dans la ville, un repas de cérémonie ou une soirée d'apparat auxquels il ne fût invité à prendre part.

Il allait partout, et partout il était accueilli avec une joie et une distinction qui devaient lui donner de sa propre valeur une très-haute idée.

Après son mariage, les invitations arrivèrent comme par le passé.

Quelques-unes s'adressèrent simplement au médecin — mettant en oubli Marie-Monique et la traitant comme si elle n'existait pas.

Maurice déchira celles-là et se jura de ne jamais remettre le pied dans les familles qui les lui avaient envoyées.

D'autres engageaient collectivement M. et madame Maurice Chesnel.

Celles-ci, le médecin voulut à toute force les accepter.

Marie-Monique supplia son mari de ne la point conduire dans le monde.

— Pourquoi cela ? — lui demanda-t-il.

Elle allégua le manque d'habitude — la timidité — le trouble qui s'emparerait d'elle en entrant dans un salon.

— Vous valez mieux que toutes les femmes qui vous entourent — répliqua péremptoirement le médecin — vous êtes plus belle et plus charmante — vous ne serez déplacée nulle part.

La jeune femme céda et elle accompagna son mari.

Partout ailleurs que dans une ville où elle avait vécu pendant tant d'années dans l'humble position d'ouvrière, Marie-Monique aurait obtenu le plus grand succès.

Sa beauté, sa grâce, son élégance naturelle étaient sans rivales.

Son embarras et sa timidité même n'offraient nulle gaucherie, et elle veillait assez sur elle-même pour ne laisser échapper aucune parole qui vînt déceler l'insuffisance de son éducation première.

Mais elle se trouva tout à coup transportée au milieu d'un cercle de femmes plus ou moins jeunes et jolies, — légèrement prétentieuses pour la plupart — qui toutes avaient vu Marie-Monique travailler dans leur antichambre — dont quelques-unes portaient encore des robes de sa façon, et qui difficilement pardonnaient à la grisette devenue leur égale de les effacer par sa beauté supérieure à la leur, par sa distinction innée, et par l'éclat de ses toilettes.

Disons en passant que Maurice avait exigé de sa femme des recherches d'élégances luxueuses auxquelles Marie-Monique avait dû se soumettre, quoique un peu à contre-cœur.

A toutes ces causes de sourde animadversion contre la jeune femme, il convient d'en ajouter une autre.

La plupart de ces dames venaient pédestrement aux dîners et aux bals de la bonne ville de Vesoul, et laissaient au bas de l'escalier leurs socques et leurs parapluies.

Madame Chesnel, au contraire, arrivait dans la voiture de son mari — charmante petite calèche attelée de deux chevaux arabes ramenés d'Afrique, et conduite par un domestique en livrée.

Elle !... une ci-devant grisette !...

Horreur !...

Dieu sait avec quelle mielleuse et trompeuse politesse Marie-Monique fut accueillie par ces bonnes âmes ! — Dieu sait (et nous aussi nous le savons) — que de fourbes baisers, que de caresses de Judas on lui prodigua !...

Puis, tout à coup, d'un air naïf, et au milieu des témoignages de la bienveillance universelle, une bourgeoise quelconque, le sourire de la sympathie aux lèvres, lui lançait une flèche barbelée.

Presque toujours, c'était à propos d'une question de toilette que se faisaient ces brusques agressions.

Tantôt on la consultait au sujet de la coupe d'une jupe ou de la forme d'un corsage — et les questions s'adressaient évidemment, non point à la femme de goût, mais à l'ex-couturière.

Tantôt, dans l'entr'acte de deux figures d'un quadrille, une de ses sournoises ennemies s'écriait, assez haut pour être entendue d'un bout à l'autre du salon : — Mon Dieu, chère madame Chesnel, que vous avez donc là une robe charmante et comme elle vous va merveilleusement bien !... — Est-ce que c'est vous qui l'avez faite ?...

Marie-Monique baissait la tête en rougissant, et Maurice se mordait les lèvres jusqu'au sang, dans un transport de rage muette et concentrée.

Un autre soir, pendant un bal de la préfecture et dans un salon rempli de monde, un cercle de femmes agitait, comme toujours, la grande question des modes et des colifichets.

— Je ne sais plus comment ni par qui me faire habiller ! — dit soudainement une de ces dames — je vais être obligée de tout demander à Paris...

Puis elle ajouta, en s'adressant à Marie-Monique :

— En vérité, chère madame Chesnel, si je n'avais maintenant le bonheur de vous avoir pour amie, vous ne sauriez croire à quel point je regretterais de ne vous avoir plus pour couturière !...

Enfin il était bien rare que Maurice et sa femme passassent une soirée dans le monde sans que quelque impertinence de ce genre fût adressée à Marie-Monique.

Ces brutales et lâches agressions auraient laissé d'ailleurs la jeune femme parfaitement calme et indifférente.

Elle ne rougissait point d'avoir vécu de son travail — et elle avait cent fois raison ! — mais elle voyait souffrir Maurice, et elle souffrait doublement de ces douleurs dont elle était l'unique cause.

Pendant quelque temps le médecin espéra que, de guerre lasse, les ennemis de Marie-Monique renonceraient à leurs attaques incessantes, toujours les mêmes dans le fond, mais qu'elles trouvaient moyen de varier dans la forme.

Il espéra vainement.

En province, les aliments offerts à la méchanceté sont rares, — il ne faut rien laisser perdre de ceux que le hasard envoie ; — d'ailleurs, toutes ces dames, en frappant sans trève et sans relâche sur la fille du peuple épousée, trouvaient moyen d'appuyer à leurs propres yeux leurs prétentions aristocratiques plus ou moins légitimes, et, agissant au nom d'un soi-disant intérêt de caste, elles se persuadaient à elles-mêmes qu'elles étaient des femmes de la meilleure compagnie, — fleurs patriciennes d'une société d'élite.

Maurice se lassa le premier de cette lutte contre le monde — lutte inégale dans laquelle lui et sa femme recevaient tous les coups, sans même pouvoir se défendre et rendre blessure pour blessure.

Il prit le parti de vivre dans son intérieur et de ne plus recevoir aucune invitation.

Cette résolution devait être funeste à l'avenir de Maurice.

Le monde n'aime pas perdre ses victimes.

Pareil aux spectateurs des cirques romains, il veut que le gladiateur frappé à mort tombe en souriant — il condamne avec une impitoyable rigueur celui qui, pour se soustraire aux douleurs du martyre, abandonne la lutte.

Celui-là, qui ne veut pas souffrir plus longtemps, commet un crime de lèse-public, et l'on sait que le public est la plus irritable de toutes les majestés.

Personne ne comprit à quel point une demi-douzaine de femmes aux langues de vipères rendaient le monde impossible pour Maurice, et presque sans exception, on lui sut mauvais gré de se séparer du monde.

Les personnes de qui il déclina les invitations furent blessées profondément de ces refus, et s'écrièrent avec ironie, pour dissimuler leur déconvenue :

— Enfin, il se rend justice !... — Il comprend, quoique un peu tard, que la place d'une ci-devant couturière n'est pas dans nos salons !...

En moins d'un mois, Maurice Chesnel perdit, à Vesoul, les trois quarts de sa clientèle.

Les campagnes, il est vrai, lui restèrent fidèles, mais ses recettes ne s'en trouvèrent pas moins diminuées d'une façon véritablement effrayante.

Cette situation donna à Maurice un coup douloureux et l'inquiéta pour l'avenir — mais il eut la force de cacher à Marie-Monique les tristesses et les angoisses qu'il éprouvait, afin de ne point l'affliger inutilement.

Un événement facile à prévoir allait mettre du baume sur les blessures du médecin et lui apporta une immense consolation.

Sa jeune femme devint grosse.

Maurice éprouva de cette grossesse une joie si vive qu'il en oublia comme par enchantement ses déceptions et ses chagrins.

L'époque de l'accouchement arriva.

Marie-Monique mit au monde une petite fille qui parut à Maurice un abrégé de toutes les merveilles de la création, et qui reçut au baptême le doux nom de Marguerite.

A partir du jour où Marguerite fut venue au monde, Maurice se trouva le plus heureux de tous les hommes et ne vécut plus que pour son enfant. — Un sourire de la petite fille ouvrait pour lui les portes du ciel, et comme Marguerite, douée du plus charmant caractère, pleurait fort peu et souriait beaucoup, le médecin se plongeait à cœur joie dans une extase paternelle sans cesse renaissante.

Hélas ! ce bonheur devait être de courte durée !...

Marguerite allait atteindre sa quatrième année, et, de mois en mois, on la voyait s'épanouir ainsi qu'une fleur printanière.

Un matin, comme d'habitude, le médecin sortit à cheval pour aller faire sa tournée de chaque jour dans les villages des environs.

Vers les trois heures de l'après-midi, Marie-Monique crut entendre dans la rue un bruit bizarre et des murmures inaccoutumés.

Elle ouvrit sa fenêtre et elle se pencha au dehors.

A cent pas de la maison qu'elle habitait dans la rue de la Préfecture, elle vit une foule assez nombreuse, marchant lentement, et entourant quelques hommes qui portaient une civière.

Sur cette civière était étendu un corps inanimé recouvert d'un drap blanc qui traînait presque jusqu'à terre.

Çà et là des taches rouges marbraient ce drap.

Sur le passage du cortége les allants et les venants s'arrêtaient et s'interrogeaient.

Vingt voix leur répondaient à la fois, sur un mode lamentable et avec un accent plein de gémissements.

On voyait alors ces curieux lever vers le ciel leurs mains et leurs yeux et se joindre à la foule.

— Il est arrivé quelque malheur !... — se dit Marie-Monique.

Et la pensée lui vint d'envoyer sa femme de chambre aux informations, mais elle n'en eut pas le temps.

Le cortége funèbre venait d'arriver en face de la maison du médecin.

Là il s'arrêta.

En même temps, tous les regards se tournaient vers Marie-Monique toujours accoudée à la balustrade de sa fenêtre.

Un pressentiment funeste s'empara d'elle aussitôt, et, quoiqu'elle s'efforçât de le repousser, la rendit pâle comme une morte et arrêta les battements de son cœur.

Deux ou trois personnes se détachèrent des groupes et entrèrent dans la maison.

La femme du médecin ne pouvait détacher ses yeux des stygmates sanglants qui tachaient le drap jeté sur la civière et sous lequel on voyait se dessiner vaguement les formes sculpturales d'un cadavre déjà roidi.

Au milieu du silence une voix murmura :

— Malheureuse femme !

Ces mots avaient été prononcés bien bas, et cependant Marie-Monique les entendit, ou plutôt elle les devina.

On sonnait à la porte de l'appartement.

— Ah ! — s'écria madame Chesnel en quittant la fenêtre et en faisant un effort pour s'élancer vers cette porte, mais sans y parvenir, car trahie par sa faiblesse subite, elle tomba à genoux sur le parquet du salon — ah ! je suis folle, ou mon mari est mort !...

La pauvre femme n'était pas folle !...

Renversé et traîné par son cheval, Maurice, tué sur le coup, avait été trouvé sur la grande route à près de trois lieues de Vesoul.

Des paysans, qui le connaissaient, avaient relevé son corps, et c'est ce corps qu'ils rapportaient et que Marie-Monique venait de voir sur la civière sous le drap blanc taché de sang.

XIV. — Le commandant.

Encore une fois, Marie-Monique — quoique cette figure d'honnête femme nous semble pleine d'intérêt — n'est dans ce livre qu'un personnage accessoire auquel nous avons la crainte d'avoir donné trop d'importance.

Passons donc sans nous arrêter sur les scènes de douleur, ou plutôt de sombre et effrayant désespoir, qui suivirent la mort de Maurice Chesnel, et occupons-nous de savoir ce que furent, après la mort du médecin, la situation de sa veuve et de sa petite fille.

Cette situation était des plus tristes, à tous les points de vue.

Marie-Monique et Marguerite, privées de leur protecteur naturel, se trouvèrent non-seulement dans une position d'isolement douloureux, mais encore dans un état de gêne bien voisin de la misère.

Ceci s'explique facilement.

Maurice, à l'époque où il était le médecin le plus à la mode de la ville, gagnait de l'argent, et beaucoup, mais en même temps il prenait l'habitude de dépenser largement et sans compter.

Ceci l'empêcha pas de réaliser, pendant quatre ou cinq ans, d'assez notables économies.

L'époque de son mariage arriva.

Maurice avait en ce moment, chez un banquier de la ville, une trentaine de mille francs placés.

Il fit à cette somme une brèche importante pour remplacer son *campement* de garçon par une installation d'homme marié.

On parla longuement dans la ville du mobilier de salon, de chambre à coucher, de salle à manger et de cabinet de travail, qu'un tapissier de Paris expédia au médecin par le roulage.

Nos lecteurs connaissent les événements, ou pour mieux dire les incidents, qui enlevèrent à Maurice la plus forte partie de sa clientèle...

Les recettes diminuaient des deux tiers, au moment précis où les dépenses se doublaient.

Le plus habile des économistes serait difficilement venu à bout d'équilibrer une situation de ce genre, surtout en agissant comme le fit Maurice, qui ne voulut ni diminuer le nombre de ses domestiques, ni réduire l'ordinaire de sa table, ni, enfin, s'astreindre à la plus légère privation...

Et ne croyez pas que ce fût folie de la part du médecin !

En agissant ainsi que nous venons de le dire, il obéissait à un sentiment d'une admirable générosité, d'une délicatesse exquise.

Il ne voulait pas que des réformes d'intérieur vinssent faire soupçonner à Marie-Monique qu'elle avait, par son mariage, compromis gravement la position de celui qu'elle épousait.

En conséquence, et comme les recettes se trouvaient décidément insuffisantes pour permettre au ménage de joindre les deux bouts, Maurice entama chaque année de deux ou trois mille francs la somme déposée chez le banquier.

Au jour funeste de sa mort, cette somme n'atteignait plus que le chiffre modeste de huit mille et quelques cents francs.

Un testament, trouvé dans l'un des tiroirs du bureau de Maurice, instituait Marie-Monique sa légataire universelle.

Huit mille francs — un beau mobilier — une jolie calèche et un cabriolet — les deux chevaux arabes dont l'un avait causé la mort de son maître — et, en outre, la moitié de la pension viagère que touchait Maurice en sa qualité d'ancien chirurgien-major, composaient donc toute la fortune de la veuve.

Elle vendit les chevaux, les voitures et la plus grande partie des meubles, — elle loua un très-modeste appartement et elle en prit possession avec la petite Marguerite, qui, ne comprenant pas encore l'étendue du malheur qui venait de frapper sa mère et elle, s'étonnait de se voir uniformément vêtue de noir et redemandait ses robes roses.

Maurice ayant rompu pour l'amour de Marie-Monique avec la presque totalité des gens de sa connaissance, la veuve n'avait pas de relations et ne recevait personne, à une seule exception près.

L'objet de cette exception était un vieillard qui venait très-habituellement chez le médecin pendant tout le cours des dernières années.

Ce vieillard, — le commandant comte de Ferny, — appartenait à une excellente famille de la province, presque sans fortune, mis à la retraite après une carrière militaire pleine de bravoure et de loyauté mais sans avancement, était venu achever sa vie dans sa ville natale où il possédait une petite maison.

Le bras mutilé de Maurice et sa rosette d'officier de la Légion d'honneur lui avaient concilié tout d'abord les plus chaudes sympathies du vieux soldat.

Une sympathie non moins vive, et basée sur une haute estime, entraînait Maurice vers l'officier en retraite dont le pays avait si mal reconnu et si mal récompensé les longs services.

De ce commun entraînement résulta une liaison aussi intime qu'il était possible qu'elle le fût entre deux hommes dont l'un était jeune encore et l'autre déjà un vieillard.

Le médecin avait voué au commandant les sentiments d'un fils, et le commandant n'aimait guère moins Maurice que si véritablement il eût été son père.

A l'époque du mariage, quand un *tolle* universel s'élevait contre Maurice, le comte de Ferny, seul peut-être entre tous, avait courageusement et vigoureusement pris sa défense, et cela d'une façon si verte et si ferme que les plus chauds détracteurs de l'union projetée se trouvèrent réduits au silence, du moins en présence de leur irritable interlocuteur.

Il fut, comme de raison, l'un des deux témoins du médecin, à la mairie et à l'église.

Le mariage accompli, et lorsque Maurice eut commis la faute de rompre violemment avec presque toute la ville, le commandant resta fidèle au jeune ménage, et ses visites furent plus fréquentes encore que par le passé.

La petite fille vint au monde.

— Vous serez le parrain, mon ami... — dit Maurice au vieux soldat.

— Non, — répliqua nettement celui-ci.

— Vous refusez !...

— Très-bien.

— Et pourquoi ?...

— Parce que, n'ayant pas eu moi-même beaucoup de bonheur ici-bas, je craindrais de porter malheur à l'enfant.

— Quelle folie !...

— Que voulez-vous, je suis superstitieux !... — D'ailleurs, j'aimerai l'enfant comme un père... — vous voyez bien que je n'aurai pas besoin d'être son parrain.

— Cependant...

— N'insistez pas, je vous en prie... — fit le vieillard en interrompant Maurice — il m'en coûte de vous refuser, mais, pour les raisons que je vous ai dites, je persévérerai inflexiblement dans mon refus ; — vous savez quels sont mes sentiments pour vous et pour votre chère femme ; — mon obstination dans cette circonstance ne peut donc vous faire douter de moi. — Si jamais il faut me jeter au feu ou à l'eau pour le petit être qui va venir au monde, je le ferai de tout cœur... — mais je ne serai pas son parrain...

Maurice ne put s'empêcher de sourire de cette superstition bizarre et tenace, mais, ainsi que le lui demandait le commandant, il n'insista pas et la petite fille eut un autre parrain.

Après la mort tragique du médecin, M. de Ferny se montra à la hauteur de son rôle d'ami fidèle et dévoué.

Il ne fit point entendre à la malheureuse veuve ces banales consolations qui ne font qu'irriter une douleur profonde et sincère, et dont les indifférents se montrent si volontiers prodigues.

Il ne lui dit pas :

— Calmez-vous et séchez vos larmes qui ne rendront point la vie à celui qui n'est plus !...

Il pleura avec elle.

Grâce à lui, Marie-Monique ressentit cette joie amère de voir que sa désolation était partagée et que la grandeur de son infortune était comprise.

— Ah ! — s'écria-t-elle un jour, emportée par l'élan de sa reconnaissance — vous l'aimiez comme il méritait d'être aimé, vous !... — Quand je vais aller le rejoindre là-haut, je lui dirai tout ce que vous avez fait pour moi !

— Que parlez-vous d'aller le rejoindre ? — répondit fermement M. de Ferny, — est-ce à dire que vous ne voulez plus vivre ?...

— Ce n'est pas la volonté qui me manque, c'est la force... — Je ne peux plus... — Je ne peux plus...

Le commandant eut un regard sévère.

— Est-ce que vous avez le droit de mourir ?... — demanda-t-il avec fermeté, — est-ce que Maurice ne vous a pas laissé une part de lui-même pour laquelle il vous faut vivre et souffrir ?... — est ce que vous pouvez, sans crime, faire de Marguerite une orpheline ? — Le soldat qui déserte son poste au moment du combat est un lâche !... — Comment donc appellerez-vous la mère qui abandonne son enfant ?...

En écoutant cet inflexible et vigoureux langage, Marie-Monique éclata en sanglots convulsifs.

Ensuite elle saisit les mains du vieillard, et malgré sa résistance, elle les couvrit de baisers et de larmes en balbutiant :

— Vous me rappelez à mon devoir... vous me montrez le chemin qu'il faut suivre... — Merci, mon ami... — Merci pour Maurice... merci pour Marguerite... et aussi pour moi. — Soyez tranquille... j'aurai du courage désormais... j'aurai de la force... je vivrai...

— Les femmes sont comme les soldats, — se dit tout bas le commandant qui essuyait une larme avec le revers de sa main bronzée, — elles entendent la raison, mais il faut leur parler net et fort... — sinon, non !...

XV. — Rêves maternels.

Laissons s'écouler plusieurs années.

Marguerite avait grandi — L'enfant était arrivée à cet âge où la transformation s'opère et où, — de même que le papillon sort de la chrysalide et se développe rapidement, — la petite fille se fait jeune fille.

L'excessive médiocrité des ressources de madame Chesnel semblait lui faire une loi d'élever Marguerite avec une simplicité absolue et de conserver intacts pour elle les débris de l'humble succession du médecin.

Marie-Monique crut devoir en agir autrement.

Aussitôt que l'intelligence précoce de l'enfant lui parut suffisamment développée, elle plaça sa fille dans le meilleur pensionnat de la ville.

Là, Marguerite reçut non-seulement l'éducation classique qu'elle partageait avec ses compagnes, mais encore elle acquit des talents de toutes sortes, dont l'utilité pouvait paraître contestable dans la très-modeste position que l'avenir lui gardait sans doute.

Ainsi elle eut, — exceptionnellement et par conséquent à grands frais, — des maîtres de musique, d'anglais et de dessin.

Admirablement organisée pour les arts, elle fit des progrès rapides, et chaque année, le jour de la distribution des prix, elle recevait de nombreuses couronnes qui faisaient bondir de joie et d'orgueil le cœur de sa mère.

Mais, à quoi bon ces talents? — A quoi bon ces succès ?

Voilà ce que se demandaient les indifférents avec ironie.

Voilà ce que le vieux commandant se demandait lui-même avec une profonde tristesse.

Il lui semblait que Marie-Monique suivait une fausse route et ne préparait à Marguerite que des chagrins et des déceptions.

Cependant, pour en agir ainsi qu'elle le faisait, madame Chesnel puisait dans son ardent amour maternel des raisons, mauvaises peut-être, mais à coup sûr spécieuses.

— Moi qui n'étais qu'une simple ouvrière sans éducation, — se disait-elle, — et qui n'avais pour toute dot qu'un peu de beauté et beaucoup de sagesse, j'ai fait un mariage que rien ne me donnait le droit d'espérer...— Marguerite sera mille fois plus belle que je ne l'ai jamais été, — aucune jeune fille de l'aristocratie ne pourra l'emporter sur elle par l'instruction et les talents... — Il est donc vraisemblable, il est probable même, qu'il se présentera pour elle un parti brillant, et du moins celui qui l'épousera n'aura jamais à rougir de la nullité de sa femme, — ainsi que cela a dû si souvent arriver à Maurice à cause de moi...

C'est de cette façon que raisonnait madame Chesnel.

Elle raisonnait faux; — mais nous ne nous sentons ni la force ni le courage de la blâmer.

Les gens d'un esprit faible et qui lisent beaucoup de romans, finissent par se persuader à eux-mêmes que les événements les plus romanesques sont aussi les plus fréquents dans la vie.

Le mariage de l'ouvrière avait été un chapitre de roman transporté en pleine réalité.

Marie-Monique ne s'était point rendu compte que ce chapitre constituait une circonstance tout à fait exceptionnelle et improbable, quoique vraie.

De l'exception, elle avait conclu à la règle générale !

— Cette déviation de logique est plus fréquente qu'on ne le pense. — Pauvre mère qui, par le temps qui court et en plein dix-neuvième siècle, comptait — pour amener un brillant mariage — sur la jeunesse, sur la beauté, sur la vertu, sur l'éducation d'une fille pauvre !

Elle ignorait bien complétement l'époque dans laquelle nous vivons — et le culte du Veau d'or — et ces deux vers si cruellement vrais d'un poëte contemporain :

La dot à la laideur donne bien des appas,
Et la beauté sans dot ne se mariera pas !

et, dans l'espoir assez mal fondé d'un avenir chimérique, elle dépensait sans compter les dernières bribes du pauvre héritage de Maurice.

Enfin, un jour arriva où, tout ce que des professeurs de petite ville pouvaient enseigner, Marguerite le sut.

Elle allait avoir quinze ans et demi.

Ce jour-là, madame Chesnel cessa d'envoyer sa fille en pension.

Il était temps.

Quelques mois encore, et l'argent aurait manqué pour payer les maîtres de Marguerite.

— Qu'importe? — disait la mère en voyant combien étaient minimes désormais les ressources qui lui restaient — avant un an Marguerite sera mariée !...

Depuis deux années déjà, Marie-Monique avait quitté le logement occupé par elle après la mort de son mari, et elle s'était installée dans la petite maison située au fond de la ruelle qui conduisait de la rue du Breuil aux prairies et à la rivière ; — humble demeure, ne grevant son budget que d'une somme annuelle de deux cents francs, tout en lui donnant la jouissance d'un jardin qui lui fournissait des légumes et quelques fruits... — notable économie sur des dépenses d'une autre nature.

Ce jardin faisait la joie de Marguerite.

Elle lui consacrait tous les instants que le travail ne réclamait pas. — Elle l'entretenait elle-même avec un soin qu'aucun jardinier, si consciencieux qu'il fût, n'aurait égalé.

Elle surveillait les légumes — elle les arrosait au besoin — elle sarclait les plates-bandes — semait et plantait les fleurs — râtissait les allées — piquait ses doigts mignon aux épines de la haie qu'elle taillait et qu'elle émondait avec une régularité miraculeuse.

Enfin — et tant il est vrai que les choses les plus humbles peuvent revêtir une apparence gracieuse et se transfigurer en quelque sorte à force de soins — Marguerite avait métamorphosé en un véritable petit paradis le misérable jardin que nous avons décrit dans l'un des précédents chapitres de ce livre !

Avons-nous besoin de dire ce qu'était en ce temps la jeune fille elle-même ?

Assurément non.

Nos lecteurs n'ont qu'à remonter au portrait tracé par nous de la femme du commandant comte de Ferny. — Peut-être se souviennent-ils que lors de sa première rencontre avec elle, Henry Varner l'avait prise presque pour une enfant.

Telle Marguerite était à seize ans, avec une expression du plus vif enjouement sur ses traits délicieux — un éclat continu dans le regard — le perpétuel sourire de la gaîté et de l'innocence sur les lèvres.

Ce sourire, hélas ! ne devait guère tarder à s'éteindre sur les lèvres de la jeune fille !

De même que le jardin s'était transformé grâce à Marguerite — les deux femmes, à force de minutieuses recherches de propreté, avaient modifié du tout au tout l'intérieur de la chaumière.

Cet intérieur, sorte de hangar grossièrement plancheyé, et coupé dans sa largeur par une cloison de briques percée d'une porte, formait deux pièces de moyenne grandeur.

La seconde de ces pièces était devenue la chambre à coucher de la mère et de la fille.

Un papier imitant le coutil — le meilleur marché qu'il avait été possible de trouver à Vesoul — couvrait les murs, la cloison et le plafond.

Le plancher, souvent lavé, était inégal et raboteux sans doute, mais d'une propreté flamande.

Des rideaux de calicot blanc se drapaient aux fenêtres et enveloppaient le lit de madame Chesnel et la couchette de Marguerite.

Les ustensiles de toilette, en fayence commune, rangés sur une table de sapin recouverte d'une serviette blanche, pouvaient rivaliser d'éclat avec les garnitures en précieuse porcelaine de Chine ou de Saxe, placées sur des toilettes duchesses drapées de dentelles d'Angleterre.

La première pièce, tapissée, comme la chambre à coucher, de papier à dix sous le rouleau, et garnie de quelques meubles apportés du précédent appartement, remplissait la destination tout à la fois de salon et de salle à manger.

Des vases que chaque jour Marguerite couronnait de gerbes de fleurs la saturaient du parfum pénétrant des roses, des chèvrefeuilles, des résédas et des œillets.

Une sorte d'étroit cabinet, dans lequel madame Chesnel avait fait placer un petit poêle de fonte, servait à préparer les modestes repas des deux femmes.

Bien modestes en effet, car le déjeuner ne se composait que de pain et de laitage, et le dîner d'un seul plat de viande ou de légumes.

Dans cette vie si complétement humble et cachée — privée de toutes les joies et de tous les plaisirs de la jeunesse, Marguerite se trouvait parfaitement heureuse entre sa mère et ses fleurs, et nous pouvons affirmer avec hardiesse qu'elle ne souhaitait point qu'un changement vint à se faire dans sa position.

Quant à madame Chesnel, complétement ignorante du monde et de la vie — ne sortant pas — ne recevant personne, à l'exception de M. de Ferny — elle attendait avec confiance le mari jeune et riche qui, selon ses naïves espérances, ne pouvait manquer de se présenter pour sa fille.

Parfois, — et tandis que Marguerite, dans le jardin, s'occupait en chantant de ses plates-bandes, — Marie-Monique ouvrait son cœur au commandant et lui racontait ses rêves insensés.

M. de Ferny écoutait la pauvre mère sans jamais l'interrompre; — seulement, tandis qu'elle parlait, une expression de sombre tristesse envahissait la sévère figure du vieillard, et, parmi les rides de son front, une ride plus profonde se creusait.

Puis, quand madame Chesnel avait tout dit, ses désirs, ses ambitions, ses espoirs, il penchait sa tête sur sa poitrine et il gardait le silence, au grand déplaisir de Marie-Monique.

Un jour, cette dernière lui demanda, non sans un peu de vivacité.

— Pourquoi donc ne me répondez-vous pas, mon ami?...

— Eh! que puis-je vous dire?... — murmura-t-il.

— Est-ce que vous n'espérez pas, ainsi que moi, que Marguerite sortira par quelque brillant mariage de la médiocrité, je pourrais presque dire de la misère, où nous sommes?...

— J'espère que Marguerite sera heureuse! — répondit évasivement M. de Ferny — et surtout je le désire... oh! je le désire de toute mon âme... — et vous ne pouvez pas, vous, madame, quoique vous soyez sa mère, faire des vœux plus ardents que les miens, pour le bonheur de cette douce et chère enfant...

— Comme vous dites cela, mon ami! — à vous entendre, on croirait que vous doutez de l'avenir?

— A quoi me servirait l'expérience du passé si je ne doutais pas?... — L'avenir n'est à personne, madame... — l'avenir est à Dieu!...

— Sans doute; mais Dieu est juste et il doit faire pour Marguerite tout ce que Marguerite mérite qui soit fait pour elle...

— Oui, certes, il le devrait...

— Croyez-vous donc qu'il ne le fera pas?...

— Je ne crois rien — Dieu est le maître — sa volonté nous est inconnue. — Je ne suis pas pieux, mais je suis chrétien et je dis: — Dieu est juste, mais sa justice trompe souvent les prévisions des hommes...

— Votre air de tristesse et d'incertitude, quand je vous entretiens des belles destinées de ma fille, me met le mort dans l'âme!... — s'écria madame Chesnel; — est-ce que par hasard vous pensez que Marguerite n'est pas assez belle et pas assez bonne pour être aimée, pour être épousée, et pour faire la joie et l'orgueil de celui dont elle deviendra la femme?.. — Mais que lui manque-t-il donc pour cela à cette chère fille?...

— Il ne lui manque rien, et je trouve que Marguerite est digne d'être aimée et d'être épousée par le fils d'un roi...

— Bien vrai?.. — c'est votre pensée, cela?

— Je vous le jure!...

— A la bonne heure — vous me mettez dans le sang un peu de baume; — mais entre nous, mon ami, je ne crois pas que le mari de Marguerite doive être un fils de roi... ou du moins ce n'est pas probable, quoique ce ne soit pas impossible... d'abord, rien n'est impossible, et, comme vous venez de le dire fort bien, elle le méritrait certainement, la chère petite, — mais je ne suis pas ambitieuse et je me contenterais pour elle à moins de frais que cela... — Un beau et bon jeune homme, bien riche, voilà tout ce que je demande... — Vous conviendrez que c'est modeste, car enfin, moi, j'ai épousé Maurice, et que j'étais loin, grand Dieu, de valoir autant que ma fille, et qui sait cependant où mon cher mari serait arrivé sans la catastrophe épouvantable qui nous l'a ravi! — oui, qui sait cela?...

— Pauvre Maurice! — balbutia le commandant — que n'est-il encore avec nous!

XVI. — Le ciel se couvre.

— Ah! — reprit vivement madame Chesnel, après avoir essuyé les larmes que ne manquait jamais de lui arracher le souvenir de son mari, — il faudrait désespérer du monde, voyez-vous, si, parce que Marguerite est sans argent, il ne se rencontrait pas un homme capable d'apprécier sa beauté miraculeuse, ses grandes qualités, ses talents sans nombre! ... — Oui... oui... vous avez beau hocher la tête d'un air pas convaincu, je sais ce que je dis, — le monde vaut mieux que vous ne le croyez, mon ami, et la preuve, c'est que moi qui n'étais qu'une simple couturière, sachant lire et écrire, et voilà tout, j'ai trouvé un honnête homme tel que Maurice, qui m'a aimée et qui m'a prise pour femme, quoiqu'il fût autant au-dessus de moi que les étoiles sont au-dessus de la terre... — A cela, qu'avez-vous à répondre?...

— Rien... — dit le commandant d'un air pensif.

— Ainsi, vous trouvez que j'ai raison?...

— Oui.

— A la bonne heure!

Là en était la conversation entre les deux interlocuteurs qui, bien qu'ils eussent fini par se ranger en apparence au même avis, n'en conservaient pas moins des façons de penser et des manières de voir diamétralement opposées.

Marguerite entra dans la chambre.

Au milieu de cette pauvre demeure l'apparition de la jeune fille faisait toujours, — sans métaphore, — l'effet d'un rayon de soleil.

Une sorte de nimbe doux et voilé, quelque chose de suave et de lumineux, semblait émaner de son innocence et de sa beauté.

Sa présence et sa grâce éclairaient ce pauvre intérieur dont elle était l'âme et la vie.

Elle s'était penchée longuement pour cueillir des fleurs, — un incarnat vif colorait ses joues, — les prunelles de ses grands yeux brillaient d'un éclat incomparable, — ses lèvres humides, soulevées par un sourire, laissaient voir ses dents plus blanches et mieux rangées que celles d'un jeune chien.

Il faisait chaud. — Un large chapeau de paille commune était attaché négligemment sur ses grands cheveux en désordre.

Elle ressemblait à la virginale divinité de la jeunesse et du printemps!...

La *Titania* du Songe d'une Nuit d'été n'était, à coup sûr, ni plus belle ni autrement belle!...

— Mais regardez-la donc! — dit tout bas madame Chesnel au commandant.

Le soldat qui déserte son poste au moment du combat est un lâche !... (P. 45.)

— Ah ! je la connais bien... — répliqua-t-il du même ton.

Puis, dans son for intérieur, il ajouta :

— Pauvre mère... si j'étais jeune et si j'étais riche, j'aurais assez de sagesse pour donner raison à votre folie... — Mais je suis un vieillard... hélas !...

Et il soupira.

Cependant Marguerite, tenant dans ses mains une véritable gerbe de fleurs, s'était arrêtée sur le seuil et de son côté elle regardait sa mère et le vieil officier.

— Eh bien, — demanda-t-elle en riant, que se passe-t-il ici ?... — est-ce contre moi que l'on conspire ?... — Je suis absente et l'on parle tout haut... si haut, que depuis le jardin j'entendais la voix de ma mère... — j'arrive et l'on se tait... ou plutôt l'on chuchote en ayant l'air de me montrer du doigt... — Si je vous gêne, faites un signe et je retourne à ma moisson de fleurs...

— Chère fille, — dit Marie-Monique avec un attendrissement sans motifs, — comme je t'aime !... viens m'embrasser.

— Ah ! je ne demande pas mieux, par exemple ! — s'écria Marguerite en se jetant dans les bras de sa mère et en couvrant ses joues et son front de bons gros baisers bien francs et bien sonores.

Ensuite, se tournant vers le vieillard :

— Et vous, commandant, — dit-elle avec un adorable sourire, — ne voulez-vous pas que je vous embrasse aussi ?. .

Et, sans attendre la réponse de M. de Ferny, elle jeta lestement ses bras autour de son cou, et sur ses joues hâlées et ridées elle appuya ses lèvres à deux reprises.

Une émotion puissante contracta pendant quelques secondes les traits du vieillard qui devint très-pâle.

Cette émotion et cette pâleur ne furent remarquées ni par la mère ni par la fille.

Marguerite reprit :

— Maintenant que j'ai embrassé tout le monde, regardez mes fleurs !... — les croyez-vous assez belles ?... — quel éclat !... quel parfum !... — Ah ! que le bon Dieu est grand, et comme il est bon d'avoir créé les fleurs ?...

— Au moment de les couper, ces pauvres petites, ça me fait toujours un peu de peine — il me semble qu'elles sont vivantes et qu'elles vont souffrir du coup de ciseau que je leur donne... — mais je réfléchis bien vite qu'elles se flétriraient sur leurs tiges plus vite que dans l'eau fraîche qui les abreuve en les conservant... — et puis, d'ailleurs, ne sont-elles pas heureuses de mourir en prodiguant pour ma mère leurs vives couleurs et leurs doux parfums ?...

Et Marguerite se mit à disposer dans les vases, avec un goût exquis, sa récolte de roses et d'œillets.

Ainsi se passait la vie des deux femmes dans la chaumière que nous avons décrite.

Les mois s'écoulaient.

Marie-Monique attendait toujours avec impatience le mari qu'elle rêvait pour sa fille, et que d'avance elle dotait d'autant de qualités prestigieuses qu'en ont, dans les récits arabes, les charmants princes des Mille et une Nuits.

Marguerite, — elle, — n'attendait rien et, nous le répétons, ne désirait rien.

Elle venait d'avoir seize ans. — Elle ne demandait à Dieu que de lui conserver longtemps sa mère et de n'amener aucun changement dans leur existence calme et pauvre.

Ce double vœu, si simple et si modeste pourtant, ne devait point être exaucé.

Un matin madame Chesnel, en quittant son lit, se sentit plus faible qu'à l'ordinaire. — Elle était aussi plus pâle.

Et elle recouvra presque aussitôt assez de forces pour venir embrasser sa mère (P. 50.)

— Ma mère, ma bonne mère — demanda Marguerite inquiète — qu'avez-vous?... êtes-vous souffrante?...

— Ce n'est rien, chère fille — répondit Marie-Monique qui croyait ne dire que la vérité. — J'ai mal dormi cette nuit et j'éprouve un peu d'abattement — mais cela sera tout à fait passager et ne vaut pas la peine que l'on s'en tourmente un instant...

En effet, pendant toute la matinée, madame Chesnel s'occupa comme de coutume, avec Marguerite, des soins du ménage et des mille détails de l'intérieur.

— Tu vois — disait-elle — tu vois combien j'avais raison de t'affirmer que mon malaise n'était rien...

L'inquiétude passagère de la jeune fille se dissipait complétement.

Mais, dans l'après-midi, une soudaine défaillance s'empara de Marie-Monique, qui serait tombée sans connaissance sur le plancher si Marguerite ne s'était trouvée à côté d'elle pour la recevoir dans ses bras et pour l'asseoir dans son fauteuil, où elle s'évanouit.

Pour la première fois de sa vie, Marguerite assistait à cet état de complet anéantissement de toutes les facultés physiques qui, d'un être vivant encore, fait l'exacte représentation d'un cadavre.

Elle crut que sa mère était morte.

Elle se jeta à genoux à côté d'elle, et, à demi folle de terreur et de désespoir, elle couvrit de baisers et de larmes ses mains inertes, en poussant des cris déchirants.

Sur ces entrefaites, et par grand bonheur, arriva M. de Ferny.

Il s'efforça de rassurer la jeune fille — il détacha de la muraille un petit miroir et l'approcha des lèvres de Marie-Monique.

Une buée légère ternit à l'instant même la surface polie de la glace.

— Mon enfant — dit-il ensuite — votre mère est vivante,

je vous le jure sur l'honneur... — il est possible que son évanouissement n'ait rien de grave... — cela est même probable... — Donc, je vous en supplie, calmez-vous...

Mais Marguerite, dont l'agitation nerveuse avait atteint des proportions effrayantes, n'écoutait rien, ou plutôt elle ne pouvait rien entendre, et par conséquent, rien comprendre.

Les paroles du commandant frappaient ses oreilles comme un son vague, sans arriver jusqu'à son intelligence momentanément obscurcie.

Elle continuait à se tordre les bras et à sangloter, en répétant d'une voix à peine distincte et avec une expression déchirante :

— Ma mère est morte!... ma mère est morte!...

M. de Ferny lui prit la main, et lui dit d'un ton presque impérieux :

— Marguerite, regardez-moi et écoutez-moi... il le faut...

La jeune fille, dominée à son insu par l'accent ferme de ces paroles, leva les yeux sur le commandant, et, pendant quelques secondes, ses sanglots et ses gémissements firent trève.

M. de Ferny poursuivit :

— Je vous dis que votre mère est vivante, — m'entendez-vous ?

— Oui — balbutia Marguerite.

— Elle a besoin de prompts secours — continua le commandant — il faut que je sorte pour aller chercher un médecin...

Les sanglots de Marguerite, un instant contenus, éclatèrent de nouveau à ces mots.

M. de Ferny reprit avec force :

— La vie et la mort de votre mère sont entre vos mains...

La jeune fille le regarda d'un air effaré.

4

— Oui — dit-il en appuyant sur chaque mot — cent fois oui, et voici comment : — Si vous ne vous calmez pas, je ne puis vous abandonner à vous-même dans un pareil état — je resterai donc — et, faute de soins immédiats, votre mère va peut-être mourir... — me comprenez-vous, Marguerite?

— Oui... oui... — murmura la jeune fille — je vous comprends... — il faut des secours... — Allez... allez... allez .. allez vite...

— Etes-vous calme?

— J'essaye.,.

— Il faut faire plus qu'essayer — il faut réussir!...— Etes-vous calme?...

Par un sublime et suprême effort, Marguerite commanda à son émotion — à son inquiétude — à ses nerfs ébranlés.

Ses larmes s'arrêtèrent — son visage livide reprit une expression qui n'avait plus rien d'égaré — ses sanglots étouffés cessèrent de jaillir de son cœur pour monter à sa gorge.

— Vous le voyez, — dit-elle ensuite — je suis calme — vous pouvez sans crainte me laisser seule avec ma mère — allez chercher un médecin.

Le commandant, profondément ému de l'héroïsme filial avec lequel Marguerite venait de triompher d'elle-même, serra la main qu'il tenait toujours et sortit avec une rapidité aussi grande que s'il avait eu vingt ans de moins...

Aussitôt après son départ, la jeune fille se laissa tomber à genoux à côté de sa mère en murmurant à travers ses larmes, qui, comme deux sources arrêtées un instant, recommençaient à couler avec abondance :

— Si cependant il m'avait trompée ou s'il s'était trompé lui-même!.,. si elle était morte!... morte!... oh! ma mère!...

Et l'expression de son regard redevenait vague, — et ses lèvres répétaient machinalement, comme les lèvres d'un automate ou d'un fou, ces mots sinistres :

— Morte!... morte!... si elle était morte!...

. . . .

Au bout de moins d'un quart d'heure le commandant revint avec un médecin.

En entendant les pas des deux hommes, Marguerite s'était relevée vivement, et, comme la première fois, elle avait arrêté ses larmes et refoulé ses sanglots.

Le médecin alla droit à Marie-Monique, lui saisit le bras et appuya ses doigts sur la veine.

Marguerite et le commandant le regardaient tous les deux avec une anxiété qui ressemblait à de l'angoisse, et paraissaient attendre leur arrêt de mort.

Une sensation de joie inouïe envahit soudain ces deux cœurs.

Sur les lèvres du médecin se dessinait un sourire.

— Vous aviez raison, commandant, dit-il.

Puis, s'adressant à Marguerite, il ajouta :

— Soyez sans inquiétude, mademoiselle — nous avons ici une syncope, et rien de plus ..

— Ainsi — demanda M. de Ferny — aucun danger?

— Aucun.

— Qu'allez-vous faire?

— Pratiquer une saignée légère, — j'ai apporté des bandes — je prierai seulement mademoiselle de vouloir bien me donner une cuvette...

Marguerite s'élança dans la seconde pièce et en revint aussitôt avec la cuvette demandée, qu'elle voulut tenir elle-même pour recevoir le sang, qui ne tarda guère à couler doucement, puis plus fort, de la veine entr'ouverte.

Mais, en voyant ce sang tomber goutte à goutte d'abord, et jaillir ensuite comme un filet écarlate dans le bassin de faïence, la jeune fille éprouva une sensation étrange et dont elle n'avait pu se faire, jusqu'alors, aucune idée.

Ce fut une sorte de tremblement intérieur — une bizarre agitation du cœur, qui battit convulsivement contre les parois de la poitrine — puis une faiblesse générale de tous les membres ; — le cœur cessa de battre — les yeux se voilèrent — les lèvres devinrent blan-

ches comme un linge — et enfin, au moment où madame Chesnel, revenant à elle-même, fit un mouvement et ouvrit les yeux, la cuvette allait s'échapper des mains de Marguerite si le commandant ne la lui eût rapidement enlevée.

L'évanouissement de Marie-Monique cessait, et Marguerite, à son tour, se trouvait mal.

Par bonheur, cette défaillance — que la vue du sang produit souvent chez les gens les plus vigoureux et les mieux constitués,—fut d'une durée extrêmement courte.

Le médecin fit respirer à la jeune fille un flacon rempli de sels violents, et elle recouvra presque aussitôt assez de forces pour pouvoir venir embrasser sa mère.

XVII. — Condamnée à mort!

Le lendemain, Marie-Monique,—sauf un peu de faiblesse résultant de la saignée de la veille — semblait complétement remise et paraissait ne s'être jamais mieux portée.

Cette situation rassurante se prolongea pendant quelques jours.

Les forces de madame Chesnel revenaient. — Les inquiétudes de Marguerite se dissipaient par conséquent pour céder la place à une sécurité absolue.

Seul, le commandant n'était pas tranquille, mais il cachait avec soin la défiance instinctive et irraisonnée qui lui faisait redouter une rechute dans un prochain avenir.

Le médecin auquel il avait confié ses craintes lui avait répondu :

— Vous vous trompez, — madame Chesnel est d'une excellente nature. — Sa robuste constitution n'ayant jamais souffert ne peut être usée. — Comme on dit dans notre pays, c'est une femme *bâtie à chaux et à sable!* — à moins qu'elle ne soit emportée un beau matin par quelqu'une de ces maladies foudroyantes qui défient toutes les prévisions, telles que la fluxion de poitrine, la fièvre cérébrale, la fièvre typhoïde, etc... elle est taillée pour vivre cent ans!...

— Que Dieu vous entende! — murmura monsieur de Ferny.

— Il m'entendra, gardez-vous d'en douter! — répliqua le médecin en riant.

Rien n'était plus net et plus positif que ces affirmations, — et cependant l'homme de la science s'illusionnait, tandis que le commandant ne se trompait point...

Explique qui voudra, ou plutôt qui pourra, cette bizarre divination, cette sorte de seconde vue mystérieuse qui lui montrait le doigt de la mort appuyé sur le front de Marie-Monique!... — nous racontons, nous ne commentons pas.

Toujours est-il que, deux semaines après la première crise, une nouvelle défaillance vint brusquement terrasser madame Chesnel, qui tomba comme morte dans une allée du jardin où elle se promenait avec Marguerite.

Cette fois encore, par un hasard providentiel, ce funeste événement coïncida avec l'heure de la visite habituelle du commandant.

Aidée par le vieillard, la jeune fille put venir à bout de porter sa mère dans la maison et de la coucher sur son lit.

Le médecin, appelé en toute hâte, fit revenir la malade à elle-même — mais il ne souriait plus et son sourcil froncé indiquait clairement qu'il commençait à trouver la chose grave.

A partir de ce moment, madame Chesnel fut perdue.

Elle n'avait aucune de ces affections dont l'art médical connaît la naissance et la marche, et dont il peut à tout le moins essayer de combattre et d'arrêter les ravages.

Marie-Monique ne souffrait pas.

Elle se mourait d'une maladie sans nom — d'une langueur croissante — d'une désorganisation inexplicable des principes de la vie.

A voir les rapides progrès de sa faiblesse, il eût été presque possible de compter d'avance le nombre des jours qui la séparaient de son dernier jour.

D'abord, appuyée sur le bras de Marguerite, elle avait

pu faire le tour du jardin quand le tiède soleil de midi jetait ses rayons bienfaisants sur la campagne jaunie par l'automne.

Bientôt cette promenade de deux ou trois minutes avait dû s'abréger encore et se réduire à quelques pas.

Puis Marie-Monique ne s'était plus senti la force de sortir de la maison.

Enfin, ses pieds chancelants refusaient de la soutenir depuis son lit jusqu'à son fauteuil placé devant la cheminée, où, malgré la chaleur du dehors, un grand feu brûlait sans cesse; — il fallait, maintenant, la porter et l'étendre dans le fauteuil.

Le médecin ne comprenait rien à ce mal étrange — et il l'avouait lui-même avec une franchise digne d'éloge.

La mort approchait, rapide et inévitable. — Cela seulement lui paraissait clair comme le jour et incontestable.

Marguerite, en face de cette dévorante agonie de sa mère, conservait toutes ses illusions. — Elle croyait à une atteinte passagère que suivrait un prompt et complet retour à la santé.

Madame Chesnel — quand sa fille lui parlait de ses espérances, — souriait doucement, et, à son tour, parlait des projets dont elle remettait la réalisation à l'époque prochaine de sa convalescence.

Mais, sourires et paroles n'avaient d'autre but que d'entretenir et de prolonger la consolante erreur de Marguerite.

La pauvre mère ne se trompait point sur son état — elle sentait bien que sa dernière heure était proche, et, pendant ses nuits sans sommeil, elle pleurait avec une indicible amertume toutes les larmes de son cœur brisé, en se demandant ce que l'orpheline allait devenir, après elle, dans ce monde où elle resterait seule et abandonnée...

Elle regrettait alors, — mais trop tard, — les sommes follement dépensées pour l'inutile éducation de Marguerite.

A quoi devaient servir à la jeune fille ces talents chèrement acquis, puisque sa seule ressource dans l'avenir serait de travailler pour gagner son pain de chaque jour?

En effet, la modique pension touchée par la veuve du chirurgien-major s'éteindrait avec elle, et Marguerite se trouverait littéralement sans un sou.

Ces pensées torturaient madame Chesnel, et de la fin de sa vie faisaient une indicible martyre... — et cependant elle trouvait dans son dévouement maternel la force de paraître calme devant Marguerite et de lui sourire.

De tous les chefs-d'œuvre échappés des mains du sublime Créateur des mondes, le cœur des mères est le plus parfait !...

§

Depuis l'époque où l'état de Marie-Monique était devenu si soudainement désespéré, le commandant semblait en proie à une préoccupation continuelle, qui grandissait et se faisait de plus en plus visible de semaine en semaine, de jour en jour, et pour ainsi dire d'heure en heure.

Quand il se trouvait seul avec la mourante, il prenait parfois l'attitude d'un homme qui se décide à laisser échapper un secret longtemps caché... — Ses lèvres s'entrouvraient, prêtes à révéler la cause de cette écrasante et incessante préoccupation — mais toujours, au dernier moment, son courage semblait faiblir, et il balbutiait d'un air embarrassé des paroles sans suite, des phrases vagues et indistinctes.

Absorbée dans ses inquiétudes et dans ses douleurs personnelles, Marie-Monique ne remarquait ni les réticences, ni les hésitations, ni les combats intérieurs, si étranges pourtant, du vieux soldat.

Lorsque après un de ces entretiens avortés, M. de Ferny quittait la chambre de Madame Chesnel, il s'irritait contre lui-même, et on aurait pu l'entendre murmurer :

— N'aurai-je donc jamais la force de parler?... tremblerai-je ainsi longtemps quand le temps va manquer devant moi?... — hésiterai-je davantage quand les hésitations ne sont plus ni possibles ni permises?... — Mordieu !... je me fais honte et pitié avec ces ridicules et coupables faiblesses !... — Pourquoi donc reculer encore?... — ce que j'ai à dire n'est-il pas d'un homme de cœur et d'un honnête homme?... — Non, de par tous les diables, je ne remettrai plus !... — Foi de comte de Ferny, je parlerai demain !...

Le lendemain arrivait, et le commandant, dominé de nouveau par ses insurmontables irrésolutions, ne parlait pas plus que la veille !...

Et cependant, ainsi que nous venons de l'entendre dire à lui-même, le temps allait manquer !... — Bientôt les oreilles dans lesquelles il voulait laisser tomber son secret ne seraient plus là pour l'entendre...

Marie-Monique n'était plus que l'ombre d'elle-même — elle s'en allait, comme disent les bonnes gens — et, quand à la nuit tombée tous les bruits de la terre se taisaient, on aurait pu, en écoutant bien, entendre le vol de la mort battant l'air de ses puissantes ailes, et se rapprocher rapidement pour venir enlever sa proie.

Un matin, madame Chesnel chercha et trouva sans peine un prétexte pour rester, pendant quelques minutes, seule avec le médecin.

Pour la première fois, depuis le commencement de sa maladie, elle le regarda bien en face et elle lui dit :

— Docteur, combien de jours me reste-t-il encore à vivre ?

Le médecin — convaincu jusqu'à ce moment que madame Chesnel ignorait l'implacable gravité de sa situation, — fit un soubresaut en entendant cette question si nette et si précise, ne répondit pas d'abord et chercha quelques répliques évasives.

— Docteur — reprit Marie-Monique — je vous demande le compte de jours que vous croyez pouvoir me promettre, et j'ai pour vous faire cette question une raison grave, un motif sacré — répondez-moi donc, je vous en prie, et parlez-moi avec franchise absolue.

— Mais, madame — dit le médecin avec embarras — je vous affirme que vous vous trompez... — Vous vous faites illusion sur votre état, pénible sans doute, mais qui n'a rien de désespéré, tant s'en faut... — Chassez bien loin de vous ces inquiétudes irraisonnées qui pourraient devenir funestes, — ne doutez pas de mon affirmation quand je vous dis : — Nous vous sauverons.

Le médecin, sans doute, aurait laissé couler pendant longtemps encore le jet continu de ses consolations banalement rassurantes, s'il n'eût été arrêté par l'expression d'incrédulité complète empreinte sur le visage de celle à qui ces paroles s'adressaient.

— Docteur — dit la mourante avec énergie — vous supposez qu'en ma qualité de femme, et de femme agonisante, je suis faible — vous pensez que la mort me fait horreur — et vous agissez en homme charitable, puisque vous cherchez à me cacher que je m'approche... — Je vous en remercie, mais votre compassion manque son but. — Je sais qu'ici-bas tout est fini pour moi, et je ne tremble pas — mais j'ai des motifs sacrés pour ne point vouloir être enlevée à l'improviste. — Regardez-moi donc — interrogez-moi s'il le faut — étudiez la désorganisation de mon pauvre corps, et, quand vous aurez acquis une certitude, répondez sans détours et avec une franchise loyale à la question que je vous ai faite tout à l'heure... — Combien ai-je de jours à vivre?

— Madame, il m'est impossible de vous dire ce que vous me demandez... — balbutia le médecin.

— Impossible ! — répéta Marie-Monique.

— Oui.

— Pourquoi?...

— Vous croyez en Dieu, n'est-ce pas?

— Certes !...

— Eh bien, Dieu est le maître de faire un miracle. — Peut-être en fera-t-il un pour vous...

Madame Chesnel sourit tristement.

— Vous avez raison — dit-elle ensuite — Dieu me sauvera s'il le veut. — Mais en dehors de cette hypothèse — (à la réalisation de laquelle vous ne croyez

52   LA MAISON ROSE.

guère, non plus que moi), — vous pouvez me fixer sur ce que j'ai un si grand intérêt à connaître, — je vous supplie de le faire, et, si la force ne me manquait point, je me jetterais à vos genoux pour vous le demander...

Poussé dans ses derniers retranchements, le médecin ne pouvait reculer davantage.

— Madame — dit-il — dans quinze jours vous serez encore vivante...

— Quinze jours? — murmura la mourante.

— Oui, madame... mais je n'ose espérer un plus long sursis...

— Allons, c'est plus que je n'espérais!...

— Et vous êtes bien sûr de ne pas vous tromper, docteur...

— Aussi certain que je le suis d'être là, debout, près de vous...

— Et, conserverai-je jusqu'au bout mes facultés morales?...

— Jusqu'à la dernière minute votre intelligence restera nette et lucide.

— Souffrirai-je beaucoup, avant de mourir?..

— Pas un seul instant...— Quand arrivera l'heure suprême, vous vous endormirez d'un calme sommeil...

— Qui n'aura pas de réveil, voilà tout?... n'est-ce pas, docteur?

Le médecin, sans répondre, baissa la tête en signe d'assentiment.

Marie-Monique sourit de nouveau.

Ensuite elle reprit:

— Mais savez-vous, docteur, que de tous les genres de mort vous me promettez le plus doux!... — Ma raison jusqu'à la fin — nulle souffrance — un calme sommeil... — Merci, docteur...

— Je vous supplie, madame, de ne point oublier qu'en vous disant ce que je viens de vous dire, je n'ai fait que répondre à vos questions, — je n'ai fait que céder à vos instances pressantes et réitérées.

Marie-Monique fit un effort pour soulever sa main amaigrie et presque diaphane pour la tendre au médecin.

— Soyez tranquille, docteur—dit-elle — je n'oublierai pas que vous êtes bon et que vous venez de me rendre un service que j'aurais volontiers acheté, fût-ce au prix de la moitié de mes derniers jours...

Après un court silence, elle continua, avec le même sourire doux et triste:

— Et cependant vous conviendrez sans peine que, lorsqu'il en reste aussi peu, on aurait bien le droit de s'en montrer avare...

Malgré son habitude de voir la mort de près, et sous toutes les formes, le médecin se sentait le cœur serré par l'héroïque résignation de madame Chesnel.

Il avait hâte de sortir, car il craignait de laisser éclater l'émotion qui le dominait.

En ce moment, la délicieuse tête brune de Marguerite se montra dans l'encadrement de plantes grimpantes de la porte du jardin.

— Puis-je revenir? — demanda-t-elle.

— Oui, mon enfant — répondit Marie-Monique.

Le médecin profita de l'entrée de la jeune fille pour quitter la maison.

En en franchissant le seuil, il essuyait une larme involontaire.

Marguerite vint s'asseoir à côté de sa mère, sur les genoux de laquelle elle éparpilla des poignées de fleurs.

— Embrasse-moi, mon enfant — dit madame Chesnel — embrasse-moi, chère fille bien-aimée...

Et, tandis que Marguerite jetait ses beaux bras caressants autour du cou de sa mère, cette dernière ajouta:

— Je viens de causer longuement avec le docteur — il m'a dit et même il m'a prouvé que j'allais beaucoup mieux... — Je sais maintenant à n'en pouvoir douter quand ma maladie sera finie.

— Et, sera-ce bientôt, bonne mère?...

— Oui, bientôt...

— Mais, quand!...

— Dans quinze jours...

Marguerite, qui s'était agenouillée devant sa mère, se releva en entendant ces paroles, et se mit à frapper joyeusement ses mains l'une dans l'autre.

Marie-Monique se disait tout bas en la regardant :

— Dans quinze jours, pauvre enfant, tu seras seule ici... seule et vêtue de noir...

XVIII. — Entretien suprême.

Dans l'après-midi de ce même jour, à son heure habituelle, arriva M. de Ferny.

Tout en faisant, à pas plus lents que de coutume, le trajet qui séparait sa demeure de la maison de Marie-Monique, le vieillard s'était dit vingt fois :

— Ce sera pour aujourd'hui... — aujourd'hui je parlerai...

Et sans doute, — au moment décisif, comme la veille, — comme l'avant-veille, — ses hésitations, ses irrésolutions, seraient revenues l'assaillir.

Mais le hasard — ou plutôt la volonté de madame Chesnel — devaient le contraindre à ne plus reculer et à s'expliquer enfin.

La mourante était étendue dans son fauteuil, auprès de la cheminée où flambait un feu clair. — Un rayon de soleil se glissant à travers les rideaux de la fenêtre tombait sur son visage amaigri dont il mettait en relief la maigreur effrayante et la pâleur sinistre.

Les lignes anguleuses de cette figure jadis si belle, lui donnaient l'aspect et la rigidité d'une figure de mort.

Toute la vie semblait s'être concentrée dans le regard de ses grands yeux, agrandis encore outre mesure par l'absence des chairs qui collait la peau sur les parois osseuses du visage.

Ce regard brillait d'un éclat fébrile.

—Comment vous trouvez-vous aujourd'hui, ma pauvre amie ? — demanda le commandant, épouvanté des ravages nouveaux que la consomption avait faits depuis quelques heures.

Marguerite était là, souriante, presque joyeuse.

Marie-Monique répondit :

— Je me trouve mieux, mon ami, beaucoup mieux... — Merci de votre intérêt qui ne se dément point, et dont vous m'avez déjà donné tant de preuves...

La jeune fille ajouta vivement :

— Si vous saviez comme je suis heureuse !... — le médecin a dit ce matin à maman que cette terrible maladie ne durerait plus guère désormais, et que dans quinze jours tout serait fini...

— C'est vrai — reprit madame Chesnel — Marguerite vous répète les paroles mêmes du médecin... dans quinze jours... vous entendez, mon ami... dans quinze jours...

Et comme monsieur de Ferny baissait la tête, frappé de stupeur par cette espérance insensée qu'exprimait si naïvement la jeune fille, et que la mère semblait partager, Marie-Monique continua, en s'adressant à Marguerite :

— J'ai à causer d'affaires avec le commandant... — laisse-nous, chère fille bien-aimée, et va t'occuper un peu de tes fleurs.

— Vous me rappellerez bientôt, ma bonne mère ?...

— Le plus tôt possible... — va, mon enfant...

Marguerite sortit.

Quand elle eut quitté la chambre en refermant la porte derrière elle, Marie-Monique se tourna lentement vers M. de Ferny, dont l'attitude exprimait une profonde et douloureuse émotion.

— Vous avez entendu, mon ami — fit-elle — et vous n'avez pas l'air de croire ce que Marguerite vous a dit et ce que je vous ai répété — c'est pourtant vrai — exactement vrai — dans quinze jours tout sera fini...

Puis, après une courte pause, Marie-Monique ajouta :

— Dans quinze jours je serai morte...

Le commandant tressaillit.

— Morte ! — s'écria-t-il.

— Plus bas !... parlez plus bas !... — Marguerite

pourrait vous entendre !... — pauvre enfant... ses larmes couleront assez vite !... — laissons-lui ses dernières illusions... — elles seront bien courtes...

Et, comme M. de Ferny allait répondre, la mourante ne lui en laissa pas le temps.

— Ne me dites pas que je me trompe, mon ami... — vous savez que j'ai raison et que je vais mourir, mais vous le savez moins bien que moi... — Je ne voulais pas être surprise par la mort — j'ai questionné le docteur — il refusait de me répondre, mais j'ai insisté de telle façon qu'il a dû céder à mes prières — il m'a tout dit... — j'ai le droit de compter encore sur quinze jours de vie. — Pour que je sois là, près de vous, le seizième jour, il faudrait un miracle de Dieu... et ce miracle ne se fera pas...

— Mais — balbutia le commandant — pourquoi donc teniez-vous tant à acquérir cette cruelle certitude ?

— A cause de vous, mon ami...

— A cause de moi ! répéta M. de Ferny stupéfait.

— Oui. — Je voulais vous parler, et je voulais que cet entretien suprême n'eût lieu qu'au moment où tout espoir de rester sur la terre serait bien décidément évanoui... — Ce moment est venu... vous allez m'entendre — votre réponse, dont je ne doute point, rendra ma mort moins cruelle et la fera presque douce...

Le commandant, sachant bien qu'en effet Marie-Monique, sûre de son attachement, ne doutait pas de lui, ne fit aucune de ces protestations qu'un indifférent aurait cru indispensable de prodiguer.

Il s'assit à côté de la mourante et lui prit la main.

Cette main répondit par une pression légère au geste affectueux du vieillard.

— Vous devinez bien un peu, n'est-ce pas, mon ami, ce dont j'ai à vous parler ?... dit madame Chesnel.

Le commandant fit un signe de tête qui voulait dire clairement :

— Oui.

Marie-Monique continua :

— Il s'agit de Marguerite...

Une faible rougeur vint colorer les joues du vieux soldat qui baissa les yeux, évitant ainsi que son regard vînt à se croiser avec celui de la mourante.

Madame Chesnel ne remarqua point ce trouble, qui n'aurait pas manqué de lui paraître inexplicable.

Elle reprit :

— Pauvre Marguerite !... dans quelle position va-t-elle se trouver quand je serai partie !... — Je frémis en y pensant, et, si je mourais à cette minute, je mourrais avec un couteau dans le cœur ! — Vous avez connu tous les rêves que je faisais pour ma fille — hélas ! c'étaient des rêves ! — Ce modeste héritage que son père m'avait laissé, mais qui était à elle, puisque moi je n'avais rien en épousant Maurice — ces quelques milliers de francs dont j'aurais dû me regarder seulement comme la dépositaire — je les ai dissipés follement..... pour elle, il est vrai, pour elle seule, mais dans un espoir insensé qui devait ne se réaliser jamais... — Cet argent, s'il existait encore, assurerait au moins à Marguerite le pain de quelques années et lui donnerait les moyens d'attendre des jours meilleurs... — Ah ! vous savez combien sont cruels les reproches que je m'adresse pour mon innocente démence !... — J'ai cru bien faire, mais ce n'est pas une excuse puisque j'ai mal fait et puisque mon enfant souffrira par ma faute !...

Pendant une ou deux secondes la tête de madame Chesnel se pencha sur sa poitrine.

Quelques larmes coulèrent de ses yeux, auxquels la fièvre lente et sourde donnait l'éclat du diamant.

Puis la pauvre mère continua d'une voix émue :

— Oui, la position de ma pauvre chère fille est horrible ! — Ma pension de veuve va s'éteindre en même temps que moi... — Marguerite n'a rien, rien au monde, — et, le lendemain de ma mort, il faudra qu'elle travaille ou qu'elle mendie, si quelque main amie ne s'étend pas vers elle pour la soutenir et pour la protéger... — J'ai pensé que cette main serait la vôtre... — j'ai pensé que vous n'abandonneriez point la pauvre fille dont le père avait été votre ami, et dont la mère au désespoir vous implore avant de mourir !... — Oh ! dites-moi que je ne me suis pas trompée !... dites-moi que vous serez un père pour l'orpheline !... dites-moi cela, et, grâce à vous, mon âme s'envolera pleine de reconnaissance et d'espoir...

Madame Chesnel, en parlant ainsi, s'efforçait d'étendre ses deux mains tremblantes vers le vieux soldat qui pleurait en l'écoutant.

XIX. — Un aveu.

Lorsque la naturelle et puissante émotion des deux interlocuteurs se fut un peu calmée, le commandant saisit les deux mains de Marie-Monique, sur lesquelles il appuya respectueusement ses lèvres.

Puis il répondit :

— Puissent mes paroles rendre le calme à votre âme si noble, ma pauvre amie !... puissent-elles apporter une suprême consolation à la fin de votre vie si pure et si courte ! — Vous me connaissez... vous savez si j'ai jamais menti... vous savez si Maurice m'estimait... — Eh bien ! sur mon honneur de gentilhomme et de soldat, je vous jure de n'abandonner jamais Marguerite !

Le rayonnement d'une joie presque céleste vint mettre son auréole autour du visage de Marie-Monique, qui pendant quelques secondes offrit dans ses lignes transfigurées les anciens vestiges de sa beauté d'autrefois.

— Ah ! — balbutia la pauvre femme — pourquoi donc n'ai-je pas la force de tomber à vos genoux pour vous remercier !...

Et, de ses yeux illuminés d'un feu moins sombre, coulaient des larmes qui n'avaient plus d'amertume.

— Maintenant, écoutez-moi — dit M. de Ferny — écoutez-moi, mon amie, car il faut que je vous parle à mon tour... — Vous m'avez dévoilé votre âme... vous m'avez témoigné une sublime confiance dont je serai fier et reconnaissant pendant tout le reste de ma vie... — Je vais vous imiter... — je vais vous ouvrir mon cœur, car rien de ce qui s'y passe ne doit vous rester caché...

Ce début étonna madame Chesnel.

Qu'allait-elle entendre après ces paroles prononcées avec une fiévreuse exaltation ?

Son attente ne fut pas de longue durée.

— J'irai droit au but — s'écria le comte — j'irai droit au but, comme j'allais droit au feu, quand j'étais jeune et que j'étais soldat... — Vous effrayez pas de ce que je vais vous dire... — si les vœux que je forme vous paraissent dictés par un accès de folie ou de délire, si leur réalisation vous semble impossible, dites-le-moi franchement, brutalement — j'en souffrirai sans doute, mais qu'importe ? — le serment que je vous ai fait tout à l'heure n'en sera pas moins sacré, et n'en sera pas moins tenu ! — J'aime Marguerite...

L'expression d'indicible stupeur qui se peignit sur le visage de madame Chesnel indiqua clairement que la pauvre femme se demandait si elle rêvait tout éveillée, et si les mots qui frappaient son oreille avaient bien le sens que son imagination troublée leur prêtait.

— Vous aimez Marguerite... — balbutia-t-elle — vous l'aimez... comme un père...

— C'est longtemps ainsi que je l'ai aimée — répondit M. de Ferny que rien ne pouvait plus arrêter maintenant que le premier pas était fait — mais aujourd'hui je l'aime autrement... — A cette tendresse paternelle d'un vieillard pour un enfant, se mêle un sentiment plus tendre, que j'ai senti naître avec surprise et presque avec effroi !... — J'ai voulu l'arracher de mon cœur quand il me semblait que je pouvais encore le faire : j'ai tout essayé, j'ai tout tenté vainement ! — J'ai lutté contre moi-même et j'ai été vaincu dans la lutte.... — Cet amour, car c'est de l'amour, agrandi malgré mes efforts — il s'est emparé de mon être tout entier, il me consume, — il me dévore ! — J'aime Marguerite et je n'existe plus que pour l'aimer ! — Que de fois dans ma vie, lorsque j'étais plus jeune et que l'on parlait devant moi de l'amour d'un vieillard, j'ai souri de dédain et de pitié !...

— Croyez-vous que je me fasse illusion ?... — Croyez-vous que je ne sache pas combien est triste et ridicule le feu qui dévore un vieux cœur ? — Ah ! tout ce que peut dire le monde à ce sujet, je l'ai pensé, je l'ai dit cent fois... — et je le pense encore... et j'aime, cependant, et j'aimerai jusqu'au dernier battement de mon cœur consumé...

M. de Ferny se tut.

Marie-Monique ne répondait pas.

Tout au plus conservait-elle la faculté de penser, tant les révélations inouïes qu'elle entendait lui semblaient en dehors des limites du possible...

Le commandant — un homme qui, même auprès d'elle, était un vieillard — amoureux de Marguerite, une enfant née d'hier !

Marie-Monique ne pouvait y croire ! — cet amour lui semblait incompréhensible et presque monstrueux !

— Ah ! — reprit M. de Ferny avec plus de sang-froid qu'il n'en avait montré jusque-là — je vois bien ce qui se passe en vous, mon amie, et je fais mieux que le voir, car je le comprends et je l'approuve !... — comme vous et avec vous j'en conviens, c'est une passion étrange qui met ainsi du feu dans un sang refroidi par l'âge — c'est une bizarre folie qui pousse un homme au déclin de sa vie à souhaiter pour compagne de ses dernières années une fille éblouissante de jeunesse et de grâce — c'est une fantaisie sinistre qui rêve l'enchaînement impossible des fleurs du printemps et des neiges de l'hiver ! — qui veut inoculer la sève de l'arbre naissant au chêne séculaire, ébranché par les orages et foudroyé vingt fois ! — Tout cela je le sais — tout cela je le sens — et depuis des mois il n'est pas une heure dans le jour, il n'est pas une minute dans l'heure où je ne me le sois répété ! — Et, cependant, raisonnons... — Un mariage entre Marguerite et moi vous épouvante, n'est-ce pas ?

Madame Chesnel hésita.

— Au nom du ciel, je vous en supplie — fit le commandant — dites votre pensée sans réticences et sans détours ! — ce mariage vous fait peur ?

— Eh ! bien, oui... — balbutia la pauvre mère — il me fait peur.

— D'où vient cet effroi ?

— Songez donc... Marguerite a dix-sept ans à peine.

— Et moi j'en ai soixante-dix — je serais deux fois son père, voilà ce que vous voulez dire... — mais, en réalité, qu'importe ?

Sur un geste de la mourante, le commandant répéta :

— Oui, qu'importe ? — Une union entre Marguerite et moi, qu'est-ce après tout, sinon pour moi le droit et le devoir de protéger cette chère enfant, hautement, légalement, au grand jour ! — Marguerite, devenue ma femme, verrait son avenir assuré, — un avenir qui pourrait être heureux encore, même par l'amour, car mon âge est une garantie que les chaînes de son mariage avec moi ne tarderont guère à se briser, et qui donc, quand je ne serai plus là, empêchera la jeune veuve du comte de Ferny de donner son cœur à l'homme qui lui semblera digne d'elle ?...

En prononçant ces derniers mots la voix du commandant trembla légèrement.

Mais il se remit bien vite et il continua :

— Vous savez qui je suis... — ma famille est l'une des plus anciennes et des plus estimées de cette province et, grâce au ciel, je n'ai jamais fait une souillure à l'écusson sans tache de mes pères... — Dans ma vie toute entière il n'y a pas une action dont je doive rougir... — permettez-moi de le dire avec un légitime orgueil, je suis un honnête homme !... ma fortune, sans être brillante, peut passer pour considérable si on la compare à l'absolu dénûment de Marguerite... — Laissez-moi donner mon nom à cette chère enfant — laissez-moi lui assurer la propriété de cette fortune qu'elle n'aura que bien peu de temps à partager avec un vieux mari... Croyez-moi, mon amie, je saurai me faire pardonner mon âge à force de tendresse et d'indulgence... — si aveuglé que je vous paraisse par l'amour qui me domine, je sais bien que je ne puis attendre de Marguerite d'autre sentiment

qu'une affection filiale... — c'est le seul que je doive et que je veuille lui demander... — Donnez-la-moi, et de même que je vous jurais tout à l'heure de ne l'abandonner jamais, je vous jure maintenant de la rendre heureuse, si heureuse que, lorsque j'aurai répondu : *présent !* au dernier appel du bon Dieu, Marguerite, veuve et libre, trouvera dans son cœur des larmes pour le vieux soldat !...

Ces dernières paroles, prononcées avec un irrésistible accent de loyauté, avec une émotion croissante et communicative, produisirent sur Marie-Monique une impression profonde.

Déjà la pensée de la pauvre mère ne se révoltait plus contre ce mariage qui l'avait fait frissonner d'abord.

Déjà elle se disait que le commandant était dans le vrai et que son union avec Marguerite assurerait à cette dernière un nom honorable — une position dans le monde — une large aisance — un avenir facile.

Et puis, ne venait-il pas de l'affirmer lui-même ?... il serait pour sa jeune femme un père bien plus qu'un mari....

Le commandant, les yeux attachés sur le visage de madame Chesnel, la laissait se plonger dans ses réflexions dont il sentait bien que le résultat définitif ne pouvait manquer de lui être favorable.

En effet, des lueurs passagères venaient éclairer la physionomie de la mourante et témoignaient du revirement complet qui se faisait dans sa manière d'envisager les espérances de M. de Ferny.

Au bout de quelques minutes, Marie-Monique releva sur le vieillard ses yeux qu'elle avait tenus baissés jusque-là.

Ce mouvement fit supposer au commandant que la question était tranchée dans l'esprit de la mère de Marguerite et il ne se trompait pas.

— Eh bien, mon amie — demanda-t-il d'une voix suppliante — que puis-je espérer ?... que dois-je craindre ?... que décidez-vous ?...

— Je vous remercie d'abord, et bien profondément, et de toute mon âme, de l'honneur que vous faites à ma fille en sollicitant sa main... — répondit madame Chesnel — et je vous prie de me pardonner la surprise, et, il faut bien que je l'avoue, l'effroi que j'ai ressenti d'abord en vous entendant me dire que vous aimiez Marguerite...

— Pourquoi ces inutiles excuses ?... — interrompit le commandant — votre surprise et votre terreur, vous savez bien que je l'ai tout compris !... — Mais vous ne me répondez pas, mon amie !... et pourtant vous savez que je souffre en attendant votre réponse...

— Que puis-je vous dire ?... — Oui, vous avez raison .. — oui, l'union que vous souhaitez assurerait le repos de Marguerite et peut-être aussi son bonheur.— mais je ne crois pas avoir le droit de disposer de sa main sans connaître sa volonté... — j'aimerais mieux la laisser orpheline et pauvre, sans asile et forcée de gagner son pain, que de lui faire une loi d'un mariage qu'elle n'accepterait qu'à contre-cœur — et vous-même, mon ami, vous refuseriez une union imposée par moi et subie à regret par elle... — vous voulez une compagne et non pas une martyre...

— Ah ! certes !... s'écria M. de Ferny — plutôt renoncer mille fois à ce dernier rêve de ma vie que de contraindre Marguerite... — Mais êtes-vous pour ou contre moi, vous, sa mère ?...

— Je suis pour vous, et, si le consentement de ma fille dépendait du mien, vous l'auriez à l'instant...

— Voilà ce que je voulais savoir... — dit le commandant en s'efforçant de dissimuler sa joie — dans un instant nous serons fixés...

— Qu'allez-vous faire ?

— Je sors... — je vais dire à Marguerite que vous la demandez — interrogez-la adroitement — dans une heure je reviendrai et je connaîtrai mon arrêt.

— Faut-il donc que je parle à ma fille aujourd'hui même ?. . — balbutia madame Chesnel toute tremblante.

— Oh ! je vous en supplie, ne retardez pas !... — si vous saviez, si vous pouviez savoir quelle impatience

me dévore... à mon âge on n'a plus le temps d'attendre..
— Que diriez-vous donc — murmura Marie-Monique — si vous n'aviez que quinze jours à vivre ?...
Puis, plus haut, elle ajouta :
— Mais vous avez raison, mon ami, il faut se hâter...
— Allez donc, j'attends Marguerite...
Le commandant quitta la chambre.
La jeune fille dans le jardin arrosait ses fleurs.
— Comment — s'écria-t-elle — mon ami, vous partez déjà ?...
— Je reviendrai, chère enfant... Votre mère vous prie de la rejoindre... elle a quelque chose à vous dire.
— J'y cours... — répondit Marguerite.
Elle posa son arrosoir, et, légère et gracieuse comme une willis, elle disparut dans l'intérieur de la maison.

XX. — La mère et la fille.

— Mon enfant — fit madame Chesnel — assieds-toi là, près de moi... J'ai bien de choses à te dire, et des choses qui, je le crois, vont t'étonner un peu...
— Tant mieux, bonne mère — répondit Marguerite — j'adore les surprises...
— Sais-tu bien que tu vas avoir dix-sept ans ?...
— Oui, vraiment, je le sais... — dans trois mois j'entrerai d'un pas ferme et résolu dans ma dix-huitième année... — je serai presque une vieille fille...
— N'as-tu jamais pensé que tu te marierais un jour?
— J'y ai pensé comme à une catastrophe assez fréquente en ce bas monde... mais ce sujet de réflexions me semblant médiocrement joyeux, je l'ai laissé de côté le plus vite possible.
— Est-ce que le mariage t'effraye ?...
— Certainement.
— Mais pourquoi ?...
— Parce qu'il me semble très-triste qu'une jeune fille, au moment où elle est parfaitement heureuse dans sa famille, auprès de sa mère, devienne du jour au lendemain la femme d'un monsieur qu'elle connaît à peine et pour lequel il lui faut tout abandonner... — je ne comprends rien au mariage — je ne devine pas ce qu'on peut lui trouver de séduisant, et je suis bien résolue, s'il fallait me séparer de vous, bonne mère, pour suivre un mari, à ne me marier jamais...
— As-tu quelquefois réfléchi que nous étions pauvres, Marguerite ?
— Nous sommes pauvres, mais nous sommes heureuses... — la pauvreté n'est un malheur que lorsqu'elle entraîne à sa suite des privations, et que nous manque-t-il ?... les fleurs ne nous coûtent que la peine de les semer et de les arroser, et je ne désire rien de plus que ce que Dieu nous donne... — Cette maisonnette, notre jardin, une robe de toile l'été, une robe de laine d'hiver — nous avons tout cela — ne trouvez-vous pas, comme moi, que c'est bien assez...
— Oui, certes, ce serait assez, si nous étions sûres de l'avoir toujours...
— Comment — s'écria Marguerite avec anxiété — ces choses si modestes, et qui nous satisfont cependant, peuvent-elles donc venir à nous manquer ?...
— A toi du moins, ma pauvre chère fille...
— A moi? que voulez-vous dire ?...
— Le jour où je te quitterai, Marguerite, tu perdras en même temps que moi l'humble pension qui nous fait vivre... — et alors, seule au monde et sans ressources, que deviendras-tu, mon enfant ?...
— Oh! ma mère... ma mère... — balbutia la jeune fille dont les yeux se remplirent de larmes — pourquoi donc m'attrister par ces images sinistres!... — Dans quel but évoquer un avenir lointain auquel je ne veux penser jamais, et qu'importe ma destinée ici-bas quand vous n'y serez plus avec moi ?...
— Chère enfant, c'est ton cœur qui parle, mais c'est ma raison qui doit répondre... — Je serais une mauvaise

mère, si je ne me souvenais de ce que tu veux oublier...
— j'espère bien ne pas te quitter de sitôt, mais je me préoccupe du sort qui t'attend après moi, et la misère, qui pour toi m'apparaît en perspective, empoisonne ma vie et hâtera ma fin!... — L'idée que tu resteras seule et pauvre sur la terre me rend la plus malheureuse des femmes.
— Malheureuse, vous, ma mère!... — malheureuse à cause de moi! — répéta Marguerite avec émotion — que faire, mon Dieu, que faire pour vous rendre le calme et pour vous ôter cette douleur?...
— Il existe un moyen... un seul.
— Lequel... oh! dites-moi lequel, et, s'il est à notre disposition, employons-le bien vite...
— D'après les quelques mots que je t'ai dits tout à l'heure, ne devines-tu pas ?...
Marguerite appuya sa tête dans ses deux mains, pendant un instant, comme pour concentrer toutes ses pensées.
Puis elle la releva, en disant :
— Il s'agit d'un mariage, peut-être?...
— Oui, mon enfant — répondit Marie-Monique — tu dis vrai — il s'agit d'un mariage...
— Quelqu'un demande à me prendre pour femme ?...
— Oui.
— Comme c'est singulier !...
— Pourquoi donc ?
— Parce que je ne connais personne, et que personne ne me connaît.
Marie-Monique garda le silence.
Marguerite reprit :
— Enfin, celui qui désire m'épouser est un honnête homme, n'est-ce pas ?...
— Le plus honnête homme que je sache !...
— Il ne songerait point à nous séparer l'une de l'autre ?...
— Jamais — nous passerions ensemble tout le reste de ma vie...
— Et ce mariage vous rendrait heureuse, ma mère ?...
— Oui... dans ce sens qu'il m'assurerait, je crois, ton bonheur, et qu'il me donnerait, pour l'avenir, cette tranquillité d'esprit, cette sécurité, cette confiance dont l'absence est pour moi une véritable torture...
— Eh bien alors, — dit la jeune fille avec un sourire — tout est pour le mieux... — faites bien vite savoir à mon *mari futur* — (elle appuya sur ces derniers mots) — que sa demande est agréée, et qu'il peut se présenter quand il voudra...
— Ainsi — s'écria Marie-Monique — tu consens ?...
— Et de grand cœur! — une chose proposée par vous, ma mère, ne peut m'apporter que du bonheur...
— Mais tu ne sais pas même le nom de celui à qui tu promets ta main... — murmura madame Chesnel.
— Ah! c'est vrai... — fit Marguerite avec insouciance — cela devrait pourtant m'intéresser plus que personne... — mais vous allez me dire ce nom, ma bonne mère, et il me semble à peu près certain que je l'entendrai pour la première fois...
— Tu te trompes, mon enfant...
Marguerite eut un geste de surprise.
— Comment? — dit-elle — je connais le nom de mon futur mari ?...
— Oui.
— Mais au moins, lui, je ne l'ai jamais vu, n'est-ce pas ?...
— Tu l'as vu...
— Où donc ?...
— Ici même.
— Vous parlez sérieusement, ma mère ?... la personne que j'épouserai est venue ici ?...
— Souvent.
— A mon insu, alors, et en mon absence ?...
— En ta présence, au contraire.
— Mais, c'est incroyable, cela !...
— C'est pourtant la vérité.
— Il m'a parlé, et je lui ai répondu ?...
— Oui.

— Alors, je renonce à deviner... — à vous entendre, bonne mère (et je n'en doute pas, puisque vous le dites) j'aurais vu souvent, ici, mon futur mari... — il est évident pour moi qu'en ce moment j'ai l'esprit à l'envers et que ma mémoire est bien malade, puisque je n'ai conservé nul souvenir de ces entrevues, et puisque je serais prête à jurer que le commandant est la seule personne que nous recevons ici...

— Et... si c'était le commandant?... — balbutia Marie-Monique.

Marguerite releva vivement la tête et jeta sur sa mère un long et profond regard, comme pour essayer de lire jusqu'au fond de sa pensée.

— Si c'était le commandant?... — répéta la jeune fille d'une voix lente.

— Oui... — dit la mourante avec trouble et avec hésitation, tandis que des gouttes de sueur coulaient une à une sur son front semblable à de l'ivoire jauni—si c'était lui... que dirais-tu ?...

Pendant quelques minutes, Marguerite s'absorba dans une rêverie muette et profonde.

On eût dit qu'elle interrogeait son âme et son cœur, et qu'elle jetait la sonde dans les profondeurs de sentiments encore inexplorés par elle jusque-là...

Une ride imperceptible se creusait entre ses deux sourcils légèrement contractés, et ses regards avaient l'expression vague et distraite de ceux du savant qui cherche la solution d'un problème inouï : — le mouvement perpétuel ou la quadrature du cercle.

Nous ne saurions donner une idée exacte de l'anxiété avec laquelle Marie-Monique attendait la réponse que les lèvres roses de sa fille allaient formuler. — Réponse suprême faite à une mourante, et de laquelle tout l'avenir d'une orpheline allait dépendre.

Enfin un faible sourire se dessina sur la bouche de Marguerite — elle regarda de nouveau sa mère, et elle répondit :

— Vous me demandez ce que je dirais si c'était lui?... — Eh! bonne mère, je dirais : — Tant mieux!

— Vrai?... s'écria madame Chesnel ranimée par ces mots.

— Bien vrai, je vous assure. — Est-ce que cela vous étonne?...

— Non... mais pourtant...

Marie-Monique s'interrompit.

La jeune fille reprit :

— Puisqu'il me faut absolument un mari, je préfère de beaucoup le commandant à tous ceux qui auraient pu se présenter... — lui du moins, je le connais, — c'est un homme excellent, que j'aime déjà de tout mon cœur et comme s'il était mon père... — de là à l'aimer comme un mari, il n'y a qu'un pas... ajouta Marguerite dans son adorable candeur. — Je ne comprends pas extrêmement bien pourquoi l'idée de m'épouser lui est venue, mais enfin puisqu'il le désire, et vous aussi, moi j'y consens très-volontiers, et je suis sûre d'avance que nous serons, vous et moi, parfaitement heureuses avec lui... — Nous irons habiter sa maison de la rue de la Préfecture — le jardin est bien plus grand que celui-ci, et par conséquent nous aurons beaucoup plus de fleurs; — d'ailleurs le commandant est bien assez riche pour me permettre d'acheter des graines de toutes sortes, même les plus rares, et quelques livres sur la flore des jardins... — Cette petite maison peut devenir un véritable paradis terrestre... — allons, décidément, je suis fort contente de me marier... — Ce bon commandant, quand j'étais toute petite fille, il me faisait sauter sur ses genoux, je m'en souviens bien; — et maintenant je serai sa femme!... — c'est très-invraisemblable, mais c'est amusant... — on m'appellera madame... — madame de Ferny... — madame la comtesse de Ferny... — je n'en reviens pas!...

Et Marguerite se mit à rire, d'un rire d'enfant éclatant et sonore.

En écoutant parler sa fille, Marie-Monique se sentait renaître, et une joie presque divine — la dernière qu'elle pût éprouver en ce monde — inondait son âme.

Pendant un instant elle avait eu la crainte, mêlée d'amertume et d'angoisse, de sacrifier Marguerite en immolant à un vieillard sa jeunesse et sa virginité.

Et voici qu'au lieu de la résignation douloureuse d'une victime, elle rencontrait une satisfaction complète, enfantine peut-être, mais sans mélange!

Sa fille allait être heureuse!

Son dernier vœu serait exaucé!

Un hymne de reconnaissance ardente s'échappa du cœur de la mourante et monta vers Dieu, comme la sainte fumée des encensoirs s'élève vers le tabernacle.

Puis, après cette muette et fervente action de grâces, la mourante reprit :

— Eh bien, mon enfant chérie, puisque tu consens à ce mariage, — que je désire de toute mon âme, il faut bien que je l'avoue — il ne nous reste plus qu'à fixer le jour...

— Le jour de quoi, ma bonne mère? — demanda Marguerite.

— De ton union avec M. de Ferny...

— Déjà!...

— Mais, sans doute...

— Rien ne presse... — il est inutile, ce me semble, de nous hâter si fort...

— Ce n'est point là l'opinion du commandant, chère enfant bien-aimée...—ce n'est pas non plus mon avis... — quand elle est parfaitement convenue, irrévocablement décidée, pourquoi la remettre?...

—Attendons au moins que votre guérison soit complète...

— C'est surtout cela, chère fille, qu'il ne faut pas attendre...

— Pourquoi donc?

— Parce que ton mariage me remplira d'une joie si grande, que cette joie, je n'en puis douter, hâtera beaucoup ma convalescence...

— S'il doit en être ainsi, vous avez raison, ne perdons pas une minute.., — et cependant, il est une chose à laquelle je tiens plus qu'à tout au monde...

— Quelle est cette chose?...

— C'est votre présence à l'église pour la cérémonie... — il me semble que si vous n'étiez pas là, je ne serais pas bien mariée...

— Eh bien, nous allons chercher un moyen de te satisfaire...

— C'est cela, cherchons, et, surtout, trouvons...

— Qu'a dit le médecin? tu t'en souviens, n'est-ce pas?...

— Comment l'aurais-je oublié?... — il a dit que dans quinze jours votre maladie serait finie...

— Et, par conséquent, ma convalescence en bon train... — l'un ne va pas sans l'autre... — mais il avait compté sans la joie et sans la tranquillité d'esprit que je vais te devoir, qui sont deux souverains remèdes et qui ne manqueront point d'avancer ma guérison de quelques jours...— rien ne m'empêchera donc, dans douze jours, de t'accompagner à la mairie et à l'église...

— En êtes-vous bien sûre, bonne mère?...

— Je crois pouvoir te le promettre hardiment.

— Eh bien, puisqu'il ne dépend que de moi de hâter votre guérison, vous savez d'avance, mère chérie, que je n'hésiterai pas... — vous souhaitez que mon mariage ait lieu dans douze jours... que votre volonté soit faite, elle est aussi la mienne...

— Ah! — s'écria Marie-Monique avec une involontaire expansion, tandis que quelques larmes, tout à la fois amères et douces, coulaient de ses yeux; — ah! mon enfant, tu es un ange, et le bonheur est auprès de toi...

— Tant mieux! — répondit joyeusement Marguerite en embrassant sa mère —car alors vous serez heureuse, puisque nous ne nous quitterons jamais...

Au moment où la jeune fille prononçait ces derniers mots, on frappa doucement et d'une façon discrète à la porte qui donnait sur le jardin.

— C'est lui, sans doute... — dit Marie-Monique.

— Le commandant?...

— Oui; peut-il entrer?...

— Mais certainement... — répondit Marguerite.

La jeune fille, dans le jardin, arrosait ses fleurs. (P. 55).

Et elle ajouta, en riant et en se dirigeant vers la porte :

— Une femme ne doit jamais faire attendre son mari... même futur... — Vous voyez, ma mère, que je suis dans les bons principes...

En même temps elle ouvrit la porte.

Le commandant parut sur le seuil.

Il était pâle d'inquiétude, et tellement troublé, qu'en entrant dans la chambre il parut chancelant et prêt à tomber.

— Eh bien? — demanda-t-il à Marie-Monique d'une voix si agitée que le timbre en était méconnaissable — eh bien?...

— J'ai parlé à Marguerite... fit madame Chesnel.

— Et qu'a-t-elle dit?...

— Demandez-le-lui à elle-même, mon ami, elle vous répondra...

Le vieux soldat se tourna vers la jeune fille qui souriait, et, trop ému pour lui parler, il l'interrogea d'un regard qui révélait toutes ses anxiétés, toutes ses craintes, tous ses espoirs.

— Oui, je répondrai — dit Marguerite — et ma réponse ne se fera pas attendre... — comme à ma mère je vous répète, mon ami, que je consens de très-grand cœur à me marier avec vous... — j'ajouterai que je suis sûre que vous serez un excellent mari, et que je ferai, moi, tout au monde pour ne pas être une trop mauvaise femme.

M. de Ferny, enivré d'une joie surhumaine, fut au moment de se jeter aux genoux de Marguerite pour lui peindre mieux son délire.

Par bonheur il se souvint de son âge et de ses cheveux blancs, et en outre il se rappela que ses rhumatismes pourraient bien l'empêcher de se relever après sa génuflexion.

Ces souvenirs l'arrêtèrent fort à propos, et lui sauvèrent le ridicule ineffaçable dont il allait se couvrir aux yeux de la jeune fille, en jouant sottement le rôle d'un géronte amoureux.

Heureux de s'être contenu à temps, il prit la main que Marguerite lui tendait et il la porta à ses lèvres, en murmurant avec une émouvante simplicité :

— Dieu m'est témoin que je ne voudrais être plus jeune que pour avoir la certitude de vous rendre heureuse plus longtemps!...

XXI. — Mariée!

Loin de nous la volonté de poser Marguerite devant nos lecteurs comme une héroïne de courage et de dévouement filial, se sacrifiant sans une larme et sans une plainte pour donner à sa mère une joie et une tranquillité suprêmes.

Dans son entretien avec Marie-Monique, nous avons entendu la jeune fille prononcer une phrase qui rendait exactement sa pensée intime.

— Puisqu'il me faut absolument un mari — avait-elle dit — je préfère de beaucoup le commandant à tous ceux qui auraient pu se présenter...

Et elle avait ajouté :

— Lui, du moins, je le connais... — C'est un homme excellent, que j'aime déjà de tout mon cœur et comme s'il était mon père... — De là à l'aimer comme un mari, il n'y a qu'un pas...

En parlant ainsi, Marguerite avait dit la vérité, ou, du moins, ce que, dans son inexpérience virginale, elle prenait pour la vérité.

Cela s'explique.

Rare et charmante exception à une époque où la corruption de l'esprit, où la science du mal, n'attendent point le nombre des années, et où l'enfance, éclairée par des lueurs précoces et funestes, devine avec une clairvoyance effrayante les mystères de l'adolescence, Marguerite dans un cœur intact conservait tous les trésors de sa candeur primitive.

Sans doute l'ange gardien de l'adorable jeune fille, vigilant défenseur d'une si précieuse innocence, avait enveloppé de ses blanches ailes cette âme immaculée, pour la préserver de toute souillure.

Il avait réussi dans sa divine mission.

Marguerite, — au moment où nous venons de la mettre en scène, — était aussi pure, aussi profondément ignorante des choses de la chair qu'au jour de son baptème.

Pour elle le mot : *amour*, n'offrait aucun sens.

Elle ne soupçonnait point qu'il y eût dans le mariage autre chose que l'union des âmes.

Elle ne se doutait en aucune façon que dans la vie conjugale le corps eût à jouer un rôle.

Plus véritablement naïve que l'*Agnès* de Molière, elle était convaincue que la bénédiction du prêtre donnée aux époux agenouillés devant lui était l'unique cause de la maternité de la femme.

Ne faisant — et ne pouvant faire aucune différence entre la tendresse d'une fille pour son père et celle d'une femme pour son mari — il lui importait peu que ce mari fût un vieillard, puisque ce vieillard lui inspirait autant d'affection que de respect.

Aucune répugnance ne se mêlait donc au consentement qu'elle avait donné. — Aucune terreur ne se soulevait en elle à la pensée des embrassements d'un corps glacé par l'âge et galvanisé par la passion — des baisers d'une lèvre flétrie — enfin, de l'amour d'un vieillard !..

Dans son mariage avec le commandant elle ne voyait qu'un lien nouveau et plus fort l'attachant à un ami dévoué — la tranquillité de sa mère — et des fleurs abondantes dans un plus grand jardin.

Voilà tout.

Aussi son front était calme comme son cœur, et rien ne venait troubler la quiétude infinie de son âme candide.

Cette explication nous semblait indispensable pour bien faire comprendre l'attitude de Marguerite dans les circonstances où la jeune fille se trouvait placée, et où tant d'autres auraient éprouvé les angoisses d'une répulsion désespérée.

Maintenant que la situation est suffisamment éclaircie, rejoignons les personnages de notre récit.

— Mon ami — dit madame Chesnel au commandant — j'ai compris qu'aux joies vives et profondes il ne fallait apporter aucun retard, et j'ai décidé Marguerite, qui du reste y consentait volontiers, à fixer le jour de votre mariage.

— Et, ce jour ?... — demanda M. de Ferny, dont le cœur presque septuagénaire semblait battre dans une poitrine de vingt ans.

— Sera le douzième à partir d'aujourd'hui : — vous voyez, mon ami, que vous ne sauriez vous plaindre de nous... — La loi ne nous aurait point permis d'aller d'un jour ni d'une heure plus vite.....

— Ah! mon amie... mon amie... — balbutia le commandant — comment pourrai-je jamais vous remercier dignement ?... Comment vous prouver jamais ma reconnaissance ?

— En appréciant selon sa valeur le trésor que je vous confie... — répondit la mourante avec un doux et triste sourire — en rendant Marguerite heureuse.

— Est-ce que vous doutez qu'elle doive l'être ?...

— Est-ce que je vous la donnerais, si j'en doutais ?...

— Je suis fier de ce que vous venez de dire, et je bénis Dieu de ce que vous me connaissez si bien...

— Maintenant — fit madame Chesnel — occupons-nous de la partie matérielle de l'union qui va s'accomplir. — Marguerite, mon enfant, va dans l'autre chambre — ouvre le secrétaire — cherche dans le tiroir du milieu et apporte-moi une liasse de papiers attachés par un ruban noir...

— J'y vais, bonne mère...

Pendant son absence, qui ne dura que quelques secondes, Marie-Monique et le commandant n'échangèrent aucune parole.

Le commandant s'absorbait dans sa passion.

La mourante s'efforçait de sonder par la pensée les ténèbres mystérieuses de l'avenir.

La jeune fille rentra, apportant la liasse que lui avait demandée sa mère.

— Défais les cordons — lui dit cette dernière dont les mains étaient trop faibles pour s'acquitter de cette tâche si facile cependant.

Marguerite obéit.

— Bien. — Maintenant, mets ces papiers sur mes genoux...

Les mains tremblantes de Marie-Monique agitèrent pendant quelques instants les trois ou quatre feuilles timbrées sur lesquelles s'inscrivaient en caractères hiéroglyphiques et en langage judiciaire les grands événements de sa vie.

Il y avait son acte de mariage—l'acte de décès de Maurice — l'acte de naissance de Marguerite.

— Ah! — pensa la mourante, — il faut se hâter, — sans cela, mon acte mortuaire viendrait se joindre à celui de Maurice...

Puis, tout haut, elle dit :

— Commandant, prenez ces papiers et allez à la mairie sans perdre un instant, pour vous mettre en règle. — Vous irez ensuite à l'église et vous achèterez deux bans, de façon à ce qu'une seule publication soit nécessaire... — on la fera dimanche prochain...

— Ah! mon impatience égale la vôtre...

— C'est impossible, mon ami... vous savez pourquoi.

— Quant au notaire, c'est à vous de décider si vous jugez convenable de faire un contrat, puisque Marguerite ne vous apporte rien... décidez donc et j'approuverai d'avance le parti que vous prendrez...

— Je passerai chez le notaire en sortant de la mairie et de l'église et je lui donnerai les bases du contrat tel que je veux qu'il soit fait... — Vous convient-il qu'il apporte ici, demain, l'acte tout prêt et que nous n'aurons qu'à signer?

— Parfaitement.

— Quelle heure préférez-vous?...

— Craignez-vous donc que je ne sois sortie quand vous viendrez, mon ami? — demanda madame Chesnel avec ce sourire de résignation mélancolique dont elle avait pris l'habitude depuis quelque temps — que m'importe l'heure? — Est-ce que, maintenant, les heures existent pour moi?...

§

Le lendemain, dans l'après-midi, le commandant arriva avec le notaire, et la lecture du contrat fut faite à Marie-Monique.

Par cet acte, M. de Ferny assurait à mademoiselle Marguerite Chesnel la propriété complète et absolue de tout ce qu'il possédait.

— Est-ce bien ainsi? — demanda le vieillard.

— Ah! mon ami — répondit Marie-Monique — vous dépassez ma dernière espérance... — grâce à vous, je mourrai tranquille ..

A partir de ce moment, les préparatifs du mariage marchèrent rapidement.

M. de Ferny apporta les cadeaux d'usage à sa jeune fiancée : — une petite montre — quelques bijoux bien simples, — deux ou trois robes de couleur sombre.

Hélas! il savait bien que ces robes, la pauvre enfant ne pourrait pas les porter de sitôt, et que, presque au sortir de la cérémonie nuptiale, il lui faudrait échanger sa virginale parure contre les vêtements de deuil!...

Le commandant ne se trompait pas plus que ne s'était trompé le médecin.

En effet, à mesure que passaient les jours, la faiblesse déjà si effrayante de madame Chesnel augmentait.

Vainement la mourante s'efforçait de dissimuler à Marguerite les progrès de la mort qui déjà s'emparait de sa proie tout entière, — la jeune fille s'apercevait bien que cette convalescence sur laquelle elle avait compté semblait reculer d'heure en heure.

Elle se faisait encore illusion cependant sur l'état de Marie-Monique, et elle continuait à espérer.

Soutenue par cet espoir, et désirant avec ardeur que sa mère pût assister à son mariage, elle demanda avec instance, à deux ou trois reprises, que le jour de la cérémonie fût retardé indéfiniment.

Madame Chesnel ne voulait pas et ne pouvait pas admettre un retard.

Elle sentait littéralement la terre manquer sous ses pieds, et elle voulait ne descendre dans sa fosse qu'avec une certitude au lieu d'une espérance.

Les choses suivirent donc leur cours, à la grande douleur de Marguerite, qui répétait :

— Je vais être à l'église toute seule... sans ma mère, qui est toute ma famille... j'aurai l'air d'une pauvre fille abandonnée!...

. . . .

Le douzième jour arriva.

Marguerite, le cœur bien gros et les yeux rougis par les pleurs, s'habilla tout de blanc et attacha sur ses admirables cheveux bruns la couronne de fleurs d'oranger et le long voile flottant.

Sous ces amples vêtements sans tache, et avec son visage aussi pâle que s'il eût été modelé en cire, la jeune fille ressemblait à une statue de la Vierge taillée dans un bloc de marbre.

Le commandant vint en voiture, avec ses témoins, chercher sa triste fiancée.

Avant de suivre le vieillard auquel elle allait enchaîner sa vie, Marguerite se jeta aux genoux de sa mère et fondit en larmes. — On eût dit que son cœur allait se briser tant ses sanglots étaient convulsifs.

M. de Ferny se méprit sur la cause de cette crise.

— Marguerite, mon enfant — dit-il d'une voix émue, mais ferme cependant, — si vous avez réfléchi au grand acte qui va s'accomplir... si la pensée d'une union avec moi vous épouvante, il est temps encore de vous arrêter!... — dois-je vous rendre votre parole?...

Marguerite se tourna vers le commandant, et cherchant à lui sourire à travers ses pleurs, elle répondit :

— Non, mon ami, je ne veux pas m'arrêter... — j'ai consenti librement à devenir votre femme... — je n'ai point changé... — je consens toujours... — ma tristesse ne vient pas de là... — si ma mère pouvait nous accompagner, je ne pleurerais plus et je serais joyeuse...

Marie-Monique appuya ses mains défaillantes sur le front de sa fille agenouillée.

— Mon enfant... mon enfant chérie... ma fille bien-aimée — lui dit-elle, — c'est mon corps seul qui va rester ici... — Ma pensée, mes prières ne te quitteront pas d'un instant... — j'ai été heureuse par toi depuis ta naissance... — heureuse par toi je serai jusqu'à la fin...
— Je te bénis, ma fille... je te bénis...

Puis, se tournant vers M. de Ferny que la réponse de Marguerite avait soulagé d'un poids écrasant, elle ajouta :

— Ramenez-la bien vite, mon ami...

§

Ce fut un mariage lugubre et dont quelques-uns des habitants de Vesoul se souviennent encore.

Tout le monde connaissait le commandant.

Chacun savait que Marguerite Chesnel avait dix-sept ans à peine et qu'elle était la plus jolie fille de la ville et des environs.

L'union de cette enfant ravissante avec ce vieillard presque septuagénaire avait attiré dans l'église un assez grand nombre de curieux.

La pâleur de la fiancée — son visage charmant, marbré de récentes traces de larmes encore mal essuyées, furent l'objet d'innombrables commentaires, généralement malveillants.

On affirma que Marguerite, en marchant à l'autel, subissait une contrainte à laquelle elle n'osait pas résister.

On prédit qu'un semblable mariage, qui faisait évidemment le malheur d'une jeune fille désespérée, ne pouvait être heureux dans l'avenir et porterait bien vite des fruits amers pour le commandant.

A plus d'une reprise fut prononcé ce vieux mot si net et si précis du langage de nos pères — ce mot qu'on retrouve à chaque pas dans les comédies de Molière — ce mot devant lequel Paul de Kock n'a point reculé et qu'il a mis en tête d'un de ses romans les plus populaires — ce mot enfin, que, moins hardi, nous remplaçons par des synonymes et par des périphrases pour nous conformer à la pruderie d'une époque d'autant plus hypocrite qu'elle est plus corrompue.

Bref, les trois quarts au moins des curieux déclarèrent que M. de Ferny serait — et cela par sa propre faute — le plus *prédestiné* des maris du passé, du présent et de l'avenir !

On ne négligea point, croyez-le bien, de jeter la pierre à madame Chesnel, et l'opinion générale fut qu'elle vendait sa fille au commandant.

— Mais ça ne lui portera point bonheur ! — fit observer une digne femme qui se signalait par son acharnement contre le commandant et contre Marie-Monique. — Non, ça ne lui portera point bonheur !... — sans ça le bon Dieu ne serait pas juste !

Tandis que s'échangeaient ces propos, la cérémonie s'achevait et Marguerite Chesnel était, devant Dieu et devant les hommes, la comtesse Marguerite de Ferny.

XXII. — Une mort. — Un salon.

Évitons de pénibles et inutiles détails.

Ne nous appesantissons pas sur des scènes douloureuses ; — ne transformons point les pages de ce livre en un procès-verbal des derniers jours et des dernières heures de la lente agonie de Marie-Monique.

Disons ce qu'il importe de faire connaître à nos lecteurs et glissons rapidement sur le reste.

Le commandant savait, il n'en pouvait douter, que la vie de madame Chesnel ne se prolongerait point au-delà du quinzième jour, par conséquent il ne pouvait songer à emmener la jeune femme de la maison de sa mère mourante avant l'inévitable et imminente catastrophe.

A partir du moment où les nouveaux époux revinrent de l'église, jusqu'à celui de la mort de Marie-Monique, il n'y eut donc rien de changé dans l'existence de Marguerite.

Au lieu de se nommer mademoiselle Chesnel, elle se nomma madame de Ferny.

Voilà tout.

Elle n'était d'ailleurs — quoique mariée — ni plus ni moins jeune fille qu'avant la bénédiction nuptiale.

Dans ses rares tête-à-tête avec Marguerite, le commandant — qui chaque soir regagnait son propre logis — n'avait d'autre préoccupation que de préparer peu à peu la jeune enfant au coup terrible qui la menaçait, en lui enlevant, par des gradations habilement ménagées et avec des délicatesses infinies, les illusions qu'elle s'obstinait à conserver malgré l'évidence.

Enfin, Marguerite fut amenée par lui à cette conviction terrible que pour sauver Marie-Monique il fallait un miracle.

Alors, dans son ardent amour pour sa mère — dans sa foi sublime en Dieu — elle ne perdit pas encore tout espoir ; — elle pria, comme savent prier les âmes ardentes et convaincues, — elle implora du ciel le miracle nécessaire ; — elle cria, de toute la force de sa jeunesse et de son désespoir :

— Mon Dieu... Dieu tout-puissant et bon, ne laissez pas mourir ma mère, et, en échange de sa vie, prenez la mienne... — ou, si vous l'appelez à vous, appelez-moi en même temps !

Inutiles prières et larmes perdues !...

Dieu n'écouta pas, — ou Dieu ne voulut pas entendre !

Le quinzième jour arriva.

C'était le dernier du sursis que le mal implacable accordait à la condamnée.

Marie-Monique était si faible que c'est à peine si sa voix pouvait se faire entendre.

Comme de coutume, la mourante avait voulu qu'on la portât dans son fauteuil, auprès de la cheminée de la première chambre.

Vers midi, elle demanda un prêtre et s'entretint longtemps avec lui...

Que pouvait-elle lui dire ?

Dans la vie tout entière de la pauvre femme il n'y avait pas une faute — il n'y avait pas une tache.

— Ame vraiment grande et pure, envolez-vous en paix ! — telle fut la dernière parole du prêtre.

Après son départ, la mourante fit un signe à Marguerite et au commandant.

— Restez près de moi — murmura-t-elle — près de moi, tous les deux...

Le ciel était bas et sombre. — Il pleuvait. — Les carreaux de la vie tout tamisaient qu'un jour douteux.

— La nuit vient — répéta deux fois Marie-Monique — la nuit vient...

Puis elle se tut.

Ses yeux restaient largement ouverts.

On entendait, dans le silence, le bruit de sa respiration inégale et haletante.

Marguerite, immobile et muette, ressemblait à une statue de la douleur.

Sur son visage livide et contracté coulaient une à une, et sans cesse, des larmes silencieuses qui mouillaient le corsage de sa robe.

Elle ne savait même pas qu'elle pleurait !

On voyait ses lèvres remuer, comme si elle avait prononcé des paroles incessamment répétées.

C'était sa prière à Dieu, — sa prière pour demander un miracle — qu'elle ne se lassait point de redire.

Quelques heures se passèrent ainsi.

Tout à coup la mourante fit un mouvement.

— Marguerite ; — balbutia-t-elle.

De ses deux mains, Marguerite essuya ses yeux et se pencha vers sa mère.

— Embrasse-moi... — mon enfant, — balbutia Marie-Monique.

La jeune femme attacha ses lèvres avec une ardeur délirante sur le front et sur les joues de l'agonisante.

Marie-Monique continua :

— Voilà que le sommeil arrive... — assieds-toi à mes pieds, ma fille... — Prends ma main... place-la sur ta tête... je veux, en m'endormant, te sentir auprès de moi... il fait si sombre... je ne te vois plus... la nuit est venue bien vite aujourd'hui...

Puis, s'adressant au commandant, elle poursuivit :

— Et vous... mon ami... l'autre main... prenez-la dans les vôtres... ainsi... c'est bien ainsi...

Le vieillard et la jeune femme avaient obéi.

Marie-Monique, pour la seconde fois, répéta d'une voix lente et presque indistincte :

— Oui... voilà que le sommeil arrive...

Sa tête s'appuya en arrière contre le dossier du fauteuil... Ses yeux se fermèrent...

Ses lèvres eurent un dernier sourire...

Elle dormait.

— Ah ! — pensa Marguerite en regardant sa mère et en voyant le sourire empreint sur sa bouche, — si Dieu m'avait écoutée, pourtant!... si le miracle s'accomplissait!...

Et l'espérance, presque naufragée, remonta à la surface de son âme.

Au bout d'une heure à peu près, le commandant fit un mouvement brusque,— ses sourcils se contractèrent, — son visage bronzé pâlit.

Il venait de sentir la main de Marie-Monique se roidir et se glacer dans les siennes.

— Prenez garde... oh ! prenez garde, mon ami... — dit vivement Marguerite, — vous allez réveiller ma mère...

— Pauvre enfant... pauvre enfant... — répondit le vieillard en prenant la jeune femme dans ses bras et en l'appuyant contre son cœur,— hélas!... hélas! sur cette terre il ne vous reste plus que moi!...

— Ah! — cria d'une voix déchirante Marguerite, qui comprit la vérité terrible,—ah! ma mère!... ma mère! ma mère!...

Et, se dégageant de l'étreinte de son mari,—se jetant à genoux, le visage enfoui dans les vêtements de celle qui n'était plus qu'un cadavre, elle reprit :

— Ma mère est morte!... je veux mourir!...

§

Laissons s'écouler un intervalle de quatre ou cinq mois, et pénétrons dans la maison de M. de Ferny, cette petite maison si gaie et si riante, dont nous avons montré précédemment à nos lecteurs les murailles fraîchement crépies et peintes, la porte aux cuivres éblouissants et la terrasse couronnée de ses berceaux de pampres verts.

C'était au milieu de l'hiver.

Un feu de grosses bûches brûlait dans la cheminée d'un salon de moyenne grandeur, garni de meubles du temps de l'Empire, recouverts en velours d'Utrecht d'un jaune un peu fané.

Sur le manteau de cette cheminée en marbre de Sainte-Anne, on voyait une lourde pendule,— du même style et de la même époque que les meubles , — représentant un Apollon doré, debout sur un char également doré et conduisant un attelage de quatre chevaux de bronze vert.

A droite et à gauche, des vases de porcelaine, — imitation de Sèvres, — ornés de peintures figurant des trophées d'armes.

De chaque côté de ces vases, — et complétant la garniture, — de roides candélabres, moitié or et moitié bronze.

Dans chacun des quatre panneaux du salon se trouvaient de grands portraits en pied très-anciens, dans des cadres de bois sculpté d'un admirable travail.

Ces portraits,—uniques débris de la splendeur passée de la vieille famille de Ferny, — étaient ceux de quatre des ancêtres du commandant.

Ces hommes de guerre, — ces capitaines bardés de fer, — dont les chroniques franc-comtoises relatent avec soin les faits et gestes, — avaient de rudes visages et des tournures martiales pleines de noblesse et de fierté.

Dans l'angle de chacun de ces portraits étincelait l'écusson des Ferny, — mi-parti de gueules et de sable au léopard passant,—timbré de la couronne de comte.

Ces antiques peintures auraient suffi pour donner un fort grand air au salon, si le vieux soldat, faisant preuve du mauvais goût le plus déplorable, n'avait imaginé de placer à droite, à gauche, et au-dessous de ces cadres splendides, partout enfin, des gravures à la manière noire retraçant des batailles de l'Empire.

Signaler la présence de gravures à la manière noire (Jazet d'après Vernet) ! — c'est tout dire!...

Il y avait en outre dans ce salon un trophée d'armes et un râtelier d'acajou auquel s'accrochaient en bon ordre les pipes du commandant.

Devant les deux fenêtres, de larges jardinières rustiques, remplies de plantes grasses, suffisaient à témoigner de la présence de Marguerite dans la maison, — car la passion des fleurs semblait difficilement compatible avec les goûts et les habitudes du vieux soldat.

Enfin,—dernier détail d'un mobilier qu'il nous fallait bien photographier, au risque d'être accusé comme le grand Balzac, notre illustre maître, de faire concurrence aux procès-verbaux des commissaires priseurs, — deux sièges plus amples et plus comfortables que les odieux fauteuils de l'époque impériale, étaient destinés, à droite et à gauche de la cheminée, au maître et à la maîtresse de la maison.

Et ici, qu'il nous soit permis d'ouvrir une parenthèse de quelques lignes, pour plaider, devant nos lecteurs bienveillants, la cause intéressante des romanciers *exacts* et consciencieux.

Le bon public qui fait aux pauvres romans contemporains l'honneur de les feuilleter, n'accepte les descriptions d'intérieur qu'à son corps défendant, — en d'autres termes, il est bien forcé de les laisser dans le volume, puisqu'elles s'y trouvent; mais il a le plus grand soin de tourner la page ou les pages qui les contiennent et de n'en jamais lire mot.

Il est, de plus, intimement convaincu que tout écrivain qui se livre à une description, ne le fait que pour *tirer à la ligne,* en une heure de paresse, et pour s'épargner la peine de chercher et d'enchaîner les idées.

Ceci, nous sommes bien forcés de le constater, est une erreur des plus profondes, et, en même temps, des plus absurdes! L'un des principaux mérites du roman moderne, — si tant pourtant est qu'il ait des mérites quelconques, — consiste dans la fidélité en quelque sorte daguerrienne avec laquelle il dessine ses personnages après les avoir minutieusement étudiés.

Lisez plutôt *Madame Bovary,* — un des livres les plus remarquables de notre temps, quoi qu'en disent les détracteurs et les envieux.

Cette fidélité, cette exactitude que nous venons de signaler, on les accepte, on les admire...

Pourquoi donc alors ne pas comprendre l'absolue nécessité des descriptions dans certaines circonstances.

L'appareil photographique, en reproduisant un tableau, reproduit aussi son cadre.

Qu'est-ce, après tout, qu'un intérieur, si ce n'est le cadre de la personne qui passe sa vie dans cet intérieur?

Croyez-vous, d'ailleurs, que l'aménagement et l'ameublement des lieux habités ne disent rien sur le caractère et les habitudes de ceux qui les habitent?

Cette opinion ne pourrait se soutenir.

Un axiome ainsi formulé : — *L'appartement c'est l'homme!* — devrait être inscrit sur l'une des pages du grand livre de la sagesse des nations.

Rien ne serait plus juste et plus vrai.

Le logis de l'artiste ressemble-t-il à celui du bourgeois? — le salon de l'homme d'affaires a-t-il le moindre rapport avec le salon du savant? — et celui du banquier avec celui du grand seigneur?

Non! cent fois non!...

Étudiez donc les meubles, si vous voulez connaître les hommes, et, pour qu'un portrait soit ressemblant, ne demandez plus à ce qu'on l'isole de son encadrement naturel!

Il ne nous reste qu'à demander pardon de cette digression, et à reprendre notre récit.

C'est ce que nous allons faire.

XXIII. — Souffrances inconnues.

Au moment où nous venons d'introduire nos lecteurs dans le salon de la petite maison du commandant, par un jour d'hiver et vers les trois heures de l'après-midi, le vieillard et sa jeune femme étaient assis en face l'un de l'autre sur les deux sièges capitonnés qui se trouvaient aux deux angles de la cheminée.

Le commandant, un bonnet de velours noir sur la tête, et vêtu d'une sorte de veste en étoffe épaisse à longs poils, avait les jambes croisées l'une sur l'autre et fumait une grosse pipe d'écume de mer, merveilleusement culottée, tout en parcourant d'un œil assez distrait les interminables colonnes d'un journal.

De temps en temps, et au moment où ses lèvres venaient de laisser échapper une formidable bouffée de fumée, celle de ses mains qui soutenait le journal s'abaissait, son regard passait par-dessus la marge grisâtre de la feuille politique, et s'attachait avec une expression manifeste d'anxiété et de déplaisir sur le visage de Marguerite placée en face de lui.

La jeune femme était assise, ou plutôt renversée en arrière, dans une attitude profondément triste et découragée.

Elle portait le grand deuil de sa mère, et les teintes mates d'une robe de laine noire rendaient plus frappants la pâleur de son doux visage et le cercle bleuâtre tracé sous les contours si fins et si délicats de ses paupières.

Ses lèvres mêmes semblaient pâlies et n'offraient plus cette charmante couleur pourpre si vive qui les faisait ressembler à des cerises mûres.

Marguerite tenait un ouvrage de broderie auquel elle avait travaillé sans doute.

Mais bientôt son aiguille, échappée de sa main distraite, était tombée sur ses genoux sans qu'elle eût songé à la relever.

Maintenant sa tête s'appuyait au dossier du fauteuil et ses regards se fixaient avec une immobilité étrange sur les flammes du foyer qu'à coup sûr ils ne voyaient pas.

Enfin, une larme furtive roula sur les prunelles sombres de la jeune fille, — se suspendit à l'extrémité recourbée de ses longs cils, comme une perle ou comme une goutte de rosée, et tomba sur sa joue, satin vivant, où elle se sécha.

Quelles amères pensées absorbaient donc ainsi Marguerite et lui faisaient tout oublier?

A quelles angoisses secrètes s'abandonnait-elle sans résistance, ainsi qu'un nageur dont les forces sont épuisées, et qui, lassé d'une impuissante lutte, se livre au courant qui l'entraîne...

Pour répondre à la double question que nous venons de formuler, toutes les pages de cette étude ne suffiraient pas.

Nous remplirions des volumes si nous voulions analyser les douleurs sans cesse renaissantes subies par la pauvre enfant depuis la mort de Marie-Monique, — douleurs d'autant plus poignantes, qu'il lui fallait les concentrer en elle-même et les accueillir avec une muette résignation.

Ce fut d'abord le désespoir sans bornes de l'orpheline en entendant clouer les planches du cercueil sur le cadavre de sa mère... — Mais au moins ce désespoir pouvait s'épancher.

Le patient, dont les outils du chirurgien tenaillent et martyrisent la chair vive, se soulage en poussant des cris.

Il en fut de même pour Marguerite.

Mais de nouvelles souffrances arrivèrent, — souffrances auxquelles nulle autre douleur ne se peut comparer.

Celles-là, Marguerite n'avait pu les prévoir, — il lui fallait les garder secrètes, les cacher à tous les yeux, comme on cache une plaie honteuse, — et nous ne pouvons qu'en indiquer en quelques mots la nature, car le terrain sur lequel il nous faudra marcher est brûlant.

Dès le lendemain de la mort de madame Chesnel, le commandant emmena sa jeune fiancée dans sa maison.

Nous disons le lendemain, car l'orpheline avait passé la nuit tout entière agenouillée auprès de la couche funèbre.

Pendant quelques jours, et afin de laisser aux premiers éclats de désespoir le temps de se calmer, M. de Ferny prit assez sur lui pour traiter sa femme avec une tendresse affectueuse et tout paternelle.

Il avait été l'ami sincère de madame Chesnel, — il la pleurait avec Marguerite, qui versait dans son sein le trop plein de sa douleur, et qui, touchée de se voir si bien comprise, sentait redoubler sa filiale affection pour le commandant.

Mais bientôt ce dernier, avec l'égoïsme de la passion, compliqué de l'égoïsme naturel aux vieillards, trouva que Marguerite avait assez pleuré, ou tout au moins que son chagrin commençait à se montrer trop exclusif.

Il oublia tout, pour ne plus se souvenir que de son amour et de ses droits.

Quand une tendresse mutuelle ne vient pas les rendre sacrés, les droits du mariage sont hideux, — surtout lorsqu'il s'agit de la déplorable union d'un vieillard et d'un enfant!...

Marguerite ne comprit pas d'abord...

Mais bientôt la lumière se fit... — bientôt le voile déchiré largement lui montra la repoussante réalité.

La fille chaste et pure à qui son misérable père viendrait adresser d'incestueuses propositions, n'éprouverait pas une horreur plus répulsive, un dégoût plus profond, que ne le furent l'horreur et le dégoût de l'épouse encore vierge, quand des lueurs fatales eurent éclairé l'abîme au fond duquel il lui fallait tomber, poussée par le consentement irraisonné qui l'avait jadis faite légalement l'esclave du vieillard !...

Combien Marguerite eût trouvé doux de mourir alors ! Mais la mort ne voulait pas d'elle.

Comme elle eût béni Dieu, si Dieu lui eût offert de la rendre libre, à la condition qu'elle tendrait la main pour vivre, et qu'elle mangerait le pain de l'aumône !...

Mais Dieu ne se montrait point; et le mariage est indissoluble, — et les droits d'un mari sont incontestables et imprescriptibles.

Personne n'ignore que le devoir de tout commissaire de police serait de se mettre, lui et son écharpe, à la disposition du mari dont la femme refuserait de se laisser aimer, pour faire rentrer dans le devoir la récalcitrante, et la contraindre à obéir au précepte qui dit : — *Croissez et multipliez !*...

Au besoin, la force armée interviendrait, sous la forme de quatre hommes et d'un caporal.

Et ce serait justice en thèse générale.

Il faut bien que la force reste à la loi !... — D'ailleurs, où donc sont-elles, de notre temps, les jeunes filles qui, en prononçant le *oui* solennel, ne savent pas à quoi elles s'engagent?

L'exception fortifie la règle, — cela est vrai, dans la vie comme dans la grammaire, — et Marguerite était une éclatante exception à la règle générale.

La pauvre enfant envisagea d'un seul regard toute l'étendue du malheur qu'elle avait accepté.

Elle se soumit, — elle se résigna, sans une plainte et sans un murmure.

Elle cacha ses répulsions, — elle déguisa les révoltes de tout son être. — Elle eut la docilité passive des odalisques du harem d'un vieux pacha.

Seulement, il nous faut renoncer à donner une idée, même imparfaite, de ses souffrances de chaque jour et des terreurs de ses nuits troublées.

Dans ses rêves eux-mêmes revenaient des souvenirs et des images qui la faisaient frémir et qui la réveillaient en sursaut, baignée d'une sueur froide.

Enfin, elle en était arrivée à éprouver pour le commandant un sentiment bizarre et complexe.

Une partie de son affection d'autrefois pour l'ami de son enfance subsistait encore.

Elle l'aimait comme son père, et elle savait rendre justice à toutes ses grandes qualités, — mais comme mari, il lui faisait horreur.

Elle tendait son front avec joie à une caresse chaste, à un baiser tout paternel.

Mais, quand les lèvres du vieillard cherchaient ses lèvres, elle sentait son cœur s'arrêter et tous ses sens frissonnaient.

Le commandant, dont la nature était composée de noblesse et de trivialité, ne comprenait qu'à demi ce qui se passait dans l'esprit et dans le cœur de sa jeune femme.

Il s'apercevait bien qu'affectueuse et tendre avec lui, mais d'une tendresse purement filiale, elle devenait d'une froideur de glace dans ses bras, — pareille à une statue soumise, — et il s'en irritait sourdement.

Puis, par moments, il se prenait à réfléchir. — Il songeait à son âge, à celui de Marguerite. — Il devinait vaguement la répulsion qu'il devait lui inspirer, et alors il s'efforçait de ne plus l'aimer que comme si elle eût été sa fille.

Mais bientôt ses sens, un instant calmés, reprenaient leur empire. Il oubliait ses soixante et dix ans.

Il se croyait jeune parce qu'il avait conservé les passions et les désirs de la jeunesse.

Il se disait :

— Après tout, elle est à moi !

Et le martyre de Marguerite continuait.

Presque chaque jour, la scène muette que nous avons retracée au commencement de ce chapitre se jouait dans le salon du commandant.

La jeune femme laissait tomber son ouvrage et s'absorbait à son insu dans de longues et douloureuses rêveries.

M. de Ferny, inquiet et irrité de cette tristesse, épiait les impressions pénibles qui se reflétaient sur le visage de Marguerite, et comptait avec rage les larmes qui coulaient de ses yeux.

— Je ne veux que son bonheur ! — pensait-il, — pourquoi donc est-elle malheureuse?

Ce jour-là, il s'était posé dix fois de suite la question que nous venons de reproduire, et, naturellement, il n'avait pas pu se répondre.

— Marguerite! dit-il d'un ton brusque.

La jeune femme tressaillit comme quelqu'un qu'on éveille.

— Mon ami ?... — demanda-t-elle en se penchant vers le vieillard et en essayant de lui sourire.

— Qu'avez-vous donc?

— Moi, mon ami ? ... — fit-elle avec surprise.

— Oui, vous.

— Mais... je n'ai rien. — Que voulez-vous que j'aie?

— Alors, pourquoi pleurez-vous ?

— Est-ce que je pleure?

— Tenez, vous avez là, sur la joue, une larme à peine séchée...

— Je l'ignorais, je vous assure...

— Est-ce que vous êtes souffrante?

— Non, mon ami, en aucune façon, — je ne me suis jamais mieux portée.

— A quoi pensiez-vous tout à l'heure?

— Je pensais à ma mère...

— Votre mère... — répéta le commandant, — croyez-vous qu'elle serait heureuse, la pauvre chère femme, si elle vous voyait comme vous êtes!...

— Comment suis-je donc?

— Toujours triste, — toujours en larmes !...

— Songez donc, mon ami, qu'il ne s'est écoulé qu'un temps bien court depuis le malheur qui m'a frappée... — j'aimais si tendrement ma mère... comment serais-je consolée déjà?

— Je comprends bien ce chagrin-là, Marguerite, et je le partage, — mais n'en avez-vous aucun autre?...

— Quel autre chagrin pourrais-je avoir?

— Je ne sais, puisque je vous le demande.

— Non, mon ami, je n'en ai pas.

— Bien vrai?

— Oui, certes, bien vrai.

— Vous ne vous trouvez pas malheureuse?

— Comment serais-je malheureuse?... vous êtes si bon pour moi...

— Me trouvez-vous réellement bon, Marguerite?

— Je ne m'explique point, mon ami, que vous en paraissiez douter...

— Je puis donc espérer, alors, qu'un jour vous reprendrez ce visage riant que j'aimais tant vous voir autrefois?

— Laissez le temps faire son œuvre, mon ami... — il verse du baume sur toutes les blessures... — il me permettra, non point d'oublier ma mère, mais de me consoler de sa perte en songeant qu'elle est au ciel et qu'elle me bénit en me regardant...— Un jour, n'en doutez pas, mes lèvres rapprendront à sourire...

— Dieu veuille que ce jour vienne bientôt!... — murmura le commandant.

Puis il ajouta :

— Voulez-vous venir faire un tour de promenade hors de la ville?

— Vous savez bien, mon ami, que tout ce que vous voulez, je le veux...

— Mais, le désirez-vous?

— Sans doute.

— Eh bien, je vais m'habiller,— apprêtez-vous.

Le commandant mit une longue redingote de coupe militaire à la place de sa veste de chambre. — Un chapeau remplaça son bonnet de velours.—Il prit ses gants de peau de daim et sa canne.

Marguerite s'enveloppa dans un châle noir et se coiffa d'un chapeau de crêpe.

Puis tous deux sortirent ensemble.

La scène d'intérieur que nous venons de mettre sous les yeux de nos lecteurs se renouvelait à peu près chaque après-midi, avec de très-légères variantes.

§

Le printemps arriva.

La vie de la jeune femme devint alors un peu moins triste. — Le jardin à cultiver, les fleurs à voir grandir et se développer, lui apportèrent quelques distractions et même quelques joies.

M. de Ferny lui fit faire en Suisse un voyage d'une quinzaine de jours. — La vue de cette grandiose et sublime nature ranima Marguerite et mit de légères teintes roses parmi la sinistre pâleur de ses joues.

A Genève, sur le quai de Bergues, la jeune femme et son mari rencontrèrent un petit garçon tenant en laisse trois levrettes blanches qu'il offrait aux passants au prix de vingt francs chacune.

Marguerite supplia le commandant de lui acheter l'une de ces charmantes bêtes, et M. de Ferny céda.

La levrette fut nommée Gibby et devint la fidèle amie, la compagne, la consolation de sa jeune maîtresse.

Les jours et les mois se suivirent et se ressemblèrent, et nul changement notable n'était survenu dans la situation du ménage de la rue de la Préfecture, à l'époque où, un soir de musique militaire, sur la promenade publique de Vesoul, Gibby se prit d'une si étroite affection pour l'étranger que nous connaissons sous le nom d'Henry Varner.

XXIV. — Lettre n° 1.

Au moment où Henry Varner venait de se décider à ne point prendre place dans la diligence qu'il attendait depuis la veille avec une impatience si grande en apparence, et où, après avoir donné l'ordre de lui envoyer le lendemain matin ses bagages à l'hôtel de la Madeleine, il quittait le bureau des messageries Laffitte et Caillard, un employé (nos lecteurs s'en souviennent-ils?) — le regardait s'éloigner, en se disant :

— Voilà un monsieur qui, très-certainement, a la tête à l'envers!...

Et nous avons cru devoir ajouter, en manière d'interrogation :

— Était-ce la tête ou le cœur?

Il est vraisemblable que la lettre suivante, écrite par Henry Varner à un de ses amis, répondra à cette question d'une façon très-suffisamment péremptoire.

Quoi qu'il en soit, voici cette lettre :

« Tu vas être bien surpris, mon cher ami, d'abord en recevant de mes nouvelles, chose à laquelle je ne t'ai guère habitué depuis mon départ,— et surtout en voyant de quel endroit te date ces lignes jetées à la hâte sur un papier d'auberge...

« Te voici convaincu, n'est-ce pas, avant toute espèce d'informations, que je dois avoir une ou deux jambes cassées, pour le moins, et que c'est de mon lit que je t'écris...

« Rassure-toi, — je me porte à merveille, et ce n'est point un cas de force majeure qui me retient dans la petite ville où je me trouve en ce moment, à quatre-vingt-dix lieues de Paris.

« Tu te demandes, sans aucun doute, pourquoi je reste dans cette petite ville?

« Un peu de patience, mon ami, — c'est précisément pour te l'apprendre que je t'écris.

« Comme tu le sais aussi bien que moi, j'ai quitté, il y a de cela quatorze mois, Paris où les soupers et les pécheresses commençaient à me paraître singulièrement monotones, et je suis parti pour un grand voyage d'exploration artistique.

« Mon itinéraire n'était tracé que d'une façon assez vague.

« Je comptais cependant visiter l'Italie,— l'Algérie,— Constantinople et la Grèce.

« J'ai rempli fort exactement les conditions du programme que je m'étais à peu près donné, et je débarquais au commencement du mois dernier à Marseille, sain de corps et d'esprit, mais un peu fatigué de mes longues excursions sur terre et sur mer.

« Pour me remettre de cette fatigue, je ne trouvai rien de mieux que d'aller passer une saison aux eaux de Plombières, et, parfaitement satisfait du résultat de mes bains, je pris place, il y a quelques jours, dans un véhicule qui me déposa sur le pavé de Vesoul, d'où je comptais repartir le soir même, ce qui, le surlendemain, m'aurait permis de te serrer la main.

« Tu sais le proverbe : L'homme propose et Dieu dispose!...

« Si ce proverbe dit vrai, tu vas voir que Dieu s'est donné le plaisir de disposer les choses d'une façon bien singulière.

« Le soir arrive,— les diligences passent! — chargement complet,— pas une seule place, ni dedans, ni dessus, ni dessous!...

« Je reste plus que jamais sur le pavé,—désappointé, — furieux,— jurant, —pestant, etc...

« La journée du lendemain s'écoule.

« Comme la veille, j'attends la diligence.

« Elle arrive...

« — Eh! quoi! — te dis-tu? — encore complète!...

« Ah! bien oui!... — elle était à moitié vide, au contraire; — le conducteur m'offrait une demi-douzaine de places pour moi tout seul .. — y compris le coupé tout entier...

« J'en profitai pour ne point partir...

« Bref, je suis encore à Vesoul, et je ne sais pas quand j'en sortirai...

« Je t'entends, d'ici, t'écrier :

« — Pourquoi?...

« Tout simplement parce qu'une levrette blanche a trouvé bon de me prendre en amitié et de me donner de nombreuses preuves de sa sympathie...

« Oui, mon ami, tu as bien lu... — Je dépends en ce moment d'une levrette blanche qui répond au nom de Gibby... (te souvient-il de Gibby-la-Cornemuse, à l'Opéra-Comique, et du souper que nous avons fait, avec Mogador et Rose-Pompon, le soir de la première représentation?...)

« Je te dois d'ailleurs une explication au sujet de l'influence prise sur moi par la petite bête en question, et je vais te la donner sur-le-champ.

« Gibby n'est point une chienne abandonnée...

« Gibby possède une maîtresse, et cette maîtresse est une ravissante femme de dix-neuf ans, mariée à un ex-commandant en retraite, plus vieux de quelques années que ce perroquet que nous connaissons rue de la Chaussée-d'Antin, et qui, provenant de l'héritage d'un bisaïeul, doit avoir, à l'heure qu'il est, tout au bas mot cent quinze ou cent vingt ans!...

« Comprends-tu maintenant pourquoi Gibby m'enchaîne à son char?...

« Moque-toi de moi tout à ton aise, ou plutôt plains-moi, car je suis amoureux, et je ne sais pas du tout à quoi cet amour me conduira.

. . . .

§

Ici la lettre d'Henry Varner entrait dans de longs et minutieux détails, relatifs aux faits que nos lecteurs connaissent déjà.

Le jeune homme racontait sa première entrevue sur

Je te bénis, ma fille (P. 59).

la promenade publique, après le concert militaire, avec le commandant et sa femme.

Il parlait ensuite de la fugitive apparition de Marguerite, entrevue le lendemain sur la terrasse de sa maison.

Puis, après avoir dit à loisir toutes ces choses, et d'autres encore qu'il est inutile de reproduire, il continuait :

« Ceci posé, il est évident qu'un parti très-sage et très-prudent s'offrait à moi...

« Il fallait étouffer dans sa coquille le germe de ce naissant amour, — prendre une des places que m'offrait la complaisante diligence, — arriver à Paris et oublier au plus vite, avec une demi-douzaine des femmes qu'on a, mais qu'on n'aime pas, la femme que j'allais aimer et que je n'aurai peut-être jamais...

« Voilà ce que tu aurais fait à ma place, — voilà ce que moi-même j'ai été au moment de faire...

« Mais je me suis dit :

« — A quoi bon ?...

« Je me connais... — je sais à merveille qu'une fois parti, l'image charmante de Marguerite se serait gravée de plus en plus dans ma mémoire et dans mon cœur, — que cette rayonnante vision, évoquée sans cesse et malgré moi, ne m'aurait pas laissé un seul moment de repos, — enfin, qu'au bout de quelques jours je serais reparti comme un fou pour revoir l'original de la demi-douzaine de portraits crayonnés par moi sur le coin d'une table de café, ainsi que je te le disais tout à l'heure.

« Sachant ceci, et convaincu de ma propre faiblesse, mieux valait cent fois rester...

« Au moins de cette façon je m'évitais la lassitude et l'ennui d'un double voyage en diligence...

« Ah! si nous avions eu un chemin de fer...

« Enfin, cela viendra peut-être plus tard, — quoique j'en doute très-fort.

« Je suis donc ici, — j'y suis cloué, — et je répète ce que je t'écrivais quelques lignes plus haut : — Je ne sais pas quand j'en sortirai...

« Maintenant, tu veux savoir ce que j'attends et ce que j'espère, n'est-ce pas ?

« Ma réponse à cette question n'est ni des plus simples ni des plus faciles.

« Il est clair comme le jour, il est élémentaire que j'espère et que j'attends ce qu'attend et ce qu'espère tout individu du sexe masculin amoureux d'une fille d'Eve en puissance de mari.

« Mais ai-je quelques chances de réussite ?

« Ceci, — passe-moi l'expression, — est une tout autre paire de manches...

« Tu souris !

« Il te paraît qu'un célibataire de mon âge, — assez bien fait de sa personne (comme on disait au bon vieux temps), — rompu par une longue pratique aux divers expédients des intrigues amoureuses, — et suffisamment riche pour pouvoir se servir en toute occasion de la Clef d'or ; — il te paraît, dis-je, que le célibataire en question ne doit point éprouver de bien sérieuses difficultés à triompher de la vertu d'une provinciale de dix-huit ans, mariée à un débris fossile des ex-braves du premier empire !...

« Il est possible qu'en pensant cela tu sois dans le vrai, — et je n'ai pas besoin d'ajouter que je le souhaite de tout mon cœur, — et cependant, je ne sais pourquoi, je suis fort loin d'être convaincu de la justesse des raisonnements que je te prête...

« Si tu connaissais ma petite comtesse (son ex-brave est un comte de la plus vieille roche), — si tu savais quelle expression de candeur et de chasteté offrent ses traits charmants, tu comprendrais que dans ce corps de nymphe, qu'on croirait sculpté par Benvenuto Cellini ou

La jeune femme et son mari rencontrèrent un petit garçon tenant en laisse trois levrettes blanches (P. 63.)

par Jean Goujon, doit se cacher une âme vraiment pure...

« Or,—tu ne l'ignores pas plus que moi,— rien n'est plus difficile à séduire qu'une femme réellement honnête...

« Donnons-nous, vis-à-vis du bon public qui nous regarde avec un ébahissement naïf, donnons-nous des airs de dons Juans irrésistibles, — prenons des poses de Lovelaces vainqueurs de toutes les Clarisses, — rien de mieux!... — mais, entre nous, il faut bien en convenir, mon bon ami, nous sommes de grands enfonceurs de portes ouvertes, — de terribles conquérants de places fortes démantelées, qui battent la chamade au moment du premier assaut, et quelquefois même un peu auparavant!

« J'imagine en outre que mon vieux grognard doit garder de près sa jeune femme, avec autant de vigilante sollicitude qu'un avare en met à veiller sur son trésor.

« Une seule chose paraît m'offrir quelque chance pour l'heureuse issue de la scabreuse aventure dans laquelle je vais m'engager...

« Il est impossible, complètement impossible, que Marguerite aime son vieux mari!...

« Ne pouvant donner son cœur à ce légitime propriétaire de son adorable personne, il faudra bien qu'un peu plus tôt ou un peu plus tard la chère enfant le donne à un autre...

« Pourquoi ne serais-je pas cet autre?...

Qui que tu sois, voilà ton maître!
Il l'est, le fut, ou le doit être!

écrivait le roi Voltaire au bas d'une statue du dieu Amour.

« Jamais plus grande vérité n'est sortie, sous forme de distique, d'une cervelle de poëte!...

« Cupidon, fils de Vénus, régnera quelque jour en tyran sur la douce et pure Marguerite.—Je tâcherai que ce jour arrive bientôt et que l'enfant mythologique, dont Boucher fut le peintre ordinaire, me choisisse pour son grand prêtre!...

« Que de divagations, n'est-ce pas?...

« Que veux-tu, mon ami, je n'ai personne à qui parler de ma bien-aimée, — je t'élève, à distance, à la dignité de confident. — Ne me sache, je t'en prie, aucun gré de ma confiance, — ce que j'en fais n'étant que pour ma satisfaction personnelle...

« D'ailleurs, si ma lettre t'ennuie, rien ne te force à la lire jusqu'au bout... profite, si tu veux, de la permission que je te donne de n'en pas déchiffrer une ligne de plus...

« Je poursuis :

« En ce moment, la chose essentielle, la chose indispensable pour moi, c'est de trouver un moyen adroit de me mettre en rapport avec le commandant, — de flatter ses manies, s'il en a, — de me rendre indispensable, — d'agir enfin de telle sorte, que le berger lui-même introduise le loup dans la bergerie.

« En d'autres termes, il faut que le mari de Marguerite m'ouvre sa maison...

« Mais comment arriver à ce résultat?...

« Je te dirai dans ma prochaine épître si j'ai trouvé quelque chose...

« Si tu juges convenable de me répondre, — ne fût-ce que pour m'accuser réception de tout le fatras que je t'expédie aujourd'hui, — adresse-moi ta lettre *à l'hôtel de la Madeleine*, à Vesoul.

« Je ne sais si je puis te dire : — A bientôt! — car je n'ai plus guère mon libre arbitre, et Dieu sait quand je rentrerai physiquement et moralement en possession de moi-même...

5

« Enfin, de loin ou de près, je te serre la main, des deux mains...

« Ton ami,
« HENRY VARNER. »

Post scriptum.

« Je rouvre ma lettre pour te prier de me rendre un service.

« L'aspect de la terrasse du commandant me fait supposer que Marguerite a le goût des fleurs.

« A tout hasard, expédie-moi par la malle-poste une collection de graines les plus rares que tu pourras trouver, — soigneusement étiquetées, — et provenant autant que possible de Turquie, de Grèce ou d'Egypte, puisque c'est de là que je viens moi-même.

« Merci d'avance, et à toi.

« H. V. »

XXV. — Rêves maternels.

Quatre jours après avoir écrit la longue et folle épître que nous venons de reproduire, le jeune voyageur mettait à la poste une seconde lettre adressée, comme la première, à son ami.

Voici ce qu'elle contenait :

« Décidément, mon très-cher, le hasard semble se déclarer en ma faveur ; — il est juste d'ajouter, sans fausse modestie, que je lui viens en aide avec une adresse assez digne d'éloges.

« J'offrirais volontiers de parier qu'avant huit jours je serai dans les termes de la plus douce intimité avec mon héros de la grande armée.

« Ecoute et juge.

« Je vais te raconter les faits sans les accompagner du moindre commentaire.

« Quelques renseignements pris avec une sournoise habileté m'ont appris que le commandant aimait passionnément trois choses :

« Sa femme...

« La pêche à la ligne...

« Les échecs...

« Sur ce triple sujet nous pouvons nous entendre.

« D'abord, moi aussi, j'aime sa femme, et mon désir le plus vif est de la partager avec lui.

« Ensuite, comme pêcheur à la ligne, j'ai fait mes preuves il y a quelques années, et la compagnie, et les barbillons et les perches de Bougival et de Chatou pourraient en dire quelque chose ! — Quelles triomphantes fritures de notre récolte nous avons dégustées chez la mère Durocher, près de la machine de Marly ! t'en souviens-tu ?

« Enfin, je passe pour être d'une assez moyenne force aux échecs. — J'ai joué avec Méry et j'ai été honorablement vaincu. — C'est tout dire...

« Grâce à de nouvelles informations très-précises, je sus que le commandant, chaque matin, dès cinq heures et demie, quand le temps était beau, sortait de chez lui, sa ligne démontée à la main, — coupait la ville en ligne diagonale, — traversait la promenade publique, — s'engageait dans les prairies, — allait s'asseoir sous un des saules qui bordent une petite rivière coulant sans bruit au milieu des joncs qui croissent sur ses bords, et là, jusqu'à neuf heures et demie, heure à laquelle il se mettait en devoir de regagner la ville, où l'attendait son déjeuner, se livrait, avec une constance digne d'un meilleur sort, aux douceurs d'une pêche généralement infructueuse.

« Mon plan fut fait à l'instant même.

« Il était d'une simplicité toute primitive. — En règle générale, ce sont les plans les plus simples qui sont les meilleurs. — Je défis tes mes bagages.

« Parmi les nombreux albums contenant les croquis et les aquarelles qui résument mes impressions et mes souvenirs d'artiste voyageur, j'en choisis un dont quelques pages étaient encore blanches.

« Je taillai mes crayons, — je me munis de mon pliant portatif, et, m'étant fait éveiller dès le point du jour par un des garçons de l'hôtel, je me dirigeai vers les prairies dont j'affrontai bravement l'herbe toute ruisselante de rosée.

« Je n'eus pas grand'peine à reconnaître le saule favori du commandant, — un vieil arbre aux branchages touffus sur un tronc bizarrement contourné qui ne vit plus que par son écorce.

« Je découvris dans les environs un point de vue assez joli et qui pouvait fournir le sujet d'une crocade intéressante ; — j'installai mon pliant à vingt pas du saule ; — je m'assis et je commençai mon dessin, mais en ayant soin d'aller très-doucement en besogne, et regardant sans cesse du côté de la ville pour voir arriver le commandant.

« A six heures précises, je l'aperçus qui débouchait de la promenade, avec une ponctualité essentiellement militaire.

« A partir de ce moment, et tout en ayant l'air de ne pas m'occuper de lui, je ne le perdis plus de vue.

« Non sans peine, je trouvai moyen de conserver mon sérieux à l'aspect des symptômes manifestes d'inquiétude et de contrariété qui se peignirent sur son visage et dans son attitude en voyant de loin qu'un étranger avait fait élection de domicile au bord de la rivière, tout près de sa place attitrée.

« Sans doute il ne se rendait pas bien compte de mon occupation, et il croyait découvrir en moi un rival venant lui faire concurrence sur le théâtre habituel, sinon de son triomphe, au moins de sa constance.

« A mesure qu'il s'approchait et qu'il pouvait s'assurer que ma main armée d'un crayon ne tenait aucune espèce d'engin de destruction, son visage se rassérénait.

« Enfin, il arriva au pied du saule, et, tout en emboîtant les uns dans les autres les différents tubes de bambou qui, rassemblés, formaient la perche de sa ligne, il fut pris d'une quinte de toux assez forte.

« Je me retournai au bruit, comme si je m'apercevais seulement à cette minute de la présence d'un nouveau venu et je saluai.

« A la façon dont le commandant me rendit mon salut, il était évident qu'il ne me reconnaissait pas.

« En effet, il ne m'avait vu qu'un instant, le soir, dans la demi-obscurité du crépuscule qu'augmentait encore le feuillage épais des arbres de la promenade.

« Il tira de sa poche une petite boîte d'étain qui contenait des vers et des mouches, et il amorça avec un soin méticuleux ses trois hameçons ; puis il jeta le fil de sa ligne dans l'eau pure et bleue, et, après avoir étalé son mouchoir de poche sur le gazon, afin de se préserver de l'humidité matinale, il s'assit et passa quelques minutes dans l'immobilité la plus complète.

« Mais je voyais bien que son attention se partageait entre moi et le liège flottant.

« Enfin, au bout d'un instant, poussé par la curiosité naturelle aux bourgeois, — car le gentilhomme est le plus bourgeois, sans contredit, de tous les bourgeois de petite ville, — il se leva, et se dirigea à petits pas de mon côté, et il entama la piquante conversation que je vais sténographier fidèlement.

« — Monsieur, — dit-il, — prend un point de vue ?

« Naturellement je répondis :

« — Oui, monsieur...

« — Monsieur trouve que les environs de notre ville valent la peine d'être reproduits par le dessin ?

« — Sans contredit, monsieur, car ils sont charmants.

« — Ils passent, en effet, généralement pour assez beaux... — Monsieur est artiste, sans doute ?

« — Artiste amateur, oui, monsieur...

« — Pourrais-je, sans indiscrétion, jeter un coup d'œil sur le travail de monsieur ?

« — Mais, comment donc!... regardez, monsieur, regardez tant qu'il vous plaira...

« Il se pencha sur mon album, — examinant tour à tour mon croquis à peine esquissé, et le paysage que j'étais en train de copier.

« — Ah ! — dit-il ensuite, en reproduisant sans le savoir, non-seulement la phrase, mais encore l'intonation de M. Prudhomme : — Ah ! parfait !... parfait !... parfait !... c'est d'une ressemblance qui mérite les plus grands éloges !...

« — Je réclame votre indulgence, monsieur, ce dessin est à peine indiqué...

« — Indiqué, tant qu'il vous plaira, monsieur ; — tel qu'il est je l'apprécie... — je reconnais ce que je vois, monsieur, et, selon moi, c'est suffisant pour le mérite d'une œuvre d'art... — Voilà bien nos collines... elles y sont toutes... voilà bien la gorge au fond de laquelle se trouve le village d'Echenoz-la-Méline, — voilà le mont Ithaque... il est frappant !... c'est admirable !...

« J'interrompis le commandant, pour lui demander avec un peu de surprise :

« — Comment avez-vous dit, monsieur ?... — j'ai entendu le *mont Ithaque*... — ne me suis-je pas trompé ?

« — En aucune façon... — le voilà...

« Et le vieillard me désignait une des croupes rocheuses et verdoyantes qui fermaient l'horizon devant moi.

« Puis il ajouta :

« — Cette montagne se recommande à l'attention de l'antiquaire et de l'amateur d'archéologie par les ruines bien conservées d'un camp romain qui couronne son plateau supérieur.

« — Par exemple, — m'écriai-je en feuilletant rapidement mon album, — voilà qui est curieux !...

« — Le camp romain ?...

« — Ce n'est pas du camp romain que je parle...

« — Et de quoi donc ?

« — Du hasard qui m'aura permis de retracer, à quelques mois d'intervalle, l'île antique et célèbre, et la colline franc-comtoise inconnue qui porte le même nom...

« En même temps je mettais sous les yeux du commandant un dessin, que j'avais fait à bord du steamer *l'Alcyon*, des côtes blanches de l'île endormie comme une mouette sur les flots bleus de la mer Ionienne.

« — Ah ! que c'est joli ! — dit le vieux soldat avec une conviction flatteuse pour moi.

« Puis il demanda :

« — Qu'est-ce que c'est que ça ?

« — Ça, monsieur, c'est une vue d'Ithaque, — la patrie du sage Ulysse, lequel fut, comme vous savez, le mari de la vertueuse Pénélope et le père de l'ennuyeux Télémaque...

« — Oui... oui... je sais tout cela... Ulysse, parbleu ! et ses compagnons changés en syrènes... — Pénélope qui faisait faire de la tapisserie à ses amoureux... — Télémaque, dont Massillon, archevêque de Meaux, a écrit l'histoire...

« Je ne bronchai pas en écoutant le commandant faire un si fastueux étalage de ce qu'il croyait fermement savoir, et je me contentai d'incliner la tête de haut en bas, à plusieurs reprises, en signe d'adhésion.

« Le commandant reprit :

« — Ah çà ! monsieur, vous êtes donc allé dans les mers de la Grèce ?

« — J'en arrive.

« — Pour votre plaisir ?

« — Oui, monsieur.

« — Beau voyage !...

« — Superbe... — j'ai profité de ce que j'étais en route pour visiter aussi la Turquie d'Europe et l'Algérie...

« — L'Algérie, monsieur, je la connais... — admirable pays !... admirable !... sauf les Arabes qui sont fatigants... — Et dites-moi, je vous prie, est-ce que vous avez rapporté des vues d'Algérie ?...

« — En grand nombre.

« — J'avoue que je serais infiniment curieux de les voir.

« — Rien de plus facile.

« — Vous les avez là ?...

« — Non ; — mais si vous voulez bien prendre la peine de passer dans l'après-midi à mon hôtel, — l'hôtel de la Madeleine, — et de demander Henry Varner, je serai très-heureux de mettre tous mes albums à votre disposition...

« — Merci, monsieur, merci de tout mon cœur... — vous êtes un homme charmant...—touchez là !...— j'accepte...—à deux heures je serai chez vous... si toutefois cette heure vous convient...

« — Elle me convient à merveille et j'aurai l'honneur de vous attendre...

« Eh bien ! mon cher ami, qu'en dis-tu ?

« Avais-je raison de m'écrier, en commençant cette lettre, que le hasard se déclarait en ma faveur !

« A peine avais-je commencé à mettre mon plan à exécution, et déjà le mari de Marguerite allait venir chez moi !...

« Conviens-en, c'est miraculeux !...

« Je ne voulais pas laisser mourir, faute d'aliments, une conversation si bien commencée ; — je repris en souriant :

« Serez-vous assez bon, monsieur, pour me donner des nouvelles d'une personne qui m'intéresse beaucoup ?...

« — Une personne de cette ville ?

« — Oui.

« — Qui donc ?

« — Mademoiselle Gibby...

« Le commandant fit un geste de surprise.

« — Comment ! — s'écria-t-il, — vous connaissez Gibby ?...

« — Je le crois bien que je la connais !... c'est mon amie intime !...

« — Bah !...

« — C'est comme j'ai l'honneur de vous le dire...

« Le vieil officier m'examina avec attention.

« — Ah çà, mais,—dit-il,—est-ce que ce serait vous, par hasard, que l'autre soir, sur la promenade ?

« — Précisément. — C'est moi qui ai eu le plaisir de vous restituer la récalcitrante levrette qui me témoignait tant de sympathie...

« — Fort bien... fort bien !... aussi je me disais : — Mais j'ai déjà rencontré ce monsieur !... — vous voyez que je ne me trompais pas... — Eh bien, monsieur, Gibby se porte le mieux du monde...

« — J'en suis ravi... c'est une gracieuse bête, et qui doit faire la joie de mademoiselle votre fille...

« Le commandant se rengorgea d'un air conquérant.

« — La personne qui m'accompagnait l'autre jour,— dit-il, — et que vous avez prise pour ma fille, est ma femme, monsieur... — Mais l'erreur se comprend facilement, car Marguerite est beaucoup plus jeune que moi...

« A ceci il n'y avait rien à répondre, et je ne répondis rien.

« — Elle s'est occupée aussi de dessin, ma femme, avant son mariage, et véritablement elle faisait de jolies choses, quoiqu'elle ne fût pas de votre force... — Dans ce moment elle a renoncé aux beaux-arts, je ne sais pas pourquoi... — elle ne songe exactement qu'à ses fleurs... — elle est possédée, pour tout ce qui touche à l'horticulture, d'une passion qui dépasse tout ce qu'on en pourrait dire...

« — Aie-je été bien inspiré,—crois-tu,—en t'écrivant de m'envoyer une pacotille de graines rares. — Si mes calculs sont exacts, et si, comme je n'en doute pas, tu t'es occupé sans retard de ma commission, je dois recevoir ce soir ou demain le précieux paquet...

« Et qui sait si ces graines-là me rapporteront pas' pour moi, bien des fleurs... — de celles avec lesquelles Vénus faisait jadis, à Cythère, ses guirlandes ?...

« — Monsieur, — me demanda le commandant, — êtes-vous pour quelque temps dans notre ville ?

« — Voilà une question qui m'embarrasse fort, car je ne puis y répondre... j'ai l'intention d'explorer avec soin les environs, et je resterai dans ce pays tant que j'y trouverai des sites pittoresques à reproduire...

« — Alors, monsieur, vous ne partirez pas de sitôt,

car nous sommes riches en points de vue de toute nature...

« — Tant mieux... — la ville me plaît et je ne suis
nullement pressé de rentrer à Paris...

« — Voilà qui est admirable pour un jeune homme!...

« — Je ne vois pas trop en quoi...

« — Songez donc qu'ici les distractions vous manqueront d'une manière absolue...

« — Quand je serai fatigué du travail, n'aurai-je pas
la ressource de la pêche à la ligne...

« Le commandant tressaillit.

« Mes dernières paroles, — que certes je n'avais point
jetées au hasard, — venaient de toucher l'endroit sen-
·ble.

!· — Vous aimez la pêche à la ligne! — s'écria-t-il.
— Passionnément.

« — Êtes-vous habile?...

« — Je suis du moins expérimenté...—j'ai pêché dans
une demi-douzaine de mers différentes et dans un nombre infini de lacs, de fleuves et de rivières, sans compter
les étangs... — j'ajouterai que j'ai reçu des leçons des
pêcheurs les plus célèbres de notre époque...

« — Ah! — jeune homme... jeune homme... — dit le
commandant avec feu et expansion, — nous pêcherons
ensemble...

« — Ce sera pour moi un très-vif plaisir...

« — La pêche à la ligne peut, selon moi, remplacer
toutes les autres joies de ce monde... — continua mon
interlocuteur.

« — A une seule exception près cependant, monsieur.

« — Laquelle?...

« — Le jeu d'échecs...

« Le vieillard me regarda avec un étonnement atten-
dri qui tenait de la stupeur.

« — Vous jouez aux échecs?... — me demanda-t-il
d'une voix que l'émotion faisait trembler.

« — Le plus souvent que je peux... — c'est mon goût
dominant, ou, pour mieux dire, c'est mon unique passion...—quand je me trouve à Paris, je ne quitte pas le
café de la Régence...—Pendant mes voyages, le manque
de partenaires pour ce noble jeu est pour moi une privation des plus cuisantes, et c'est tout au plus si je trouve
moyen de m'en distraire en me consacrant corps et âme
à la pêche à la ligne...

« Je vis bien que le commandant mourait d'envie de
me serrer dans ses bras, et, de peur qu'il m'avait dit :
— *Nous pêcherons ensemble!...* de s'écrier : — *Nous
jouerons ensemble!...*

« Mais il se contint.

« Sans doute la pensée que pour jouer aux échecs avec
moi il lui faudrait m'inviter à venir chez lui, l'arrêta...

« Il ne me connaissait pas encore assez pour m'ouvrir
sa maison.

« L'idée qu'en encourageant ma visite il opérerait un
rapprochement entre un jeune homme et sa jeune femme
lui traversa-t-elle l'esprit?

« Je ne le crois pas.

« L'indifférence plus que parfaite avec laquelle j'avais
parlé de *mademoiselle sa fille* devait éloigner tout soupçon jaloux.

« D'ailleurs, le moyen de se défier d'un homme qui
n'existe que pour se dessin à la mine de plomb, la pêche
à la ligne, et le grand jeu, ou plutôt le grand art de
Philidor et de La Bourdonnaye?...

« Le commandant et moi nous échangeâmes encore
un certain nombre de paroles insignifiantes, puis il me
quitta pour aller se rasseoir et surveiller sa ligne.

« Pendant trois heures consécutives il resta l'œil fixé
sur le flotteur qui s'obstinait à demeurer dans une immobilité à peu près complète.

« Lorsque le vieillard, à neuf heures et demie, se leva
pour regagner comme de coutume son logis et son déjeuner, il avait capturé trois ablettes et une perche grosse
comme un goujon.

« Enchanté du résultat de sa pêche, il me dit au revoir, en me rappelant qu'à deux heures précises il serait
chez moi.

XXVI. — Les échecs.

« Aussitôt que le commandant eut disparu sous les
arbres de la promenade, je quittai ma place, fatigué
outre mesure d'une trop longue séance, et emportant
mon dessin à peu près terminé, — un très-joli dessin, je
t'assure, et tu peux m'en croire sur parole.

....

« J'interromps ma lettre pour te dire que les graines
de fleurs expédiées par toi viennent de m'arriver à bon
port, ainsi que la brochure explicative dont, avec ton
bon sens et ta sagacité habituels, tu as jugé fort à propos
devoir les faire accompagner.

« Merci, cher ami.

« Il faut maintenant que tu me rendes un nouveau
service du même genre, mais pour lequel, cependant, tu
n'auras pas besoin de te déranger en personne...

« Aie, l'obligeance, — aussitôt après avoir reçu ma
lettre, — d'envoyer ton domestique sur le quai, près du
Pont-Neuf, chez l'un des marchands d'outils de pêche
qui abondent dans ces parages, et charge-le d'acheter
pour moi un assortiment bien complet de lignes des
meilleurs modèles, — d'hameçons, grands et petits, de
formes anciennes et nouvelles, — d'appâts de diverses
sortes, — de mouches métalliques, — de mouches en
plumes, etc...

« Fais lui faire un paquet de tout cela, et qu'il me
l'expédie par la malle-poste, comme les graines.

« Tu conviendras, n'est-ce pas, que je ne néglige rien,
et que si le feu de mes batteries n'amène aucun résultat,
ce ne sera pas, du moins, faute d'avoir bien chargé mes
pièces!...

« Je reprends :

« A l'heure convenue, un garçon d'hôtel alsacien frappait à ma porte pour me demander si je pouvais recevoir
M. le *gommantant gomde te Verny?*

« As-tu compris que ce baragouin voulait dire le commandant comte de Ferny ?

« Si tu l'avais deviné, tant mieux pour ta perspicacité,
— si tu n'y avais vu que du feu... ou plutôt de l'alle-
mand, je te donne le mot de l'énigme.

« Je répondis en allant moi-même sur l'escalier au-de-
vant de mon visiteur, que je reçus de mon mieux.

« J'avais disposé, sur la table ronde de ma chambre,
tous mes albums.

« Avant de nous lancer dans l'examen de mes innombrables croquis, je demandai :

« — Fumez-vous, commandant?

« — Comme un vieux soldat, c'est tout dire...

« — Voulez-vous me permettre de vous offrir un cigare?...

« — Volontiers; mais à une condition...

« — Laquelle?...

« — C'est que vous accepterez, tout à l'heure, un bol
de punch au café des Officiers...

« — Avec le plus grand plaisir...

« Et je présentai au commandant une boîte pleine de
cigares véritablement inouïs, que j'ai rapportés de Constantinople.

« — Mordieu! — s'écria-t-il après en avoir choisi et
allumé un, — quel tabac!...

« — Vous le trouvez bon?...

« — Divin!... — moi, d'habitude, je fume la pipe, —
du moins quand je suis chez moi, — et, dans la rue, des
petits cigares d'un sou, qui ne sont pas mauvais, mais
qui n'ont point de rapport avec cela... — Les cigares que
voici doivent coûter les yeux de la tête...

« — Quinze centimes, pas davantage...

« Je mentais avec un aplomb infernal. — Tu comprendras bientôt pourquoi.

« — Quinze centimes! répéta le commandant, —
c'est pour rien!... — Ici les cigares de trois sous ne valent pas le diable!...

« — Parce qu'on ne sait pas les choisir... — Mais j'y

pense, un de mes amis doit m'en envoyer ces jours-ci, de Paris, trois ou quatre caisses de deux cent cinquante; — en voulez-vous une?

« — A ce prix-là?

« — Naturellement.

« — Ça ne vous fera pas faute, au moins?...

« — En aucune façon.

« — Ma foi, mon cher monsieur, vous êtes trop obligeant pour que je puisse refuser votre offre... j'accepte...

« Prends note de ceci, mon bon ami, — en même temps que les engins de pêche, tu m'enverras trois ou quatre caisses de cigares de la Havane, — *regalias* ou *páros*, — les plus chers et par conséquent les meilleurs que tu puisses trouver; — ce sont ceux-là que le commandant me remboursera sur le pied de quinze centimes la pièce.

« N'est-il pas vrai que si je ne viens pas à bout de me faire l'ami de la maison, c'est que je n'aurai pas de chance?...

« — Et, maintenant, — dit le commandant d'un air gai, motivé sans doute par la perspective de sa caisse de cigares à trois sous, — allons faire un tour en Algérie.

« Je l'engageai à s'asseoir devant la table ronde et j'ouvris sous ses yeux celui de mes albums qui renfermait mes études africaines.

« L'ex-officier les regarda avec un intérêt prodigieux; — il se trouvait là en pays de connaissance, et la plupart des sites retracés par mes crayons lui rappelaient un souvenir.

« Il avait fait partie, en qualité de capitaine, d'un régiment de cuirassiers de l'armée de Charles X, qui, en 1830, planta glorieusement, sur les murs croulants d'Alger, le drapeau blanc aux fleurs de lys d'or.

« Il me raconta à sa manière plusieurs épisodes du siège et de la prise de la ville, — et de nombreux faits d'armes desquels il pouvait dire avec un héros de l'antiquité dont le nom m'échappe :

« Et quorum pars magna fui... »

« Ce vieillard ne met aucune forfanterie dans le récit de certaines actions courageuses jusqu'à l'héroïsme, — il a l'air de les considérer comme la chose du monde la plus naturelle...

« Décidément, je commence à partager l'opinion du marchand de tabac de la grande rue, et à me dire que le digne commandant n'a pas eu de chance dans sa carrière militaire...

« Je le plains avec sincérité, et cependant l'homme est un si étrange animal, que je souhaite de toute mon âme devenir la première et l'unique cause de sa mauvaise chance dans la carrière maritale !...

« L'examen de mes croquis et les narrations de ses victoires durèrent longtemps.

« Quand les albums furent refermés et l'arsenal des souvenirs épuisé, il était plus de quatre heures.

« — Il est trop tard pour aller prendre notre bol de punch, — dit le commandant, — si vous le voulez bien, nous remettrons la chose à ce soir...

« — Je suis absolument à vos ordres...

« — Vous dînez à table d'hôte, j'imagine?...

« — Oui, commandant.

« — A sept heures vous aurez fini... à sept heures et demie je viendrai vous prendre... — le café des Officiers est à deux pas... — cela vous va-t-il?

« — Tout à fait.

« — Alors, c'est convenu...

« Et il s'en alla.

« A huit heures du soir, nous étions installés en face l'un de l'autre, de chaque côté d'une petite table à dessus de marbre, et un grand bol de plaqué, rempli de rhum incandescent, élevait entre nous sa flamme bleuâtre et pétillante...

« Le commandant venait de puiser dans mon porte-cigares et il fumait avec recueillement.

« Nous dégustâmes quelques verres de punch.

« Tout à coup le vieil officier se frappa le front, comme si une idée subite venait l'assaillir.

« — Ah çà, mais, — dit-il, — si nous faisions une partie d'échecs?

« — Vous jouez donc aux échecs? — m'écriai-je avec un feint étonnement.

« — Oui... oui... quelquefois... — est-ce que je ne vous l'ai pas dit ce matin?...

« — Vous ne m'en avez point ouvert la bouche...

« — Pure distraction!... enfin, ma proposition vous sourit-elle?...

« — Mais je le crois bien qu'elle me sourit!..., rien au monde ne saurait me causer une joie aussi vive.

« — Le vieillard, — dont un rayon d'allégresse illumina le rude visage, — frappa sur la table en disant :

« — Garçon!...

« — Commandant?...

« — Un échiquier, et dépêchez-vous!...

« — Voilà, commandant...

« L'échiquier prit la place du bol argenté et la partie commença.

« Tu es un profane, mon cher ami : — tout au plus sais-tu distinguer une dame d'un fou et une tour d'un cavalier; — je te ferai donc grâce des termes techniques et du détail des péripéties de notre première partie, vaillamment disputée de part et d'autre, et en définitive perdue par moi, quoique je sois, — ou peut-être parce que je suis — beaucoup plus fort que mon adversaire...

« Le commandant, souriant, radieux, rajeuni de dix ans, se frottait les mains et hennissait de plaisir.

« — Votre revanche, — dit-il, — je vous offre votre revanche.

« — J'allais vous la demander, commandant...

« La seconde partie fut menée par moi avec une habileté plus grande encore que celle que j'avais déployée pour la première.

« J'eus le talent de balancer les avantages jusqu'au moment décisif, où, grâce à un coup d'une hardiesse et d'un éclat sans pareils, la victoire se fixa de mon côté.

« — Bien joué... mordieu !... — s'écria l'ex-officier, — nous voici manche à manche.... — faisons la belle...

« — J'y suis tout à fait disposé...

« Je n'ai pas besoin de te dire que je m'arrangeai de façon à laisser à mon adversaire l'honneur de la victoire suprême, après une lutte acharnée en apparence.

« — Vous êtes d'une bien jolie force, mon cher monsieur, — me dit bénévolement le commandant pour me consoler de ma défaite, — je vous prédis que vous irez loin...

« Je répondis avec la platitude d'un courtisan de l'Œil-de-Bœuf parlant à sa majesté Louis XIV dans les jardins naissants de Versailles :

« — Je le crois comme vous, commandant, si je recevais souvent d'aussi excellentes leçons que celles que vous venez de me donner...

« — Mordieu, mon jeune ami, elles sont tout à votre disposition...

« — J'en profiterai, croyez-le bien.

« — Quand vous voudrez, et le plus tôt sera le mieux.

« Il était onze heures et demie du soir, — le café allait fermer.

« — Irez-vous achever demain matin votre dessin du mont Ithaque? — me demanda l'ex-officier.

« — C'est mon projet.

« — Alors nous nous verrons là, et nous causerons... — Je vous souhaite le bonsoir, mon jeune ami, et je vous renouvelle mes compliments pour la façon vraiment merveilleuse par lequel vous avez terminé la deuxième partie.

« — Je les accepte avec reconnaissance... — Bonsoir, commandant.

« Nous échangeâmes une poignée de main, et le bonhomme regagna son logis en se disant certainement qu'il venait de passer une des meilleures soirées dont il eût conservé le souvenir.

« Moi j'allai me mettre au lit, où je fus visité par des rêves du meilleur augure.

« Le lendemain matin, nous nous retrouvâmes auprès du saule creux, le vieillard et moi.

« — Vous m'avez parlé de votre expérience en matière de pêche , — me dit-il , — ne m'en donneriez-vous pas volontiers quelques preuves?...

« — Je vais recevoir de Paris, au premier jour, des appâts d'un nouveau genre, que j'aurai le plaisir de vous soumettre... — répondis-je. — En attendant, confiez-moi votre ligne, je vais faire de mon mieux.

« Je saisis la hampe de bambou, et évoquant mes souvenirs de Port-Marly et de l'île Saint-Denis, je communiquai aux hameçons ce mouvement léger qui fait si bien croire à ces imbéciles de poissons que la mouche ou le ver sont vivants et vont leur échapper s'ils ne se précipitent pour les engloutir voracement.

« Au bout de trois minutes de ce manège, le flotteur disparut soudain, entraîné sous l'eau par une violente secousse.

« Je tirai doucement la ligne à moi, en évitant avec soin les saccades, et j'amenai sur le gazon une perche de grande dimension, pesant bien près de deux livres et qui réalisait pour le commandant l'idéal de la pêche miraculeuse.

« — Prodigieux! — murmura-t-il — prodigieux!...

« Soit hasard, soit habileté réelle, je venais d'obtenir en un instant un succès vainement poursuivi par le vieillard depuis des années.

« — Mon jeune ami, — s'écria-t-il avec enthousiasme, — je vous rends les armes!... vous êtes mon maître!— troc pour troc!... faisons un marché... — je vous donnerai des leçons d'échecs, — vous me donnerez des leçons de pêche...

« — Marché conclu! — répliquai-je en frappant dans la main que me tendait le commandant qui reprit sa ligne, tandis que je retournais à mon dessin.

« Ma première leçon ne sembla pas devoir l'aider à obtenir de grands résultats.

« Pendant plus d'une heure il agita ses hameçons, ainsi qu'il me l'avait vu faire, sans attraper seulement une épinoche.

« Lassé de cet insuccès, il quitta sa place et vint me regarder travailler.

« J'allais donner à mon croquis le dernier coup de crayon.

« — Ah! joli !... joli !... — fit-il, — voilà de la besogne bien faite !... — vos montagnes sont si ressemblantes, qu'on dirait qu'elles vont parler!... — Mon jeune ami, vous avez tous les talents ..

« — Commandant, vous me flattez!...

« — Ma foi non !... je dis ce que je pense. — vous êtes un charmant garçon et un homme de grand mérite... — dites-moi donc, est-ce que vous savez, non-seulement dessiner, mais encore peindre avec des couleurs?...

« — Un peu.

« — Avec des couleurs à l'huile?...

« — Oui.

« — Est ce que vous en avez ici?...

« — Sans doute, dans ma boîte de voyage... — pourquoi me faites-vous cette question, mon cher commandant?. .

« Ici, j'ouvre une parenthèse pour te dire : — Remarques-tu les progrès rapides de notre intimité?... — déjà j'étais le *jeune ami* du mari de Marguerite, et il était *mon cher commandant* !...

« L'étincelle électrique ne va pas plus vite!...

« Au bout d'un instant, mon interlocuteur répondit :

« — Je vous fais cette question, parce que si j'osais je vous demanderais un service...

« — Un service?...

« — Oui.

« — Parlez... — je serai, croyez-le bien, très-heureux de vous le rendre...

« — Non... — décidément, ce serait trop indiscret de ma part...

« — Je vous en prie.

« — N'insistez pas!...

« — Je vous en supplie, mon cher commandant.

« — Alors, c'est bien parce que vous le voulez, mon jeune ami... — Voici de quoi il s'agit... — Figurez-vous que j'ai chez moi toute une collection de portraits en pied, de mes aïeux de l'ancien temps... — Ah! il faut vous dire que ma famille est une très-vieille famille.

« — Je le sais, commandant....—une famille ancienne comme la province elle-même, — une famille illustre, et qui tient sa place dans l'histoire, aux pages les plus glorieuses...

« — Vous êtes trop bon...

« — Je connais les chroniques de mon pays, voilà tout...

« Le vieillard reprit :

« — Il est arrivé, je ne sais quand et je ne sais comment, un notable accident à l'un de ces portraits, — celui de Jean-Nicolas-Robert, comte de Ferny, grand' père de mon trisaïeul. — Un frottement contre la toile a détruit complétement le nez du portrait...

« — Fâcheux accident!...

« — Déplorable!... — Vous comprenez que je me suis vu contraint de reléguer au grenier un ancêtre ainsi défiguré, et cependant Jean-Nicolas-Robert manque à ma collection et laisse une place vide dans un des panneaux de ma salle à manger...

« — Et vous voudriez, n'est-ce pas, mon cher commandant, que mes pinceaux remissent en bon état le nez de votre ancêtre?...

« — Précisément... si toutefois ce n'était pas abuser outre mesure de votre complaisance...

« — En aucune façon... — rien n'est plus facile et je me charge de l'opération.— Quand désirez-vous qu'elle ait lieu?...

« — Aussitôt que vous le pourrez...

« — Je peux tout de suite...

« — Eh bien, aujourd'hui...

« — Va pour aujourd'hui.

« — Je rentre à la maison de ce pas, et je vais faire descendre du grenier mon ancêtre... — Vers midi j'irai vous chercher...

« — Vous me trouverez tout prêt à vous suivre et à restituer à Jean-Nicolas-Robert le nez qu'il a perdu. .

« — Et cette perche magnifique, n'allez pas l'oublier sur l'herbe...

« — Qu'en ferais-je, commandant, moi, qui mange à table d'hôte?... — Veuillez la prendre, je vous en prie.

« — C'est donc pour vous obéir...

« Et le vieillard, sans se faire prier davantage, emporta le poisson pêché par moi, et s'en alla tirer le grand-père de son trisaïeul des solitudes poudreuses du grenier...

XXVII. — Le nez de Jean-Nicolas-Robert.

« Qu'en dis-tu?

« Crois-tu que je pourrais, sans trop de vanité, réclamer une place honorable dans la glorieuse série des petits Machiavels?

« La maison de Marguerite m'est ouverte!...

« Et par qui?

« Par le mari lui-même!...—par le mari qui me mène chez lui pour recevoir de moi un service!.. — par le mari qui craint d'être *indiscret* en abusant de ma *complaisance!*...

« Est-ce beau?... — est ce complet?...

« Suis-je assez dans le vrai, en répétant sur tous les tons, avec Gavarni : — *Les maris me font toujours rire.*..

« A midi précis, le commandant venait me quérir, et nous nous acheminions bras dessus, bras dessous, vers son logis.—De la main gauche je tenais ma boîte à couleurs et mon appuie-main.

« Dans ma première lettre, je t'ai longuement décrit l'extérieur de la maison de la rue de la Préfecture.

« Je fis semblant de la voir pour la première fois, et

j'en admirai fort la façade si bien tenue,—la porte verte,
— les persiennes vertes,—la terrasse verte.

« Le commandant était ravi.

« Avec une clé qu'il tira de sa poche, il ouvrit.

« Nous entrâmes.

« Ne ris pas... — au moment où je franchissais le
seuil, je sentis mon cœur battre comme celui d'un ré-
thoricien qui court à son premier rendez-vous avec une
modiste de quarante ans !...

« J'étais dans la maison de Marguerite !...

« Je respirais l'air que respirait Marguerite !...

« Mes yeux allaient se reposer sur les objets que regardaient chaque jour les yeux de Marguerite !

« J'allais sans doute voir Marguerite elle-même !

« Dans tout cela, il y avait certainement de quoi me
tourner la tête... — et ma tête tournait en effet...

« — Je passe le premier, afin de vous montrer le chemin,— me dit le commandant en s'engageant dans l'escalier.

« A peine avons-nous franchi quelques marches, que
j'entendis un aboiement joyeux, et Gibby vint se jeter
dans mes jambes avec des frétillements sans nombre, et
des cris de tendresse à n'en plus finir.

« Je lui rendis ses caresses avec usure, en songeant
que la délicieuse main de sa maîtresse se promenait souvent sur sa jolie tête et sur ses reins délicats et cambrés.

« — Elle vous reconnaît... — s'écria M. de Ferny, —
ma parole d'honneur... c'est une vraie passion que cette
petite chienne éprouve pour vous...

« — Passion partagée...—répondis-je en riant, mademoiselle Gibby est un ravissant animal et je ne me
lasse point de l'admirer...

« — Alors vous êtes comme ma femme, qui ne voit
rien de plus beau et de plus merveilleux que son endia-
blée levrette...

« — Madame de Ferny aime beaucoup Gibby ?

« — Je vous dis qu'elle en perd la tête !... — C'est au
point que, par moment, je suis presque jaloux de cette
bête !... — Pour ma part, j'avoue que je ne comprends
pas très-bien les mérites de ces chiens efflanqués qui
n'ont que la peau sur les os et qui tremblent, même par
la chaleur, comme s'il gelait à pierre fendre... — Je
n'aime les chiens d'aucune espèce; mais enfin, à toutes
ces races inutiles, je préfère un bon gros dogue.. au
moins ça garde la maison... — ça fait peur aux filous
nocturnes...

« Je me contentai de formuler, en manière de réponse, cet axiome entièrement inédit et parfaitement de
circonstance :

« — Commandant, tous les goûts sont dans la nature !...

« — C'est parfaitement juste, — répliqua le vieillard,
— et cependant nous avons des gens qui ne peuvent pas
souffrir la pêche à la ligne...

« Tout en parlant, le commandant ouvrit une porte,
— celle de la salle à manger.

« — Entrez, — dit-il, le portrait est là...

« Je ne te parlerai point du mobilier de la pièce dans
laquelle nous pénétrâmes.

« Bois d'acajou, — style de l'Empire, — parquet dangereux à force d'être ciré, — voilà tout.

« Contre la muraille, trois portraits en pied, d'un assez
grand style, peints aux seizième et dix-septième siècles,
par des artistes inconnus qui ne méritaient pas leur obscurité.

« Ainsi que me l'avait annoncé le commandant, un
panneau vide, ou du moins mal occupé par une fort laide
lithographie, attendait un quatrième portrait.

« Ce portrait,— celui de l'ancêtre en mauvais état,—
était près de l'une des fenêtres, appuyé contre deux
chaises retournées.

« Je m'approchai de lui et je ne pus retenir un sourire
en le regardant.

« Pauvre Jean-Nicolas-Robert, grand-père du trisaïeul
du dernier Ferny, dans quelle situation, grand Dieu,
se trouvait ton noble visage !..

« Un choc, de la nature duquel il était difficile de se

rendre compte, avait enlevé toute la couleur du milieu
du visage, ne respectant que le canevas lui-même, car
la toile n'était point crevée.

« Cette figure imposante d'homme de guerre, ainsi
privée de son nez et d'une bonne partie de ses joues, offrait l'aspect le plus drôlatique.

« Heureusement le mal n'était pas difficile à réparer.

« Tandis que j'examinais le dégât, le commandant me
regardait avec une inquiétude manifeste.

« — Eh bien,— me demanda-t-il enfin,— c'est terrible, n'est-ce pas ?

« — Terrible !... — répondis-je d'un air de conviction
parfaite.

« — Irréparable, peut-être...

« — Non.. non...

« — Quoi? vous pensez...

« Je ne laissai pas à M. de Ferny le temps d'achever
sa phrase et je dis :

« — Je pense, mon cher commandant, que je vais me
mettre à la besogne, et qu'avant une heure vous aurez
un ancêtre complet et irréprochable...

« — Vraiment, dans une heure, le nez de Jean-Nicolas-Robert aura repris sa place ?...

« — La place qu'il n'aurait jamais dû quitter...—oui
commandant.

« J'ouvris ma boîte et je préparai ma palette.

« Le vieillard me regardait faire avec une curiosité
d'enfant.—Il ne s'était jamais fait la moindre idée de ces
manipulations nécessaires qui sont, en quelque sorte,
la cuisine des beaux-arts; — il s'étonnait de tout, et il
m'adressait, dans le style des bourgeois d'Henry Mon-
nier, une foule de questions saugrenues, auxquelles je
répondais sans rire, par un prodigieux effort de ma volonté.

« Ma palette terminée, et avant de restituer au visage
patricien le trait caractéristique qui lui manquait, je me
mis à étudier, non-seulement les figures des autres portraits, mais encore celle du Ferny vivant que j'avais devant moi.

« Je fus frappé de l'étrange ressemblance de tous ces
visages.

« C'étaient bien les mêmes traits, — les mêmes regards,—les mêmes caractères distinctifs de physionomie.

« Le commandant, ce descendant d'une race de héros,
—abâtardi par la médiocrité de sa fortune et par les habitudes de garnison prises dans des grades peu élevés,
— offrait le même type que les grands seigneurs, ses
ancêtres, type un peu effacé en lui, mais parfaitement
reconnaissable.

« Il unissait la noblesse innée de ces capitaines du
vieux temps à je ne sais quelle vulgarité bourgeoise et
contemporaine.

« Comme ses ancêtres, il avait des yeux d'un bleu
pâle, enfoncés sous une arcade sourcilière profonde ;
mais ces yeux avaient perdu le fier éclat, la hautaine
expression du commandement.

« Ce fils des preux pêchait à la ligne et trouvait moyen
de ressembler tout à la fois, d'une façon frappante, à
Jean-Étienne-Aymer de Ferny, gouverneur de la Franche-Comté pour Sa Majesté très-catholique le roi d'Es-
pagne, en 1585, — et à un grognard de Charlet !...

« Conviens, mon cher ami, que le fait est bizarre et
digne de remarque.

« Je fis part au commandant d'une partie de mes ob-
servations, — celles qui se rapportaient aux similitudes
de physionomie entre les comtes de Ferny du temps
passé et leur héritier.

« Ceci parut le flatter extrêmement.

« — Oui, oui.. — dit-il, — c'est le même sang...—on
se ressemblerait de plus loin... — par malheur, ce n'est
plus la même fortune; mais c'est toujours le même cœur.

« Tandis que le vieillard prononçait ces mots, il me
sembla qu'un rayon chevaleresque passait dans ses yeux
presque éteints.

« Venu au monde à une autre époque,—riche,—puissant,—considérable,—cet homme aurait sans doute valu
ses ancêtres !...

Et j'amenai sur le gazon une perche d'une grande dimension... (P. 70).

« Les grandes familles devraient s'éteindre, et non pas s'amoindrir!... — selon moi, l'agonie d'une race est plus triste que la mort d'un homme!...

« Je me disais ce que je viens de t'écrire, tout en esquissant le nez de Jean-Nicolas-Robert, pour lequel celui du commandant me servit de modèle à son insu.

« Au bout de quelques minutes, ce nez majestueusement aquilin, commençait à se modeler et complétait la physionomie caractérisée et impérieuse du vieux seigneur, qui semblait plus à l'aise sous sa cotte de mailles, pesante, que nous autres sous nos vareuses d'atelier.

« Ébloui, fasciné par les résultats si prompts que mes pinceaux obtenaient sous ses yeux, le commandant faisait des gestes d'un comique achevé pour exprimer son admiration, et murmurait de minute en minute :

« — Prodigieux, ma parole d'honneur!... — inimaginable tout à fait!... — mais c'est que c'est ça!... — un nez!... — un vrai nez!... on jurerait qu'il va sortir de la toile!...

« — Vous êtes satisfait, commandant?

« — Ah! fichtre, je le crois bien!...

« — Allons, tant mieux.

« — Mon jeune ami, vous êtes un grand peintre!...

« — Un modeste amateur, tout au plus...

« — Voulez-vous être franc avec moi?

« — Très volontiers.

« — Eh bien, convenez d'une chose.

« — Laquelle?

« — C'est qu'à Paris vous êtes célèbre.

« Je me mis à rire.

« — Je ne suis pas célèbre le moins du monde, mon commandant... — dis-je ensuite.

« — Mais vous le deviendrez?

« — Jamais.

« — Et pourquoi cela?

« — Parce que, pour acquérir la célébrité, I faut travailler beaucoup plus sérieusement que je ne le fais...

— Peut-être y avait-il en moi l'étoffe d'un véritable artiste, — mais j'ai le malheur d'avoir une fortune assez considérable qui me permet de m'adonner sans contrainte à mes goûts dominants, que vous connaissez : la pêche à la ligne et le jeu d'échecs, et qui, par conséquent, nuit beaucoup à la régularité de mon travail...

« — Ainsi, mon jeune ami, vous êtes riche?

« — Oui, commandant.

« — Eh bien, je vous en fais mon compliment sincère... — Quoique vous en ayez dit tout à l'heure, la fortune n'est point un malheur et vaut encore mieux que la gloire...

« Je ne répondis pas.

« Les gens qui pensent comme le commandant sont si nombreux et paraissent si convaincus, qu'ils pourraient bien avoir raison en définitive.

« Cependant, je n'ai jamais eu la pensée de plaindre le grand Corneille faisant raccommoder sa chaussure à l'échoppe d'un savetier.

« Je venais de donner le dernier coup de pinceau.

« Le nez était fini.

« Jean-Nicolas-Robert, — désormais complet, — paraissait l'avoir toujours été.

« Le commandant, au comble de l'enthousiasme, frappa dans ses mains à plusieurs reprises.

« Puis il ouvrit une porte et il appela :

« — Marguerite... Marguerite...

XXVIII. — Les fleurs.

« — Me voici, mon ami, — répondit depuis l'intérieur d'une seconde pièce une voix pure et fraîche, dont le

C'est vrai... monsieur est trop bon... nous ne pouvons pas... nous ne devons pas accepter. (P. 74.)

timbre mélodieux était présent à mon oreille et gravé dans mon cœur.

« Ainsi, c'était bien vrai,—j'allais revoir Marguerite ! — j'allais, pour la troisième fois — (y compris la passa-gère apparition de la terrasse),—me trouver en présence de cette jeune femme qui, sans le savoir, a pris sur tout mon être un si étrange et si complet ascendant !...

« Allons, décidément, je suis amoureux.

« Tu souris, en pensant que vingt fois dans ma vie tu m'as entendu en dire autant...

« D'accord,—mais je sais bien, moi, que je n'ai jamais rien ressenti qui puisse se comparer à ce que j'éprouve aujourd'hui.

« Jadis, c'étaient des fantaisies,— des caprices,— des enivrements subits de la tête ou des sens... — tout ce que tu voudras enfin...

« Aujourd'hui, ce n'est rien de cela... — aujourd'hui, c'est de l'amour!... tu peux me croire... — je m'y con-nais!...

« Cependant un frou-frou charmant se faisait en-tendre...

« Ce murmure soyeux,—la plus adorable sans contre-dit de toutes les musiques, quand il est produit par la robe de la femme aimée, — annonçait l'arrivée de Mar-guerite...

« Elle parut, et moitié rougissant, moitié souriant, elle me fit, avec une grâce exquise, une révérence de pensionnaire...

« Ah! mon ami, qu'elle était belle !...

« Tiens, je ferme les yeux et, à travers mes paupières closes, dans cette espèce de chambre obscure que je me crée à moi-même, je la revois nette et distincte, non-seulement dans les contours de sa personne et dans les traits de son visage, mais encore dans les détails les plus minimes et les plus insignifiants de sa toilette.

« Ainsi elle avait modifié légèrement sa coiffure...

« Ses admirables cheveux bruns, naturellement on-dulés, au lieu de former deux bandeaux lisses et brillants qui descendaient jusqu'aux oreilles,—se relevaient vers les tempes, et ses deux nattes immenses, au lieu de se tordre derrière la tête, étaient ramenés en avant et s'entrecroisaient au-dessus du front si pur auquel ils faisaient un splendide diadème.

« Un étroit cercle d'or mordait le lobe des petites oreilles d'un rose pâle.

« Marguerite portait une robe d'été, en mousseline blanche à fleurs bleues.

« Cette robe montait jusqu'au cou, qu'entourait un col plat, tout uni.

« Les bras nus sortaient des manches larges.

« La jeune femme n'avait pas un bijou;—seulement, à l'un des doigts de sa main gauche, sa bague de mariage.

« Ses infiniment petits pieds étaient chaussés de pan-toufles mordorées, ornées sur le coude-pied d'une large bouffette de ruban bleu.

« De sa chevelure, de ses vêtements, d'elle tout en-tière, enfin, s'exhalait un faible et doux parfum de vio-lettes.

« Telle était Marguerite, — telle je la vis, — telle je la vois...

« — Ma chère enfant, — lui dit M. de Ferny, — je te présente M. Henry Varner dont je t'ai déjà parlé, et que tu connais d'ailleurs, puisque c'est lui qui t'a resti-tué Gibby il y a cinq ou six jours... — je te donne monsieur pour un homme d'un fort grand talent, et d'une modestie encore plus grande... — Il dessine, il peint, — il joue aux échecs, — il pêche à la ligne, — il fait tout bien...— A propos, nous avons mangé, ce matin, à dé-jeuner, votre perche en friture... elle était excellente... — n'est-ce pas, Marguerite ?...

« La jeune femme, ainsi interpellée, répondit timidement :

« — Oui, mon ami...

« J'aurais voulu parler,—mais j'éprouvais l'impérieux besoin de ne point dire de banalités, et mon esprit troublé ne me suggérait pas autre chose...

« Je gardai donc le silence, en m'inclinant avec un geste de dénégation, comme pour protester contre les éloges exagérés que le commandant prodiguait à moi et à ma perche.

« Il profita de mon mutisme pour continuer :

« — Monsieur a bien voulu se charger de remettre en bon état mon ancêtre Jean-Nicolas-Robert, qui, depuis des années, comme tu sais, était au grenier...—Tu peux voir, en jetant un coup d'œil sur cette toile, que monsieur s'est acquitté de cette tâche difficile avec une inappréciable supériorité... — Regarde le nez de mon ancêtre, je te prie, Marguerite; — comment le trouves-tu ?...

« — Admirable!... — dit la jeune femme avec un sourire.

« — N'est-ce pas? — ajouta le commandant avec conviction ; — pour ma part, je n'ai jamais vu de nez plus parfait...—en l'examinant, on se sent l'envie de lui proposer un mouchoir de poche...

« Je m'étais remis de ma première émotion, — je ne pus retenir un éclat de rire.

« Marguerite fit chorus avec moi. — Le commandant, entraîné par l'exemple, nous imita, et Gibby, peu accoutumée à cette gaieté bruyante, aboya de toutes ses forces.

« — Ah!... — s'écria M. de Ferny en saisissant ma main et la secouant, — il faut en convenir, mon jeune ami, vous nous portez bonheur!... — il y a bien longtemps qu'on n'avait ri dans cette maison... — depuis la mort de sa mère, ma pauvre Marguerite est si triste...

« Cette parole, malheureusement jetée au milieu de la gaieté enfantine et passagère de la jeune femme, arrêta le rire sur ses lèvres et mit des larmes dans ses yeux.

« Le vieillard frappa du pied.

« — Sacrebleu!... — dit-il,—en vérité je suis un fier maladroit!... — chassons les souvenirs attristants, et venez visiter les fleurs de Marguerite... — voulez-vous?

« — Si vous ne me l'aviez proposé, j'en aurais fait la demande à madame et à vous...

« — Ça ne va guère vous amuser, vous qui avez vu des fleurs bien autrement curieuses en Grèce, en Turquie, en Afrique, et ailleurs encore...

« — Comment, monsieur? — me demanda Marguerite avec ce même regard naïvement curieux qu'elle avait jeté sur moi quelques jours auparavant en me parlant des levrettes de M. de Lamartine; — vous avez vu les fleurs de tous ces pays-là?...

« — Oui, madame... j'ai eu ce plaisir...

« — Elles doivent être bien belles?...

« — Un grand nombre d'entre elles ont un éclat qui tient du prodige... — une inimitable élégance... — une invraisemblable variété de couleurs...

« — Vraiment! — murmura la jeune femme en ouvrant ses grands yeux.

« Là-dessus, je me mis à improviser un feuilleton parlé, dans lequel j'étalai les fantastiques trésors d'une Flore de pure fantaisie, qui faisait un beaucoup plus grand honneur à mon imagination qu'à la véracité et à l'exactitude de mes souvenirs de voyageur.

« Marguerite coupait de temps en temps mes hyperboles par d'admiratives et involontaires exclamations.

« — Mon Dieu, — dit-elle, quand j'eus achevé mes tirades, — que vous êtes heureux, monsieur, d'avoir vu tout cela... — Vous aimez les fleurs, n'est-ce pas?...

« — Passionnément!...

« — Moins que les échecs et la pêche à la ligne, j'espère? — fit le commandant.

« — Un peu moins, sans doute; — mais cependant beaucoup. — Dans mes affections, les fleurs occupent la troisième place...

« — A la bonne heure!... — grommela M. de Ferny.

« Marguerite reprit :

« — Comment oser vous montrer les miennes, après les admirables descriptions que vous venez de nous faire?...

« Je me hâtai de répondre :

« — Je vous en prie, madame, ne dites point de mal des fleurs de France... — moins éclatantes peut-être que leurs sœurs orientales, elles ont des nuances douces et de suaves parfums qui ne se rencontrent point ailleurs...

« — Enfin,—interrompit le commandant que ces dissertations botaniques commençaient à fatiguer, — telles qu'elles sont, nous les verrons... — descendons au jardin...—montre-nous le chemin, Marguerite?...

« La jeune femme passa la première.

« Nous la suivîmes, et, au bout d'un instant, nous étions au milieu de plates-bandes admirablement tenues et remplies de fleurs devant lesquelles je pus m'extasier sans flatterie aucune.

« De même que je t'ai fait grâce tout à l'heure de mon feuilleton fantaisiste, je te fais grâce maintenant de l'énumération des merveilles du jardin de Marguerite.

« Je puis t'affirmer seulement que mon enthousiasme fut sincère.

« L'eûrait-il été de même si je n'avais cru retrouver dans toutes ces fleurs quelque chose du parfum de celle qui les faisait croître?

« Is the that question... — comme dit le vieux Will Sakespeare.

« En présence de mon admiration expansive, Marguerite était rayonnante.

« Il me sembla que le moment de démasquer l'une de mes batteries était arrivé.

« — Mon cher commandant, — dis-je au vieillard,— il faut que j'obtienne de vous une faveur...

« — Vous savez bien, mon jeune ami, que je n'ai rien à vous refuser...

« — Au fait, — répliquai-je en riant, — c'est vrai!... ne sommes-nous pas liés l'un à l'autre par la franc-maçonnerie de la ligne et des échecs?...

« — Et aussi, — ajouta le vieillard, — par le nez de Jean-Nicolas-Robert, grand-père de mon trisaïeul... — voyons, de quoi s'agit-il ?

« — Oh! mon cher, la chose du monde la plus simple... — j'ai rapporté, des jardins d'Athènes, et de ceux de Constantinople et d'Alger, quelques graines d'une culture facile. — je veux que vous m'autorisiez à offrir à madame de Ferny la moitié de ces graines ..

« Le visage de Marguerite s'empourpra de joie.

« — Oh! mon ami... — dit-elle à son mari d'un ton suppliant,— des fleurs de Grèce et de Turquie, songez donc...

« — Mais tu ne penses pas, mon enfant, qu'en acceptant, tu priverais M. Henry...

« — C'est vrai... — fit tristement la jeune femme, — monsieur est trop bon... nous ne pouvons pas... nous ne devons pas accepter...

« — Commandant, — m'écriai-je à mon tour, — par Jean-Nicolas-Robert,— par les hameçons à cinq pointes et par les cases de l'échiquier, je vous adjure de faire droit à ma requête!...

« — Vous y tenez absolument?

« — J'y tiens plus que je ne saurais le dire...

« — Hier, vos cigares!... aujourd'hui vos graines!... — vous êtes au pillage, mon jeune ami!...

« — Mon plus vif désir est d'être pillé...

« — Dans ce cas, que votre volonté soit faite...—Vous allez rendre Marguerite bien heureuse...

« — Oh! monsieur!... — balbutia la chère enfant, — comment vous remercier?

« — En ne me remerciant pas...

« Marguerite prit Gibby dans ses bras, — heureuse Gibby! — et l'embrassa avec effusion, — trop heureuse Gibby! — en lui disant :

« — Entends-tu bien, ma belle petite fille, nous allons avoir des fleurs nouvelles... des fleurs comme tu n'en as jamais vu... des fleurs d'Athènes et de Constantinople et d'Alger!.. — Entends-tu, Gibby... quel bonheur!

« Gibby n'entendait probablement pas; — mais elle rendait à sa maîtresse les caresses qu'elle en recevait, et son museau rose se promenait tout à son aise sur les joues roses et sur les lèvres roses de Marguerite.

« Si la métempsychose existe, l'ex-vivant dont l'âme est venue habiter le corps de la levrette blanche n'a pas besoin de chercher son paradis ailleurs que dans ce monde...

« Décidément, je suis jaloux de Gibby!

« Au bout d'un instant, je repris :

« — Demain, j'apporterai les graines...

« — Et vous serez le bien-venu, — dit le commandant...

« — Croyez-vous, monsieur, — me demanda Marguerite, — que je viendrai à bout de les cultiver pas trop maladroitement?

« — Ce n'est pas douteux. — J'aurai d'ailleurs le plaisir de vous donner quelques explications écrites, qui se trouvent dans mes notes, et qui vous rendront la chose extrêmement facile...

« Tu comprends que je copierai tout bêtement les indications de ta bienheureuse brochure. — Ami véritable et intelligent, je te bénis!...

« Je poursuivis :

« — Maintenant, commandant, je vais avoir l'honneur de prendre congé de vous et de madame...

« — Déjà?

« — Je crains...

« — D'être importun, n'est-ce pas?... allons donc!... — vous savez bien le contraire. — Voyons, est-ce que le cœur ne vous dit rien?... — est-ce que nous nous séparerons sans avoir combattu?... — Je vous dois une revanche pour la dernière partie d'hier... — ne me la demandez-vous point?

« — Ah! commandant, j'y songeais... — j'y songeais beaucoup... mais je n'osais pas...

« — Sérieusement?... — Eh bien, une fois pour toutes, sachez que je suis toujours prêt, et toujours votre homme...

« — Je ne l'oublierai plus...

« — Marguerite?

« — Mon ami?

« — Va mettre l'échiquier sur la table du salon, je te prie, et prépare-nous des grogs...

« — Oui, mon ami...

« Et Marguerite s'élança vers la maison avec la grâce et la légèreté d'une véritable enfant de seize ans.

« Oh! Marguerite, Marguerite, il faut bien vous aimer, pour songer sans frémir à l'incalculable quantité d'échec au roi qu'il me va falloir subir pour l'amour de vous!...

« Et encore, pourvu qu'un jour il arrive, ce moment où je pourrai me dire : Ce sont là les petits malheurs d'un amant heureux!

« Mais si, par un destin funeste, un échec à l'amant devait au contraire terminer l'entreprise où mon cœur me conduit?...

« N'y pensons pas, ce serait trop triste!...

« Nous nous installâmes dans un salon plein de portraits d'ancêtres, et de ces gravures dont le seul aspect fait mal aux nerfs.

« Je savourai, tout en jouant, un grog au kirsch, préparé par les blanches mains de ma bien-aimée, et je perdis avec un bonheur infini et des jouissances ineffables trois parties de suite.

« — Vous avez aujourd'hui un guignon d'enfer, mon jeune ami, — me disait de temps en temps le commandant.

« Et il ébranlait les murailles du salon par son gros rire.

« Ce Prudhomme-gentilhomme est plus vigoureux, avec ses soixante et dix ans, que bien des jeunes gens. — Il vivra aussi longtemps que Mathusalem, de biblique mémoire!...

« La troisième partie achevée et perdue, M. de Ferny me laissa seul dans le salon.

« Il passa dans une pièce voisine, — il appela Marguerite, et un colloque assez long s'engagea entre eux.

« — Ecoutez, — me dit-il en rentrant, — j'ai fait jusqu'à présent tout ce que vous avez voulu...—c'est à votre tour de faire ce que je vais vous demander...

« — Quoi que ce soit, je m'engage d'avance...

« — Eh bien, si vous n'êtes pas homme à reculer devant un mauvais dîner, venez demain partager le nôtre. — Ça vous va-t-il?

« — On ne peut mieux, et je suis reconnaissant de votre charmante invitation...

« — Ce sera sans façon tout à fait... — après dîner nous fumerons un cigare dans le jardin, et ensuite, ma foi, vivent les échecs!...

« — Cette perspective est ravissante!...

« — N'est-ce pas?... — A propos, pêchez-vous, demain matin?

« — Cela m'est impossible, — à mon grand regret. — J'ai des lettres pressantes à écrire...

« — Dans ce cas, nous ne nous verrons qu'à dîner... — A demain, mon jeune ami...

« — A demain, commandant..,

« Et je partis, sans avoir revu Marguerite.

« Or, tout ceci se passait hier; — demain, c'est aujourd'hui, et dans deux heures je serai à table en face de celle que j'adore...

« Juge de ma joie! ou plutôt de mon délire!...

« Je te tiendrai au courant, et, en attendant, je te garde toute la portion de mon cœur qui n'est pas prise par Marguerite.

« H. V. »

XXIX. — Lettre n° 3.

Huit jours s'écoulèrent.

Au bout de ces huit jours, Henry Varner écrivit à son ami une lettre que voici :

« D'abord, mon très-cher, merci .. — J'ai tout reçu, les engins de pêche et les cigares... tout est bien, tout est parfait...

Deux vrais amis vivaient au Monomotapa,

a dit le bonhomme de Château-Thierry.

« Le Monomotapa, pour moi, c'est Paris, puisque tu y es resté!...

« Un peu plus loin le même bonhomme s'écriant :

Qu'un ami véritable est une douce chose!...

« Grâce à toi, je suis entièrement de son avis. — Si je m'appelais Pollux, je te nommerais Castor... — si tu t'appelais Pylade, je me nommerais Oreste!...

Puisque j'ai dans Paris un ami si fidèle,
Ma fortune va prendre une face nouvelle... .

« Tout à l'heure je citais du Lafontaine, — maintenant, j'arrange, ou plutôt je dérange du Racine!... — Tu vois, ô mon fidus Achates, que je possède assez convenablement mes classiques!...

« Dans le billet de quelques lignes qui accompagnait ton dernier envoi, tu me dis de prendre bien garde à moi, attendu que je te parais fort dangereusement épris, — et tu me donnes les plus sages conseils qu'un homme de bon sens puisse adresser à un fou...

« Tu as raison, cent fois raison, mon très-cher... — mais tu sais aussi bien que moi, qu'avec toute la bonne volonté du monde, je ne puis absolument rien changer à ce qui arrive.

« En amour je suis fataliste...

« Ma destinée a été de tout temps d'aimer Marguerite... — je vais où ma destinée me pousse...

« Si j'arrive à quelque fatale issue, tant pis pour moi... — C'est écrit là-haut. — comme disent les Turcs.. — Allah est grand...

« Tu trouves que j'ai la tête à l'envers, n'est-ce pas ?
« Parbleu !...

« Maintenant, tu veux savoir si, depuis une semaine, mon roman a marché.

« Écoute, ou plutôt lis, — et, en lisant, souris, — car je deviens plus naïf, ma parole d'honneur, qu'une pastorale de M. de Florian, et bientôt sans doute, troquant mon nom pour celui de Tircis ou de Némorin, je m'en irai, muni d'une houlette à rubans roses, garder de blancs moutons dans une verte prairie, en soupirant des sonnets qui sentiront l'ambre et la poudre à la Maréchale...

« Une heure après avoir mis à la poste ma dernière lettre à ton adresse, j'arrivai chez le commandant, muni de mes graines exotiques et de mes petites instructions soigneusement copiées.

« Je fus introduit dans la salle à manger, où M. de Ferny s'occupait à mettre en bon ordre un escadron de bouteilles poudreuses.

« Le vieillard me fit l'accueil le plus empressé et me présenta à Jean-Nicolas Robert, qui, tout fier de son nouveau nez (quel atroce jeu de mots !...) — avait pris glorieusement sa place dans le panneau qui l'attendait depuis si longtemps.

« — Ah çà mais, commandant, — m'écriai-je en désignant les bouteilles, — est-ce que par hasard vous avez le projet que nous vidions tout cela ?...

« — Le nombre vous effraye ?... — demanda le commandant en riant.

« — Beaucoup, je l'avoue.

« — On a bien raison de le dire, les fils ne valent pas ce qu'ont valu les pères !... — Dans ma jeunesse un gaillard de votre âge et de votre force n'aurait point hésité à attaquer tout seul cette malheureuse dizaine de fioles !... — il paraît qu'aujourd'hui ce n'est plus de même !... — Enfin, rassurez-vous, nous dégusterons les crûs divers que ces demoiselles contiennent dans leurs flancs arrondis ; mais nous nous arrêterons quand vous voudrez...

« — De cette façon tout ira bien...

« — Maintenant, descendons au jardin où Marguerite doit nous attendre et où l'on viendra nous annoncer que le dîner est servi...

« Marguerite était en effet dans le jardin, assise sur un banc rustique placé sous une tonnelle de verdure adossée au mur d'enceinte.

« En nous voyant elle se leva et vint à notre rencontre.

« Elle me parut, — tu ne me croiras pas, mon ami, et, cependant c'est de la plus littérale vérité ! — elle me parut, dis-je, mille fois plus jolie encore que la veille...

« Et quelle élégante et adorable simplicité dans sa mise !...

« Jamais la plus divine Parisienne ne fut gracieuse et séduisante à ce point !...

« Elle portait une robe de soie d'un bleu pâle, avec des nœuds de velours noir au corsage... — elle avait des nœuds pareils dans ses beaux cheveux.

« De la main droite elle tenait un bouquet de roses.

« Comme la veille, elle rougit légèrement en me voyant ; — mais crois-le bien, je ne suis pas fat et je n'attribue cette rougeur qu'à son extrême timidité.

« Je suis, sans aucun doute, le seul étranger qui, depuis son mariage, ait mis les pieds dans la maison de son mari...

« Tout en me parlant et en me remerciant de mes graines turques et grecques, elle plongeait d'instant en instant son doux visage dans les feuilles parfumées de ses roses, moins fraîches et moins veloutées que ses joues.

« Si Grandville avait eu l'heureuse chance de voir Marguerite au milieu de ses fleurs, quel type idéal il aurait ajouté aux adorables types de ses *fleurs animées !*

« De temps en temps la jeune femme me regardait ; mais, aussitôt que son regard rencontrait le mien, ses paupières s'abaissaient sur ses yeux d'un azur si sombre, et ses longs cils projetaient leur ombre sur ses joues.

« Quelques minutes se passèrent ainsi, puis un domestique apparut sur la marche supérieure de l'escalier qui de la maison descend au jardin, et, tout du haut de sa tête, cria :

« — Eh ! madame, si vous voulez venir... la soupe est sur la table...

« — Allons, allons, — dit le commandant, — ne laissons pas refroidir la soupe... c'est ce que je disais toujours à ces messieurs, à la pension des officiers...

« Puis il ajouta :

« — Donne ton bras à M. Varner, Marguerite.

« Je m'approchai vivement de la jeune femme qui passa son bras sur le mien.

« Je ne saurais exprimer la sensation que me fit éprouver le contact de cette chair fraîche et ferme, qui ne s'appuyait qu'à peine et semblait craindre de me toucher...

« Depuis que je suis homme j'ai pressé bien des femmes contre mon cœur, — ma bouche ardente s'est unie à bien des lèvres palpitantes...

« Et cela est tout simple. — Mes maîtresses d'autrefois, je ne les aimais qu'avec mes sens...

« J'aime Marguerite, au contraire, tout à la fois avec mes sens, avec mon cœur et avec mon âme.

« Nous nous mîmes à table. — Je me trouvais à la droite du commandant et en face de sa femme.

« La table était servie avec un certain luxe de vieille argenterie massive, datant du règne de Louis XIV, et portant l'écusson des Ferny à moitié effacé par le temps.

« N'est-il pas bizarre de penser que ce vulgaire bourgeois, s'écriant il y a deux minutes : — *Ne laissons pas refroidir la soupe !* — est le dernier rejeton d'une race de grands seigneurs, qui va s'éteindre avec lui ?...

« Le dîner fut exquis. — Les plats, peu nombreux, mais savamment accommodés, me donnèrent une haute idée de la cuisine de province, que je ne connaissais encore que par la chère très-médiocre des tables d'hôte.

« Marguerite, — à laquelle sa timidité donne décidément une grâce de plus, — parla très-peu ; mais chaque mot prononcé par elle m'apportait une preuve de son éducation cultivée et de son esprit naturel...

« Cette enfant est une perle, un diamant sans tache !... et elle appartient à un homme qui peut bien l'aimer d'une tendresse grossière et brutale, mais qui est incapable d'apprécier l'incommensurable valeur du joyau dont l'aveugle destinée l'a fait le maître !...

« Allons, le docteur Pangloss est en définitive un imbécile, et tout n'est pas pour le mieux dans le meilleur des mondes !...

« En veux-tu la preuve à l'instant même ?... — Je vais te la donner.

« Fidèle au programme qu'il s'était tracé, le commandant but de tous les vins et il en but immodérément, quoiqu'il lui fût impossible de me décider à lui tenir tête.

« — C'est ainsi qu'on manœuvrait les flacons au 5e cuirassiers, les jours de gala !... — répétait-il en sablant rasade sur rasade.

« Puis, chaque fois qu'il venait de vider son verre, il le renversait de manière à recevoir sur l'ongle du pouce de sa main gauche la dernière goutte du liquide transparent, et il s'écriait :

« — Rubis sur l'ongle !...

« Peu à peu son visage s'empourpra, et il me sembla que sa langue devenait pâteuse.

« Marguerite s'en aperçut aussi bien que moi.

« — Mon ami, — dit-elle timidement d'un air de profonde anxiété, — est-ce que vous ne craignez pas...

« Elle s'interrompit, n'osant compléter sa phrase.

« — De me griser ?... acheva M. de Ferny en goguenardant, — c'est ça que tu veux dire, petite ?... — Eh bien, sois paisible !... — Le liquide est l'ami du militaire en retraite !... — un ex-chef d'escadron du 5e cuirassiers se sent capable d'absorber le contenu de tous les tonneaux de la Bourgogne sans perdre son sang-froid, aussi vrai qu'il est vrai que je devrais être aujourd'hui maréchal de France !...

« Et le commandant, — comme pour démontrer que son assertion reposait sur des bases solides, — continua de remplir son verre sans relâche, et de le vider de même.

« Sous l'influence de ces libations réitérées, il devint bavard outre mesure et il se lança dans le récit de certaines aventures de garnison, passablement graveleuses, sinon tout à fait indécentes, qui forcèrent Marguerite à baisser les yeux, puis la tête, et mirent sur son beau front si pur la pourpre ardente de la confusion et de la honte.

« Vainement j'essayai de rompre le fil de la narration du commandant, et de l'embarquer dans un autre ordre d'idées; — avec l'obstination des gens surexcités par le vin, il revenait toujours, et par le chemin le plus court, à ses anecdotes scandaleuses.

« Je comprenais ce que devait souffrir Marguerite, forcée ainsi de rougir devant un étranger, devant un jeune homme, par le fait de son vieux mari, et je ressentais le contre-coup de son douloureux embarras...

« Enfin, rien au monde ne fut plus pénible pour moi que la seconde partie de ce repas joyeusement commencé et qui me semblait ne devoir jamais finir...

« On apporta le café et les liqueurs; — je frémis en voyant M. de Ferny mettre la main sur un carafon rempli de rhum.

« — Il va s'achever! — pensai-je.

« Et, pour essayer une diversion, je m'écriai :

« — Dites-moi, commandant, n'allons-nous pas faire un tour de jardin en fumant un cigare, pour nous donner ensuite, tout entiers et corps et âme, aux échecs.

« — Oui... oui... — fit-il en se levant non sans une certaine difficulté, — vous avez raison, mon jeune ami... — j'allais oublier les échecs, moi... Ah! diable!... vous n'aurez qu'à vous bien tenir.... je me sens en veine... je vais chercher des cigares...

« Et le commandant sortit.

« Je restai en tête à tête, pendant quelques secondes, avec la jeune femme.

« — Monsieur, — me dit-elle d'une voix presque suppliante et avec l'accent de la plus complète sincérité, — je vous en prie, n'allez pas juger M. de Ferny sur le dîner d'aujourd'hui... — je ne comprends rien à ce qui se passe... et je vous affirme que je ne connais personne dont les habitudes soient plus sobres, je dirai même plus frugales que celles de mon mari.

« J'allais répondre une banalité quelconque, — je n'en eus pas le temps. — Le commandant rentrait avec des cigares.

« Nous descendîmes au jardin, où Marguerite trouva un prétexte pour ne pas nous suivre, et où M. de Ferny se jeta de nouveau, tout à son aise, dans les épisodes les plus diffus des galanteries de sa jeunesse.

« — Et, maintenant, — dit-il quand il fut fatigué de parler, — maintenant, aux échecs !...

« Quiconque se propose de devenir l'amant de la femme, se fait, de droit, l'esclave du mari...

« Ceci est élémentaire.

« J'obéis donc passivement, et nous commençâmes une partie qui ne dura guère, — car, au bout de moins de dix minutes, le commandant, ses coudes sur la table et sa tête dans ses mains, s'endormit profondément.

XXX. — Installation.

« J'ai pitié de toi, mon cher ami, — je ne veux point abuser de ton dévouement si beau, et t'écraser sous la longueur de mes incommensurables épîtres...

« Je vais abréger de telle sorte que quelques lignes, je l'espère, me suffiront pour te mettre au fait de l'emploi de ces huit derniers jours et de leurs résultats.

« Le lendemain du dîner que je viens de te raconter sommairement, j'allai faire à M. et à madame de Ferny cette visite que le monde, dans son langage quelquefois si vulgaire et si laid, appelle *visite de digestion*.

« Le commandant me reçut avec un très-visible embarras; — évidemment il était honteux de ses excès de la veille au soir.

« Il avait la tête lourde, — l'œil terne, — la langue pâteuse.

« En présence de la contrainte manifeste de mon hôte, je ne me sentais nullement à l'aise. — Heureusement le vieux soldat, voulant se soustraire à une situation fausse et pénible, prit un parti sage qui mit fin à notre gêne mutuelle.

« — Il paraît, mon jeune ami, — me dit-il, — qu'hier au soir je vous ai donné un fort mauvais exemple que vous avez bien fait de ne pas suivre... — j'étais, après-dîner, un peu... un peu... comment dirais-je?... — le mot ne me vient pas; mais c'est égal, vous me comprenez... — que voulez-vous? j'avais trop compté sur la force de ma tête et de mes nerfs, — je ne peux pas m'accoutumer à l'idée que je ne suis plus qu'un vieux bonhomme... — le 5e cuirassiers a été honteusement humilié en ma personne !... — je vous dirai à quoi cela tient... — Depuis plusieurs années je suis d'une sobriété si grande, que je ne bois guère que de l'eau rougie à mes repas... — hier, joyeux de votre présence, j'ai fait un faible *extra* qui ne m'a point réussi... — j'ai rompu avec mes bonnes habitudes et j'en ai été puni... — ma femme est furieuse, et vous-même, j'en ai peur, vous avez perdu les trois quarts de votre estime pour moi...

« J'affirmai qu'il n'en était rien, et je le fis dans des termes si vifs, que le commandant se laissa facilement persuader.

« Nous allâmes passer quelques instants au jardin auprès de Marguerite qui semait ses précieuses graines, — puis nous regagnâmes le salon pour y reprendre et y parachever la partie d'échecs si malencontreusement interrompue la veille par le sommeil intempestif du vieillard.

« Dans un entr'acte, entre deux coups héroïques, il me dit :

« — Le but principal de votre séjour à Vesoul est le dessin, n'est-ce pas?...

« — Sans aucun doute.

« — Eh bien, il m'est venu une idée...

« — Laquelle?

« — Je connais à merveille, comme bien vous pensez, tous les coins et tous les recoins de ce pays qui est le mien... — consacrons deux ou trois jours à parcourir ensemble les environs... — je peux vous guider mieux que personne, et du moins vous saurez tout de suite quels sont les endroits qui, par la suite, mériteront de fixer vos crayons...

« La proposition me souriait médiocrement, mais comme je n'entrevoyais aucun moyen de l'éluder, je fis contre mauvaise fortune bon cœur et je l'accueillis avec enthousiasme. Hélas! dans une vie humaine, combien d'enthousiasme de commande comme celui-là !...

« — Et, — demandai-je, — quand commencerons-nous notre tournée ?

« — Le plus tôt sera le mieux, n'est-ce pas ?

« — C'est mon avis.

« — Eh bien, demain matin.

« — C'est entendu. — L'heure du départ?...

« — Six heures précises.

« — Lequel de nous deux prendra l'autre?

« — J'irai vous chercher à l'hôtel.

« — Le mode de locomotion?

« — Ne vous inquiétez de rien, je me charge de ce détail...

« — Et nos repas?

« — Les auberges des villages dans lesquels nous ferons un temps d'arrêt, y pourvoiront...

« — C'est parfait !...

« Le lendemain, à six heures précises, le commandant arrivait à la porte de l'hôtel de la Madeleine avec un char-à-bancs à deux places qu'il avait procuré chez un loueur de carrioles et qu'il devait conduire lui-même.

« Nous partîmes et nous ne revînmes que le soir, après avoir fait pas mal de chemin et visité une demi-

douzaine de sites que mon guide déclarait tous plus remarquables les uns que les autres, — opinion exaltée que
je me gardais bien de combattre.

« Il en fut de même le lendemain, puis le surlendemain.

« Le commandant voulait continuer, mais je déclarai
que j'en savais les uns assez, et qu'avec ce que nous avions
vu, je trouverais sans peine à occuper mes crayons et
mes pinceaux pendant six mois au moins...

« En conséquence, dès le jour suivant, je cherchai un
appartement garni dans lequel il me fût possible de
m'installer plus commodément que dans une chambre
d'hôtel.

« Les logements tels que celui que je désirais ne manquent point à Vesoul qui est une ville de garnison, et,
par conséquent pleine d'officiers.

« Je trouvai, dans la rue de Breuil, au premier étage,
deux petites pièces très-propres, précédées d'une antichambre et faisant parfaitement mon affaire.

« Dans la cour de la maison une écurie et une remise
étaient vacantes; — je les louai.

« J'achetai un cheval à l'un des deux maquignons
d'un village voisin qui se nomme Pusey; — je fis emplette d'une jolie américaine et d'un harnais chez un
sellier de la rue même où j'avais mon logement; —
M. de Ferny me procura pour domestique un soldat qui
venait d'avoir son congé... — et je me trouvai ni plus
ni moins bien établi que si je devais passer tout le reste
de mon existence dans le chef-lieu du département de
la Haute-Saône.

« Tu te dis et tu te répètes qu'il faut que je sois
complétement fou pour apporter une telle perturbation
dans ma vie, pour rompre violemment avec toutes mes
habitudes, et cela à propos d'une femme que je ne connaissais pas il y a dix jours...

« Eh bien, non, je ne suis pas fou!...

« Une seule affirmation va te prouver à quel point
j'aime Marguerite, et combien l'amour qu'elle m'inspire
est sérieux et sera durable; cette affirmation, la voici :

« — Si Marguerite était encore fille, ou si elle devenait veuve, je n'en ferais pas ma maîtresse, — j'en ferais
ma femme!...

« Toi qui me connais bien, juge de ce qui se passe en
moi, pour me métamorphoser ainsi!...

« Maintenant, Marguerite m'aime-t-elle?...

« Non, — elle ne m'aime pas encore, — du moins je le
crois; — mais elle m'aimera un jour, — j'en ai la conviction; — je dirai plus, j'en ai la certitude!... — Certains irrécusables indices me permettent de le prédire
avec autant de confiance que peut en avoir un pilote
émérite du Havre ou de Dieppe, en annonçant le calme
ou la tempête pour la fin du jour.

« Je te le répète, Marguerite ne m'aime pas encore; —
et cependant, aujourd'hui déjà, quand son regard se
croise avec le mien, il se détourne bien vite, mais c'est
en prenant à son insu une expression plus tendre, — et,
lorsque cette chère enfant adorée s'aperçoit que mes
yeux sont fixés sur elle et la contemplent longuement
et avec adoration, ce n'est plus la timidité qui fait monter une rougeur vive à ses joues...

« Hier, par un hasard involontaire, nos deux mains
se sont rencontrées en s'avançant vers une même fleur.

« Marguerite est devenue bien rouge en retirant la sienne...

« Je te dis qu'elle m'aimera!...

« A toi, mon ami, à toi,

« H. V. »

XXXI. — Amour... Amour!...

Henry Varner ne se trompait pas.

Oui, Marguerite allait l'aimer, — et, bien plus, elle
l'aimait sans le savoir, avec toute la candeur de son âme,
avec toute la naïveté de son cœur.

Pour la seconde fois de sa vie, la pauvre enfant était
la dupe de son angélique innocence.

Deux ans auparavant elle s'était livrée en esclave à un
vieux mari, parce qu'elle ignorait ce que c'était que
mariage.

Maintenant, — et parce qu'elle ne savait pas ce que
c'était que l'amour, — elle s'abandonnait sans défiance
et sans résistance à l'instinct secret et irraisonné qui la
poussait vers Henry Varner.

A mesure que passaient les jours, elle sentait grandir
en elle une vive et profonde affection pour le jeune
homme, et, contre cette tendresse qu'elle croyait purement fraternelle, contre cet irrésistible et impérieux
attachement qui lui semblait légitime et chaste, elle ne
cherchait même point à lutter.

Pourquoi lutter?...

Henry n'était-il pas venu prendre une place dans sa
vie pour la consoler de toutes ses douleurs!... — pour
lui faire oublier toutes ses angoisses, — pour remplir à
tout jamais le vide de ses pensées, — pour chasser l'écrasant ennui qui l'obsédait?...

Comment ne l'aurait-elle pas aimé, celui qui la comprenait si bien?... — celui dont le regard affectueux savait la consoler et la soutenir?...

D'ailleurs, faisait-elle autre chose que d'obéir aux
volontés clairement manifestées de son mari, et de suivre l'exemple qu'il lui donnait? — et encore son affection pour Henry Varner était bien plus cachée, bien
moins démonstrative que celle du commandant.

M. de Ferny ne pouvait plus se passer de la présence
de notre héros.

Il s'était engoué de lui à tel point qu'il l'accompagnait
partout, et que c'est à peine s'il lui laissait, dans la
journée, une ou deux heures de relâche.

Lorsque Henry allait dessiner, le commandant ne le
quittait pas et, fumant à côté de lui, examinait d'instant en instant son travail et lui donnait les conseils les
plus saugrenus, que l'artiste acceptait avec une muette
résignation.

La pêche à la ligne, — les interminables parties d'é-
checs, et les promenades dans l'américaine du jeune
homme, — promenades que Marguerite partageait souvent, — remplissaient le reste du temps.

Trois ou quatre fois par semaine, le commandant
amenait Henry dîner chez lui; — les autres jours, —
lorsque la pluie ou le froid ne permettaient point de sortir en voiture, — Henry venait passer ses soirées dans la
maison de la rue de la Préfecture.

M. de Ferny, avec cet incompréhensible aveuglement
si commun chez les maris de tous les âges et de toutes
les conditions, ne s'apercevait point du danger presque
inévitable auquel il exposait Marguerite en introduisant
ainsi dans son intimité la plus familière un homme très-
jeune et très-distingué.

Mais ce danger, si complétement inaperçu pour le
commandant, sautait aux yeux de tout le monde.

Il n'était bruit dans la ville que du *ménage à trois*
accepté avec une rare complaisance par le vieillard, et
le bruit public répétait sur tous les tons que Henry était
l'amant de Marguerite, à une époque où Marguerite
ne se doutait pas seulement encore qu'elle aimât Henry.

La situation aurait pu rester longtemps telle que nous
venons de la mettre sous les yeux de nos lecteurs, car
notre héros, passionnément épris, et rendu timide et
peu exigeant par l'intensité même de sa passion, se sentait heureux rien que de vivre dans la même atmosphère
que Marguerite, — de la voir librement chaque jour, et
presque à chaque heure du jour, — de s'enivrer du son
de sa voix, de respirer le faible et doux parfum émané
de sa chevelure et de ses vêtements...

Dans ces mystérieuses jouissances, il trouvait un
charme ineffable et si grand, que c'est à peine s'il désirait quelque chose de plus; — alors du moins qu'il
était en présence de Marguerite et sous la chaste influence de sa beauté candide et pure; — car, lorsque
rentré chez lui il se retrouvait isolé, — pendant ses longues nuits solitaires, — la fièvre de la jeunesse et des
sens se réveillaient avec leurs ardeurs inassouvies!...— à
l'amour immatériel se joignait le cortège des désirs en-
flammés, — le rêve audacieux enlevait à Marguerite son

auréole de pudeur... — l'ange cédait la place à la femme et la femme devenait une maîtresse impétueuse.

Mais Marguerite ne se doutait point des tempêtes que soulevait son image dans l'âme d'Henry Varner, — tempêtes que sa seule présence, nous le répétons, apaisait comme par enchantement.

Ainsi que la salamandre symbolique du roi chevalier, elle marchait sans le savoir au milieu des flammes et ne s'apercevait même pas du feu qui la consumait.

Et cependant, le jour ne devait point tarder où Marguerite, éclairée enfin, jetterait sur elle-même un regard épouvanté.

Mais alors il serait trop tard... — l'embrasement serait complet !...

§

L'automne avait passé, — puis une grande partie de l'hiver.

Le printemps était proche, — le mois de mars venait de commencer.

Il faisait froid, — le soleil brillait dans un ciel d'une admirable pureté, mais ses rayons sans chaleur ne savaient que rendre étincelant, comme autant de diamants, le givre suspendu aux branches des arbres, sans même entamer l'éclatante surface de la neige qui couvrait la campagne et que la gelée durcissait.

Henry avait métamorphosé son américaine en traîneau, en faisant remplacer le train et les roues par des patins légers.

On était convenu, la veille, que le jeune homme viendrait prendre vers midi le commandant et sa jeune femme, pour une promenade.

A l'heure dite, Marguerite, chaudement encapuchonnée, montait dans le traîneau improvisé, où M. de Ferny, roulé dans son manteau comme un saucisson d'Arles, prit place auprès d'elle.

Henry conduisait.

Le but de la promenade était une visite au gouffre du Fray-Puits. — Ce gouffre, un des plus bizarres phénomènes qui soient en France — (voir les *Merveilles de la nature* et les *Guides du voyageur*), — est un abîme, en forme d'entonnoir, situé à une lieue et demie de Vesoul, sur une côte aride et rocheuse, et placé à la tête d'une vallée profonde qui vient aboutir au vaste bassin des prairies qui entourent la ville.

Au fond de cet abîme se trouve une source peu abondante, recouverte à demi par un immense rocher.

Jusqu'ici rien de plus simple, mais voici où commence le phénomène : deux ou trois fois par an, la source se met à bouillonner, — l'eau s'agite et monte, — lentement d'abord, puis plus vite, puis avec une rapidité prodigieuse, — elle remplit le gouffre jusqu'aux bords, — elle trouve une issue dans la vallée profonde qu'elle transforme en un torrent rapide et large, et, en quelques heures, elle inonde les prairies du bassin de Vesoul...

Si vous tenez beaucoup à apprendre d'où peut provenir cette immense quantité d'eau, demandez-le aux géologues et aux savants, — ils vous répondront qu'ils n'en savent rien...

L'orifice du Fray-Puits se trouve à cinq ou six minutes de chemin de la grande route.

Le commandant, lorsqu'on fut arrivé à l'endroit le plus rapproché de l'abîme, fit arrêter le traîneau, qui resta sous la surveillance du domestique.

Marguerite, Henry et M. de Ferny s'engagèrent, à travers champs, dans la neige, arrivèrent aux bords du gouffre béant.

Aucune éruption n'ayant lieu dans ce moment, rien au monde n'était moins curieux que cette curiosité.

Les trois promeneurs allaient revenir sur leurs pas, quand Marguerite avisa, sur le versant du précipice, quelque chose de jaune et de vert qui se détachait vivement contre la surface du rocher nu, dans un endroit que des touffes de broussailles avaient mis à l'abri de la neige.

— Qu'est-ce donc que cela ? — demanda-t-elle.

— Cela ? — répondit Henry, — c'est une fleur...

— Au mois de mars !... quelle chose bizarre ? — J'aurais bien voulu la voir de près, cette fleur... malheureusement c'est impossible...

— Impossible !... — dit le jeune homme, — mais c'est très-facile au contraire... — dans une minute elle sera entre vos mains.

— Monsieur Henry, — s'écria Marguerite, — vous plaisantez, n'est-ce pas ?

— Ma foi non ; — laissez-moi faire...

— Je vous en prie...

— C'est moi qui vous en prie, madame, soyez sans inquiétude... la tentative n'offre aucun danger... — jusqu'au buisson qui se trouve immédiatement au-dessus de la fleur, la pente est douce, une fois arrivé là, je n'aurai qu'à me cramponner d'une main aux broussailles et à me pencher pour venir à bout de mon entreprise...

En écoutant Henry donner du ton le plus naturel l'explication de son beau projet, Marguerite était devenue très-pâle.

— Ah çà, voyons, — dit à son tour le commandant, — j'espère bien que vous n'allez pas vous exposer à un véritable danger pour une pareille bêtise...

Et, comme le jeune homme se disposait à s'éloigner sans répondre, M. de Ferny lui mit la main sur le bras pour le retenir, tandis que Marguerite balbutiait d'une voix suppliante :

— Monsieur Henry... je vous en conjure...

— Dans une minute je serai à vous... — réplique Henry en riant, en se dégageant de l'étreinte amicale du commandant et en s'élançant sur le bord du gouffre.

Marguerite sentit que ses jambes ployaient sous elle ;
— Un nuage passa sur ses yeux...

Elle regardait cependant... elle voulait voir...

M. de Ferny, lui, défilait tout un chapelet de jurons du plus haut style.

Tout alla bien d'abord.

Henry, quoiqu'il eût quelque peine à garder son aplomb sur la neige qui couvrait la déclivité du précipice et qui s'éboulait sous ses pieds, atteignit sans encombre le buisson auquel il s'accrochait de la main droite.

Alors il se pencha sur le gouffre, jusqu'à ce que sa main gauche eût rencontré et cueilli la fleur.

— Victoire !... — cria-t-il en donnant à son corps une violente secousse pour se retrouver debout.

On entendit alors un craquement sinistre... — les branches desséchées qui soutenaient le jeune homme se brisèrent comme une paille ; — Henry tomba en arrière sur une surface absolument lisse, et roula, ou plutôt bondit comme une masse inerte jusqu'au fond de l'abîme, où il demeura sans mouvement, à demi recouvert par les tourbillons de neige qu'avait soulevés sa chute.

— Tonnerre de D. !... — hurla le commandant, — il est perdu !...

Marguerite n'eut pas la force de jeter un cri, tant son anéantissement fut complet et foudroyant.

Instinctivement, — car elle ne pouvait réfléchir, — elle comprit que si Henry était mort, sa vie à elle se trouvait brisée, car elle ne vivait plus que pour Henry.

L'amour, — qui depuis si longtemps déjà se cachait au fond de son cœur, — lui apparut soudainement, illuminé par des lueurs étranges.

Contre un amour ainsi révélé, et, dans un pareil moment, aucune résistance n'était possible.

Marguerite tomba à genoux en balbutiant :

— Je l'aime... mon Dieu... je l'aime !... sauvez-le !.

FIN DE LA PREMIÈRE PARTIE.

DEUXIÈME PARTIE.

—

LE DRAME DE MAISONS-LAFFITTE.

———

I. — Dans l'abîme.

Marguerite fut tirée de l'état de prostration horrible dans lequel elle était plongée par son mari qui lui toucha l'épaule en disant :

— Allons... allons... il ne s'agit point de se trouver mal... — le moment n'est pas heureux pour s'évanouir!... — ce pauvre Henry s'est tué sans doute à cause de ta stupide fantaisie... mais peut-être aussi n'est-il pas tout à fait mort... — dans tous les cas, il faut voir si nos soins peuvent lui être encore de quelque utilité... relève-toi donc et descendons... et vite!...

— Descendons... — répéta machinalement Marguerite en obéissant à la voix du commandant à la suite duquel elle se mit à marcher, sans avoir la conscience de ce qu'elle faisait.

M. de Ferny s'engagea dans un sentier très-étroit qui circule le long des flancs de l'entonnoir, à l'embouchure de la vallée et du côté qui fait face à la source.

Ce sentier, obstrué par la neige, était difficile mais non dangereux, car les parois du gouffre ne sont à pic que dans cette partie du haut de laquelle le jeune homme avait été précipité.

Au bout de quelques minutes d'une marche pénible, le commandant et Marguerite arrivèrent auprès du corps inanimé de Henry. — Ce corps s'était enfoncé dans la neige chassée par les coups de vent et amoncelée au fond de l'entonnoir, où elle présentait une épaisseur de près de quatre à cinq pieds.

M. de Ferny, auquel Marguerite se sentait incapable de venir en aide, tant son évanouissement était absolu, écarta de son mieux cette neige à droite et à gauche, et l'on put voir le pâle visage du jeune homme.

Ses yeux étaient fermés, — ses lèvres entr'ouvertes, — mais les doigts crispés de sa main gauche n'avaient point lâché la petite fleur jaune, cause première de la catastrophe.

Les yeux de Marguerite, dont les regards tout à la fois fixes et vagues ressemblaient à ceux d'une somnambule, s'attachaient tour à tour sur cette fleur et sur la figure livide de Henry.

Le commandant souleva successivement les jambes et les bras de celui qui ressemblait d'une façon si effrayante à un cadavre, et il fit jouer les articulations de ces membres.

— Rien de cassé... — murmura-t-il.

Ensuite il appuya sa main sur le cœur.

Marguerite le regardait faire et ne semblait rien comprendre à ce qui se passait devant elle.

Une joie vive se peignit tout à coup sur les traits du commandant; — il s'écria :

— Mordieu!... — si jamais l'on me raconte qu'un quidam s'est laissé choir du haut des montagnes de la lune sans se briser les reins, je dirai que la chose est bien possible!... — Henry est tombé sur cette neige comme sur un matelas!... il est vivant et bien vivant!... — En voilà un, par exemple, qui pourra se vanter de l'avoir échappé belle!... — une chute de soixante pieds de haut!... — mille diables!... — il faut l'avoir vu comme je le vois pour le croire!...

Ces mots : — Il est vivant!... — arrivèrent jusqu'à l'intelligence engourdie de Marguerite et la ranimèrent soudain.

— Vivant!... — répéta-t-elle... — vous dites qu'il est vivant...

— Je le dis et c'est vrai...

— Vous en êtes sûr?...

— Comme je le suis de te voir...

— Mais ces yeux fermés?... cette pâleur?...

— Sont le résultat d'une défaillance produite par le saisissement et la commotion, voilà tout... — Ne voudrais-tu pas qu'après avoir dégringolé depuis là-haut, Henry fût sur ses jambes et fît des entrechats!...—Les femmes sont folles!... — on n'est mort que quand le cœur ne bat plus... — je sens battre le cœur d'Henry... donc Henry est vivant...

— Que Dieu vous entende!...

— Au lieu de rester là comme une statue, tu ferais bien mieux de m'aider...

— A quoi?...

— A soulever le pauvre garçon et à l'appuyer contre cette petite roche... — au moins ainsi, le sang pourra reprendre sa circulation.

— Je suis prête.

— Prends son bras gauche de tes deux mains... — c'est ça... c'est bien ça... de cette façon le voilà beaucoup mieux...

Le commandant et Marguerite, tout en échangeant les paroles qui précèdent, venaient d'adosser au rocher le corps du jeune homme.

— Maintenant, — dit M. de Ferny, — reste là et soutiens-le bien afin de l'empêcher de glisser en avant ou de côté... — je remonte en haut.

— Où allez-vous?...

— Parbleu, ne crois-tu pas que nous allons passer le reste de la journée dans la neige à attendre qu'Henry reprenne connaissance... — avant ce soir nous serions gelés tous les trois...—Où je vais?...—je vais chercher le domestique, afin qu'il nous aide à hisser Henry le long de ce sentier du diable et à le porter dans la voiture!... — est-ce à nous deux que nous en viendrions à bout, par hasard? ..

— Allez... et revenez vite...

— Veux-tu mon manteau pour ne pas te refroidir?

— Non, merci...

— Je m'en passerais volontiers... rien n'échauffe comme de gravir dans la neige une côte pareille à celle-là...

— Alors, laissez-le ici... — si vous tardez à venir, je m'en servirai pour envelopper la poitrine et les épaules de M. Varner.

Le commandant détacha son manteau et le laissa tomber auprès de Marguerite, — puis s'engagea dans la montée ardue qui devait mettre ses jambes septuagénaires à une cruelle épreuve.

Au bout d'une minute il disparaissait à l'angle du premier coude formé par les zigzags du sentier.

Marguerite, restée seule avec Henry toujours évanoui et chargée de le soutenir, s'agenouilla devant lui afin de se mieux acquitter de sa tâche.

— Est-ce bien vrai?... — se demanda-t-elle, — est-il vivant?...

A son tour, sa main tremblante s'égara sur la poitrine du jeune homme et chercha la place du cœur, qu'après quelques secondes elle trouva.

Sous le contact presque caressant de la main chérie qui le pressait, ce cœur sembla battre plus vite.

Marguerite, aussitôt rassurée, se recula et sentit qu'une rougeur brûlante envahissait son front et ses joues.

Elle se souvenait que, bien peu d'instants auparavant, elle venait de dire dans toute l'effusion de son âme :

— Je l'aime, mon Dieu!... je l'aime, sauvez-le!...

En même temps qu'elle se rappelait cet involontaire élan de sa passion soudainement révélée, ses regards rencontrèrent de nouveau la petite fleur que la main de Henry tenait toujours.

Elle se pencha pour la prendre. — Les doigts roidis se détendirent... — Marguerite saisit l'humble fleur, — la couvrit des seuls baisers ardents que sa bouche eût jamais donnés, et la cacha furtivement dans son sein.

— Ah!... — pensa-t-elle... — s'il était mort, il serait mort pour moi!... — mais il m'aime donc aussi... lui? il m'aime!...

Henry avait métamorphosé son américaine en traineau... (P. 79).

Au moment où la jeune femme s'adressait involontairement cette question, les souvenirs des derniers mois qui venaient de s'écouler lui répondirent en foule avec toutes leurs voix dont pour la première fois elle comprenait le sens, car ces voix lui chantaient une hymne d'amour, et, après lui avoir révélé les mystères de son propre cœur, lui révélaient ceux du cœur de Henry.

Marguerite écoutait avec une stupeur pleine de ravissement et de trouble, avec une extase mêlée de confusion et d'effroi, ces sublimes harmonies de la passion, qui faisaient palpiter toutes les fibres de son être.

Eblouie par cette éclatante lumière dont le foyer était en elle-même, et qui se dévoilait soudainement à ses yeux, elle se répétait, tantôt avec une joie surhumaine, tantôt avec une écrasante terreur :

— J'aime... j'aime... et je suis aimée...

Dans cette situation bizarre et invraisemblable d'une femme agenouillée dans la neige, au fond d'un abîme, à côté du corps inanimé de son amant, tandis que d'un moment à l'autre son mari va revenir, Marguerite oubliait le reste du monde, — y compris le commandant, — pour ne songer qu'à l'enivrante révélation qui venait de lui être faite.

Elle ne se souvenait plus du passé, — elle ne songeait point à l'avenir ; — elle ne demandait pas : — Que va-t-il arriver ?... — oublierais-je en une heure les principes de toute ma vie ?... — vais-je lutter contre l'amour et traîner dans les pleurs une jeunesse inutile ?... — vais-je ouvrir une porte aux joies inconnues, aux voluptés ignorées qui m'apparaissent, et conduire l'adultère au foyer conjugal ?...

Non.

De tout ce que nous venons d'écrire, Marguerite ne se disait pas un seul mot.

Elle se répétait encore et toujours :

— J'aime... je suis aimée...

C'était tout !...

Cependant les minutes s'écoulaient, et les minutes sont des siècles dans une position pareille à celle de nos personnages.

Il sembla tout à coup à la jeune femme qu'Henry venait de faire un léger mouvement.

Etait-ce le sentiment de la vie qui revenait, ou bien l'équilibre qui manquait au corps évanoui ?...

Dans le doute, Marguerite se pencha vers Henry et approcha sa joue de la bouche du jeune homme, afin qu'elle fût effleurée par le souffle qui s'échappait de cette bouche.

Ce souffle était égal et doux.

A coup sûr, l'évanouissement allait finir.

Marguerite voulut se reculer, — mais elle n'en eut pas le temps.

Déjà les paupières de Henry se soulevaient, — ses yeux se fixaient avec une expression d'étonnement profond, puis d'ardeur délirante, sur la jeune femme agenouillée.

— Je rêve, — pensa Henry, dont les souvenirs étaient confus et la tête troublée comme le sont la tête et les souvenirs de quelqu'un qui sort d'un profond sommeil, — mais ce rêve est si doux que je voudrais ne m'éveiller jamais...

En même temps il nouait ses bras autour de la taille de Marguerite, qu'il attirait contre son cœur après une faible résistance et aux lèvres de laquelle il unissait ses lèvres, en murmurant d'une voix à peine distincte :

— Oh! comme je t'aime !... comme je t'aime !...

Ce baiser, cet aveu, produisirent sur Marguerite une sensation inouïe, foudroyante, — elle se rejeta violemment en arrière, pâle, les yeux en pleurs, en poussant un cri tout à la fois de terreur et de volupté.

Avec la promptitude de l'éclair elle s'était souvenue

des caresses abhorrées de son mari, — elle avait comparé l'attouchement glacial de sa bouche flétrie, au contact incendiaire de la lèvre de Henry, et elle s'était dit :

— Un baiser !... voilà donc ce que c'est qu'un baiser.

En même temps Henry murmurait :

— Non, je ne rêvais pas !... tout est vrai... tout est réel... — c'est elle, c'est bien elle qu'à l'instant je tenais dans mes bras... c'est elle à qui j'ai dit : — Je t'aime !...

À cette minute précise, M. de Ferny apparut au tournant du sentier, avec le domestique marchant derrière lui, et il s'écria :

— Nous voici !... nous arrivons !...

Le pauvre commandant arrivait un peu tard !...

II. — Délire.

En entendant la voix de son mari, Marguerite éprouva une violente commotion.

Du haut de son rêve inachevé la pauvre enfant retombait brusquement dans la réalité froide et désespérante...

Tout le sang de ses veines reflua vers son cœur, à tel point que ses lèvres elles-mêmes devinrent blanches comme un linceul.

— Ah ! se dit-elle, — je suis perdue !...

L'effet produit sur Henry par l'apparition du commandant fut de lui rendre à l'instant même ses souvenirs un instant effacés.

Il crut se retrouver encore suspendu par une seule main aux branches trop faibles du buisson, — il les entendit craquer, — il les sentit se rompre sous son poids...

Pour la seconde fois depuis moins d'une demi-heure il éprouva l'horrible sensation du vide et de la chute à travers l'espace, — de nouveau sa tête tourna, son cœur faiblit, et il fut au moment de tomber dans une nouvelle défaillance.

Mais il fit un appel désespéré à toute son énergie, — il réussit à dominer le vertige par un effort surhumain, — il se souleva et il voulut se tenir debout.

Ses nerfs et ses muscles ébranlés refusèrent de le soutenir, — il retomba sur ses genoux.

Marguerite, immobile à côté de lui, n'osa lui venir en aide.

— Oh ! les femmes... les femmes ! — dit M. de Ferny avec impatience en s'arrêtant près des deux jeunes gens, — à quoi sert-elle donc ? je vous le demande ! — Que diable fais-tu là, ma pauvre Marguerite, plantée sur tes jambes et sans plus bouger qu'une femme de bois ? —ne pouvais-tu pas tendre tes deux mains à notre ami et lui dire de s'appuyer sur toi ?... — pourquoi ne l'as-tu point fait ?...

La jeune femme ne répondit pas.

Le commandant reprit, en s'adressant à Henry :

— Enfin, vous voilà sain et sauf, vous, mon cher garçon, et c'est l'essentiel ! — Mordieu ! vous devez une fière chandelle au coup de vent qui a jeté cinq ou six pieds de neige au fond de ce trou !... — sans ce matelas naturel, il ne resterait pas de toute votre personne un morceau gros comme une côtelette qui ne soit en capilotade ! — vous avez trop de chance !... une vraie chance de... pendu !... Ne vous mariez pas, il vous arrivera malheur en ménage !... on ne peut point réussir en toute chose, ni gagner à tous les jeux !... — Dégringoler depuis là-haut !... rien que d'y penser, ça me donne le mal de mer !... et vous retrouver en bas sans rien de cassé !... — en voilà une anecdote à mettre dans les gazettes !... —d'abord, moi, en rentrant à la maison, je la rédigerai pour le journal de la Haute-Saône. — Maintenant, parlons peu, mais parlons bien... — comment vous sentez-vous ?

— Bien, mon cher commandant, aussi bien que possible...

— Qu'éprouvez-vous ?

— Un fort mal de tête, — un reste de vertige, — une grande faiblesse...

— Et c'est tout ?...

— Oui... je le crois...

— Point de douleurs dans la poitrine ni dans l'estomac ?

— Non.

— Respirez de toutes vos forces.

— C'est fait.

— Vous ne souffrez pas ?...

— En aucune façon.

— Alors tout est pour le mieux... — Au régiment, quand un homme était lancé à quinze pas par un cheval méchant, le chirurgien-major examinait d'abord si l'homme en question n'avait rien de détérioré, ni bras, ni jambes, ni pieds ni pattes... — ensuite il le faisait respirer... — quand l'homme respirait librement et sans douleur, le chirurgien-major lui disait : — *Tu n'as point de mal,* — *va faire graisser tes écorchures et bassiner tes bosses...* — *dans huit jours tu n'y penseras plus...*

— J'en accepte l'augure... — répondit Henry en souriant.

— Autre chose... — pouvez-vous marcher ?...

— Je ne sais pas.

— Nous allons essayer... — appuyez-vous d'un côté sur moi et de l'autre sur Pierre... là, levez-vous, — vous y voici... — ça va-t-il un peu ?...

— Je remue très-bien les jambes, mais, si vous me lâchiez, je sens que je retomberais...

— Nous ne vous lâcherons pas, soyez tranquille... — maintenant, soutenu par nous, tâchez d'avancer tout doucement.

— Comme cela ?...

— Oui, — eh ! mon Dieu, ça ira... — nous ne monterons pas vite, mais ça sera toujours plus commode pour vous que d'être porté par les jambes et par les épaules.

Henry partageait cette opinion, aussi fit-il un appel à toute son énergie afin de diminuer autant que cela dépendrait de lui la tâche difficile de M. de Ferny.

À moitié traîné, à moitié porté par les deux hommes, il vint à bout, après une ascension d'une demi-heure, d'atteindre l'orifice du Fray-Puits.

Là, on étendit par terre le manteau du commandant, et le jeune homme épuisé s'assit, ou plutôt s'étendit sur ce siège improvisé, pendant que le domestique allait chercher sur la grande route le cheval et le traîneau, qu'il amena à travers champs jusqu'à l'endroit où se trouvait Henry.

De Fray-Puits à Vesoul le voyage se fit sans encombre.

M. de Ferny avait pris place sur le siége, — Marguerite et Henry occupaient par conséquent le fond du traîneau.

Pendant toute la durée du trajet ils n'échangèrent pas une parole, et pas une seule fois les yeux de Marguerite ne se levèrent sur ceux de Henry.

À quoi donc pensait la jeune femme ?

Elle pensait à l'ardent baiser dont elle croyait sentir encore la marque de feu sur la lèvre !...

§

Le traîneau s'arrêta dans la cour de la maison qu'habitait Henry.

Marguerite regagna toute seule son logis, tandis que le vieillard et le domestique aidaient notre héros à gravir l'escalier qui conduisait au premier étage, — le déshabillaient et le mettaient dans son lit.

À peine Henry était-il couché qu'une fièvre assez forte se déclara.

Le commandant courut chercher un médecin, auquel, chemin faisant, il raconta les accidents du jeune homme — ceux du moins qu'il connaissait lui-même.

En entendant parler de l'horrible chute du jeune homme, le médecin hocha la tête à plusieurs reprises.

— Mais, puisqu'il n'a rien de cassé !... — s'écria M. de Ferny.

— Nous allons voir... — répondit le docteur.

— Monsieur ne sait plus ce qu'il dit!... — telle fut la première parole du domestique en ouvrant la porte.

En effet, aussitôt après la sortie du commandant, Henry s'était pris à délirer.

Dans ce délire il lui semblait recommencer, sans trève et sans relâche, sa dégringolade au fond du gouffre.

On voyait que ses mains crispées se cramponnaient à des broussailles imaginaires.

Une sueur abondante coulait de son front, et il prononçait d'une voix haletante des paroles entrecoupées et indistinctes, parmi lesquelles revenait de temps à autre le nom de Marguerite.

En entendant ce nom répété à plusieurs reprises, le médecin eut aux lèvres un sourire sardonique, bien vite dissimulé et que ne remarqua pas le commandant.

— Il parle de ma femme, le pauvre garçon — dit ce dernier — et c'est tout naturel, puisque c'est en cherchant à cueillir une fleur dont elle avait envie qu'il a fait sa dégringolade...

— Rien de plus naturel, en effet, — répliqua le médecin.

— Comment le trouvez-vous, docteur? — demanda M. de Ferny au bout d'un instant.

— Très-mal.

— Comment?... comment, très-mal?... — il y a du danger?...

— Beaucoup.

— Est-ce que je me serais trompé?... est-ce que vous constateriez quelque fracture à l'intérieur?...

— Aucune.

— Eh bien, alors, que craignez-vous donc?...

— Je crains que l'ébranlement nerveux produit par la chute ne détermine le tétanos.

— Le tétanos!... répéta M. de Ferny consterné; — mais, docteur, le tétanos est presque toujours mortel...

— Comme vous le dites, — presque toujours.

— Docteur, il est impossible de laisser mourir ce malheureux jeune homme sans essayer au moins de le sauver!... — que faut-il faire?...

— Lui mettre de la glace sur la tête.

— Et voilà tout?...

— Oui, pour le moment.

— Quand reviendrez-vous?...

— Ce soir...

Le médecin sortit, en se disant:

— Ce pauvre commandant!... il s'intéresse à l'amant de sa femme comme au plus proche et au plus cher de ses parents! — ma parole d'honneur, il y a des grâces d'état! oh! les maris!...

Ajoutons en passant que le médecin était marié, et que moins qu'un autre peut-être il avait le droit de rire des maris.

M. de Ferny laissa pour un instant le domestique auprès du malade et sortit pour commander qu'on apportât chez Henry des seaux de glace.

Cet ordre donné, il poussa jusqu'à sa maison, en marchant aussi vite qu'un sanglier à qui les chiens soufflent au poil.

Il trouva Marguerite les cheveux dénoués — le visage pâle — frissonnant et fondant en pleurs.

La réaction s'opérait. — La pauvre enfant n'envisageait plus son amour qu'avec terreur et avec désespoir.

— Pleure!... pleure!... — lui dit le commandant avec violence — il est bientôt temps de pleurer, maintenant que par ta faute Henry va mourir!...

Marguerite, accroupie dans l'une des chauffeuses du salon, se releva d'un bond en entendant ces mots et fixa sur son mari un regard dont l'expression épouvantée était effrayante.

— De qui parlez-vous? — s'écria-t-elle — et qui donc va mourir?

— Henry...

Marguerite secoua la tête.

— C'est impossible... — murmura-t-elle.

— Eh! je le croyais comme toi — répliqua M. de Fer-

ny — mais le médecin m'a prouvé que je n'étais qu'un âne... — il craint le tétanos, et le tétanos tue son homme aussi vite qu'un coup de fusil!!. — Il n'y a point de remède! — de la glace sur la tête, et c'est tout... — Henry a une fièvre épouvantable et le bon sens n'y est plus... il parle de toi, et d'un tas de choses auxquelles on ne comprend goutte... — J'y retourne... — ne m'attends pas pour dîner... — je passerai la soirée auprès de lui... j'y passerai la nuit... — j'y resterai jusqu'à ce que le pauvre garçon soit mort ou hors de danger...— Hélas! j'ai bien peur qu'il ne sorte plus de sa maison que les pieds en avant et cloué dans un cercueil! et tout cela, parce que tu as eu l'idée bête d'aller faire attention à une abominable fleur jaune!... — tiens, vois-tu, avec leurs fantaisies ridicules les femmes sont cause de plus de malheurs qu'un boulet de quarante-huit au milieu d'un escadron!

Après avoir formulé cette comparaison, sur la parfaite justesse de laquelle il n'avait pas l'ombre d'un doute, le commandant s'en alla brusquement.

Marguerite, restée seule, cacha sa tête dans ses deux mains et se mit à sangloter avec amertume... — Son cœur sautait dans sa poitrine comme un oiseau captif — ses gémissements l'étouffaient.

Vers cinq heures, sa domestique vint lui dire que le dîner était prêt.

Elle ne lui répondit point; — elle ne l'entendit même pas...

Les heures passèrent — la nuit était venue — la jeune femme n'avait ni feu ni lumière et ne songeait point à en demander.

De minute en minute elle se répétait:

— Peut-être en ce moment, il meurt!

Elle avait espéré d'abord que le commandant lui ferait donner des nouvelles.

Mais ces nouvelles n'arrivaient pas et l'angoisse de Marguerite devenait un véritable supplice.

Enfin, vers dix heures, n'y tenant plus, elle s'enveloppa dans un châle, elle attacha un chapeau sur ses cheveux renoués à la hâte, et elle prit le chemin de la maison où demeurait Henry et où elle arriva sans avoir rencontré personne.

Elle savait que le logement du jeune homme était situé au premier étage. — Elle monta l'escalier en chancelant, et d'une main tremblante elle sonna à la porte.

Le domestique vint lui ouvrir et manifesta quelque surprise en l'apercevant.

— Mon mari est là, n'est-ce pas? — lui demanda-t-elle.

— Oui, madame.

— Dites-lui, je vous prie, que je voudrais lui parler...

Le commandant arriva dans l'antichambre.

— Toi ici! — s'écria-t-il — et que viens-tu faire?

— Vous demander des nouvelles, puisque vous ne m'en envoyez pas.

— Il ne va ni mieux ni plus mal... — Le médecin est venu tout à l'heure — il pense qu'on ne pourra rien savoir de nouveau avant demain matin... — il faut continuer la glace sur la tête... sans cesser une minute.

— Eh bien — dit Marguerite avec une résolution soudaine — je veillerai cette nuit à côté de vous...

— Toi?... par exemple!... — il me semble que ça ne serait pas convenable...

— Pourquoi donc? — — Est-ce que les sœurs de charité ne passent pas les nuits au chevet des malades?...

— D'ailleurs, vous serez là...

— Au fait, tu as raison... — reste si tu veux... — Il ne faut guère compter sur le domestique, qui dormait déjà tout à l'heure... — si le sommeil s'empare de moi pendant un moment, tu me remplaceras pour la glace...

— Allons, viens...

M. de Ferny fit entrer Marguerite dans la chambre de Henry, doublement éclairée par une lampe et par les lueurs d'un grand feu.

Sur le rebord extérieur de la fenêtre se trouvait un seau rempli de glace. — Toutes les cinq minutes il fallait envelopper dans une serviette trois ou quatre morceaux de glace et les poser sur le front de Henry, où ils se fondaient rapidement.

Le jeune homme avait les yeux largement ouverts. — Ses regards, que le délire rendait étincelants, offraient une expression vague et égarée.

Marguerite s'approcha du lit.

— Il ne te reconnaît pas — dit le commandant — essaie de lui parler, tu verras qu'il ne te répondra point...

— Monsieur Henry — balbutia Marguerite — est-ce que vous m'entendez ?

Henry fit un faible mouvement de tête et ses yeux se tournèrent vers le côté d'où venait la voix, mais à coup sûr les paroles prononcées n'avaient offert à son esprit aucun sens.

La jeune femme s'assit près du feu, et, les yeux fermés, elle parut s'assoupir. — Elle ne dormait pas — elle pensait.

Un peu après une heure du matin, le commandant lui dit :

— Marguerite...

— Mon ami ? répondit-elle.

— Je sens que le sommeil me gagne irrésistiblement — veille à ma place pendant une heure, et fais bien attention de remplacer la glace aussitôt qu'elle sera fondue...

Cette recommandation faite, le commandant s'assit, appuya sa tête au dossier de son fauteuil, et au bout d'une minute il dormait.

La jeune femme, alors, quitta son siége et se tint debout au pied du lit, afin de mieux surveiller le bandeau glacé. — Et, tandis que ses regards étaient fixés sur le linge d'où l'eau coulait goutte à goutte, elle se répétait :

— Il vivra... je veux qu'il vive !...,

Tout à coup les lèvres de Henry s'agitèrent et laissèrent échapper quelques sons vagues et interrompus.

Madame de Ferny se pencha pour écouter mieux.

Elle entendit d'abord son nom répété deux fois.

— Marguerite... Marguerite... — disait le malade.

Puis ses lèvres s'agitèrent encore, mais elles ne produisirent plus qu'un murmure indistinct, dans lequel l'oreille attentive de la jeune femme devina pourtant ces mots :

— Marguerite... je t'aime...

III. — Lettres nᵒˢ 4 et 5. — Le billet de Marguerite.

« J'aime à croire, mon cher ami, que depuis deux mois ou environ ne recevant de moi aucune espèce de lettre, après les incommensurables épîtres dont j'avais pris l'habitude de t'accabler, tu t'es demandé ce que je devenais et quelle impérieuse occupation m'absorbait assez complétement pour ne point me permettre de te donner de mes nouvelles...

« Veux-tu savoir ce que je faisais ?

« Je m'occupais à mourir, et c'est un ressuscité qui t'écrit.

« J'ai passé cinq semaines entre la vie et la mort, — beaucoup plus près de la mort que de la vie. — Depuis quinze jours ma convalescence est commencée...

« Aujourd'hui, le médecin, qui m'avait défendu tout travail et toute application, me permet de prendre la plume, — j'en profite pour t'écrire.

« Figure-toi que je vais te raconter l'histoire d'un homme tombé du haut en, bas de la colonne Vendôme, et fais provision d'étonnement... — Voici ce qui s'est passé... »

. . . .
. . . .

Henry Varner entrait ici dans tous les détails que nous avons reproduits longuement dans le cours de nos précédents chapitres.

Puis il continuait :

« Le médecin avait annoncé le tétanos.

« Il se trompait, mais de bien peu de chose, — au lieu du tétanos prédit, ce fut la fièvre cérébrale qui se déclara.

« Après un ébranlement pareil à celui que j'avais subi, tout autre à ma place aurait succombé, tant était pénible le combat que me livrait la fièvre... — mais je ne pouvais pas mourir, puisque mon bon ange veillait sur moi !...

« Ce bon ange, tu le comprends, c'était Marguerite !...

« La chère enfant a passé bien des nuits au chevet de mon lit, — c'est à elle que je dois ma guérison, — hélas !... et à son mari, — car le commandant ne me quittait pas plus qu'elle-même, et il m'a prodigué les soins dévoués et tendres qu'un père n'a pas toujours pour son fils !...

« L'affection profonde et sincère que ressent pour moi ce vieillard, et le prix dont je veux payer cette affection, m'inspirent de douloureux remords !...

« L'impétuosité de ma passion pour Marguerite peut bien m'étourdir, — elle ne m'empêche pas d'entendre par moments la voix de ma conscience qui me crie qu'il est lâche de tromper qui nous aime !...

« Malheureusement la passion est plus forte que la conscience !... — pour Marguerite je ferais tout, s'il le fallait, même un crime...

« La confiance, ou plutôt l'aveuglement de M. de Ferny, sont d'ailleurs sans limites et vont jusqu'à l'invraisemblance...

« Ainsi, pendant tout le cours de ma maladie, dans les accès d'un délire continual, je répétais sans cesse, à ce qu'il paraît, le nom de Marguerite, et cela avec une expression pleine d'ardeur et d'enivrement...

« Le commandant m'entendait — il m'en a parlé lui-même — et pourtant il n'a rien compris — il n'a rien deviné !...

« D'où vient donc que cette âme est inaccessible à la jalousie ?...

« Mon amour éclate en toute chose, et celui de Marguerite ne parvient guère à se cacher, malgré tous les efforts de la naïve enfant — car je suis aimé, mon ami, je suis aimé !...

« Le péril que je viens de courir m'a livré ce cœur ingénu, qui sans doute, en d'autres circonstances, aurait longuement et vaillamment résisté !...

« L'âme de Marguerite est à moi désormais — l'heure où Marguerite m'appartiendra tout entière n'est pas loin...

« J'avais trop présumé de mes forces renaissantes — cette lettre déjà longue, vient de m'épuiser... — la plume tombe de mes mains... — je ne puis que te dire :

« A toi,

« H. V. »

§

Un intervalle de trois semaines s'écoula entre le moment où Henry Verner écrivait le billet que nous venons de reproduire, et le jour où il jetait à la poste la lettre suivante :

« Te souviens-tu, mon ami, de l'une des dernières phrases de ma dernière lettre ?...

« *L'heure où Marguerite m'appartiendra tout entière n'est pas loin !...* te disais-je.

« Je ne me trompais point, car cette heure est venue...

« Je suis l'amant de Marguerite.

« Ma joie est sans bornes... — mon bonheur est immense — et cependant je ne sais quelle amertume se mêle à mon extase... — malgré moi je plains le pauvre ange déchu qui vient de voir tomber ses ailes... — je pleure sur la femme bien-aimée qui s'est donnée à moi...

« Quel sentiment étrange! n'est-ce pas ?...

« Pourquoi cette lie au fond de la coupe des félicités humaines ?...

« Le rêve de ma vie est accompli. — pourquoi cette tristesse vague dans mon ivresse rayonnante ?...

« Depuis le jour de ma chute au fond de l'abîme de Fray-Puits, nous savions bien, Marguerite et moi, que nous nous aimions; — nos deux cœurs n'avaient rien de caché l'un pour l'autre, mais jamais une parole d'amour ne s'échappait de nos lèvres...

« J'étais heureux de cette muette entente de nos âmes, de cette communion de nos pensées... — je voyais bien d'ailleurs que ma réserve et que mon silence rassuraient Marguerite et, la mettant en paix avec sa conscience, lui permettaient de m'aimer sans remords et pour ainsi dire avec calme.

« Entre deux jeunes gens éperdument épris l'un de l'autre, cette situation ne pouvait rester longtemps telle que je viens de te la dépeindre — mais je ne faisais rien, je l'avoue, pour hâter un dénoûment certain et prévu.

« Chaque jour, ainsi que j'en ai repris l'habitude dès que ma guérison complète et mes forces revenues m'ont permis de sortir, j'allais passer mes soirées dans la maison du commandant, où les regards involontairement expressifs de ma bien-aimée servaient de délicieuse compensation aux interminables parties d'échecs qu'il me fallait subir.

« Avant-hier au soir, je remarquai, en arrivant, que Marguerite était beaucoup plus pâle que de coutume et qu'elle faisait sur elle-même de violents efforts pour paraître calme, tandis que son attitude et ses moindres gestes décelaient une terrible agitation intérieure.

« Qu'était-il arrivé ?

« Je l'ignorais et je ne pouvais le deviner ; — M. de Ferny n'en savait évidemment pas plus que moi et ne remarquait même point le trouble si manifeste de sa femme.

« Il riait et plaisantait comme de coutume, avec cette lourdeur et cette vulgarité qui le caractérisent dans presque toutes les circonstances de la vie.

« Très-inquiet de l'étrange agitation de Marguerite et de l'obstination avec laquelle ses regards semblaient éviter les miens, j'aurais donné tout au monde pour pouvoir me trouver seul avec elle pendant un instant et l'interroger, mais les choses semblaient prendre justement le contre-pied de mes désirs, et le commandant, qui ne manquait jamais de sortir une ou deux fois du salon dans l'après-dîner pour aller chercher du tabac, un journal, ou tout autre objet, parut prendre à tâche de ne pas quitter le fauteuil sur lequel il était cloué.

« Cette constante préoccupation qui m'accablait me fit trouver la soirée horriblement longue...

« Enfin, la dernière partie s'acheva.

« Onze heures sonnaient, je mis mon paletot, je pris mon chapeau et je me préparai à partir..

« Chaque soir, au moment de mon départ, le commandant sort le premier du salon avec la lampe, afin de m'éclairer dans l'escalier.

« Il agit ce jour-là comme les autres jours.

« A peine avait-il franchi le seuil que Marguerite s'approcha vivement de moi, me glissa dans la main un petit papier plié en huit, et se recula en mettant son doigt sur sa bouche pour me faire la recommandation bien inutile de garder le silence.

« Je faillis, je l'avoue, tomber du haut mal !... — Je ne pouvais en croire mes yeux — j'accusais d'inexactitude le témoignage de mes sens !...

« Marguerite !... la naïve et pure Marguerite, agissant comme une coquette émérite — m'écrivant ! — me mettant son billet dans la main, en la présence et-presque sous les yeux de son mari, avec un aplomb inouï, avec une rouerie consommée ?...

« C'était invraisemblable !... c'était impossible !... et cependant c'était réel !...

« J'en avais la preuve entre les doigts !...

« Je cachai le mystérieux petit papier dans la poche de mon gilet et je pris congé du commandant avec la plus extrême précipitation. — je ressentais une telle hâte de connaître le contenu du billet de Marguerite, qu'aussitôt que je me trouvai dans la rue je me mis à courir du côté de chez moi, car chez moi seulement je pourrais satisfaire ma dévorante curiosité.

« A Paris, à onze heures du soir, je serais entré dans un café — je me serais arrêté devant une boutique, ou

même, au besoin, sous un bec de gaz... — et j'aurais lu...

« Mais les boutiques étaient fermées, — les cafés pareillement, et Vesoul n'est point éclairé au gaz !...

« J'arrivai comme un ouragan à la porte de la maison que j'habite — je gravis mon escalier comme un éclair — j'ouvris ma porte comme une trombe — je maudis cent fois mes allumettes qui ne s'embrasaient pas assez vite, et la mèche de la bougie neuve que la cire fondante empêchait de s'enflammer.

« Enfin j'eus de la lumière.

« Je déployai le papier et je lus, avec des sensations que tu comprendras sans qu'il soit nécessaire de te les détailler, les lignes suivantes que je copie textuellement :

« *Demain matin, à l'heure de la sortie habituelle de mon mari, venez, — je serai seule et je vous attendrai. — J'ai à vous dire quelque chose qui ne souffre point de retard. — Un grand malheur est au moment de fondre sur nous, — il faut l'éloigner à tout prix, car il menace non-seulement nous, mais encore le repos de l'honnête homme qui m'a donné son nom.*»

« Aucune signature ne suivait ces lignes, tracées d'une très-jolie et très-fine écriture, accidentellement tremblante.

« Pendant toute la nuit il me fut impossible de fermer l'œil ; — je lus et je relus vingt fois le billet dont le contenu était si différent de ce que j'avais rêvé, — nulle trace de tendresse ne s'y montrait sous la glaciale froideur de la forme. — Une seule expression, le mot nous, deux fois répété, semblait attester qu'il y avait quelque chose de commun entre Marguerite et moi.

« La pauvre enfant avait écrit sous le coup d'une angoisse évidente. — Cette angoisse m'expliquait sa préoccupation, son trouble, son embarras de la soirée précédente, mais ne me donnait en aucune façon le mot de l'énigme...

« Ce malheur mystérieux, suspendu sur nos têtes et pouvant frapper en même temps que nous le commandant, quel était-il — quel pouvait-il être ?...

« J'avais beau chercher. — Je ne trouvais rien. — Mon esprit s'égarait dans un dédale de conjectures toutes plus invraisemblables les unes que les autres, et parmi lesquelles il ne s'en présentait aucune qui pût raisonnablement me paraître acceptable.

« Cette longue insomnie, cette inutile poursuite d'un Sphinx insaisissable, me donnèrent une fièvre violente, accompagnée d'une telle surexcitation nerveuse que j'eus pendant un instant la crainte de voir se renouveler ma récente maladie.

« Le jour parut enfin, et je me sentis un peu soulagé par cette seule pensée, que la solution de l'énigme était proche.

« Depuis le commencement de l'hiver, un léger changement s'était fait dans les habitudes domestiques de M. de Ferny.

« La paresse du soleil qui s'obstinait à ne pas se lever matin, empêchant le commandant d'aller à la pêche à son heure habituelle, le déjeuner avait donc été reculé jusqu'à onze heures et demie, afin de laisser à la séance du bord de la rivière une comfortable durée.

« En allant à la petite maison de la rue de la Préfecture à neuf heures et demie, j'étais certain d'avoir avec Marguerite un tête-à-tête de deux heures.

« Je sortis de chez moi en proie à un très-grand trouble d'esprit et sans aucune intention arrêtée d'avance de tirer parti de l'entrevue que ma bien-aimée elle-même me ménageait pour la première fois.

« Mon unique pensée, je te l'affirme, était d'apprendre ce que Marguerite avait à me dire, et de savoir si le malheur redouté par elle offrait bien toute l'importance qu'elle semblait lui prêter.

« J'arrivai à la porte de la maison du commandant.

« Tandis que je tirais le cordon de la sonnette, mon cœur battait à m'étouffer.

« Marguerite elle-même vint m'ouvrir. — Je compris

qu'elle avait éloigné la domestique pour se trouver seule avec moi, ainsi qu'elle me l'avait annoncé dans son billet.

« Son visage était littéralement décomposé par l'émotion :

« — Entrez ! — me dit-elle — entrez vite...

« Et elle referma la porte derrière moi.

IV. — Les lettres anonymes.

« Marguerite me conduisit dans sa chambre.

« Là elle se laissa tomber sur un siége, et elle murmura avec une expression désespérée :

« — Nous sommes perdus !...

« — Voyons, — m'écriai-je — qu'y a-t-il ?... qu'est-il arrivé ?.. — si quelque danger sérieux vous menace, vous savez bien que je me jetterai en avant pour l'empêcher d'arriver jusqu'à vous...

« — Je ne le sais que trop... — balbutia la pauvre enfant — et d'autres aussi le savent... et c'est justement cela qui nous perd...

« — Je ne vous comprends pas... — Que voulez-vous dire et que peut-on savoir ?...

« — Écoutez — poursuivit Marguerite — et ne me méprisez pas trop, quand vous saurez quelle vilaine action j'ai commise... — Hier matin, pendant que mon mari était absent, la domestique, qui ne sait pas lire, entra dans ma chambre en me disant :

« — *Madame, le facteur vient de venir — voici une lettre.* »

« Je pris cette lettre et j'en regardai machinalement la suscription. — L'adresse, tracée par une main qui voulait se cacher, était écrite en caractères pareils à ceux des imprimés... — elle portait ces mots : *Monsieur le commandant comte de Ferny* ; et, un peu plus bas, ceux-ci : POUR LUI — POUR LUI SEUL. — Cette dernière indication en gros caractères. — La lettre était cachetée de trois cachets de cire rouge, reproduisant en creux l'empreinte d'une pièce de vingt francs. — Sans savoir pourquoi, je me mis à trembler — cette lettre me faisait peur.

« J'aurais donné des années de ma vie pour en connaître le contenu avant de la remettre à mon mari... — L'idée me vint de briser les cachets et de lire, je repoussai cette idée avec indignation et avec dégoût ; — mais bientôt elle m'assaillit de nouveau, et à tant de reprises et si fortement que je n'eus pas la force de résister... — je rompis la cire — je déchirai l'enveloppe — je lus... — Tenez, rien qu'en vous racontant cela, je suis rouge de honte... — ce que j'ai fait est bien coupable, et pourtant je ne peux pas le regretter... — La lettre était une lettre infâme, une lettre anonyme... — je vais vous la donner et vous la verrez... — je pleurai d'abord, et avec tant d'amertume et une si grande angoisse, qu'il me semblait que j'allais mourir...

« Mais l'heure du retour de mon mari approchait — il était indispensable de me calmer, de me remettre, d'essuyer mes larmes, de rendre à mon visage son apparence de tous les jours, et, pour moi qui ne suis point d'une nature fausse ou dissimulée, ce n'était pas facile... — Lorsque j'en fus venue à bout, tant bien que mal, il me fallut subir la plus cruelle humiliation pouvant être infligée à une femme qui n'a point perdu le respect d'elle-même... — j'allai trouver ma domestique dans la cuisine, et je lui dis : — *Françoise, il est inutile que Monsieur sache qu'une lettre est arrivée pour moi ce matin... je vous prie de n'en point parler...* — Elle me regarda en riant, et me répondit, d'un air dégagé que jamais jusqu'à cette heure elle n'aurait osé se permettre de prendre avec moi : — *C'est bon, c'est bon, Madame, on se taira, soyez tranquille...* — Ainsi, me voilà à la discrétion de cette fille, avec laquelle je partage un secret et qui croit... — Mais que ne croit-elle pas ? et, selon toutes les apparences, que n'a-t-elle pas à croire ?—Mon Dieu !... mon Dieu !... qu'ai-je donc fait pour mériter cela ?...

« Marguerite, suffoquée par la douleur, cacha son visage dans ses deux mains et se mit à pleurer.

« Au bout d'un instant je murmurai :

« — Et cette lettre ?

« Marguerite se leva brusquement, — elle ouvrit un petit meuble, — elle en tira un papier à demi broyé par ses mains convulsives et sur lequel se voyaient encore des traces de cire rouge, — elle me le tendit et se laissa retomber dans le fauteuil qu'elle venait de quitter.

« Je défrippai ce papier et j'en parcourus le contenu.

« Jamais plus immonde ramassis d'obscènes calomnies ne tomba d'une plume éhontée !... — Le misérable auteur anonyme de la lettre avait concentré et figé, en quelque sorte, la quintessence de toutes les infamies que peuvent inventer, dans les accès de leur rage bavarde et malfaisante, des bourgeois désœuvrés de petite ville.

« En voici le résumé en quelques mots :

« On affirmait au commandant que, depuis bien des mois, tout le monde savait que j'étais l'amant de sa femme. On entrait, à propos de mes prétendues relations avec Marguerite, dans les détails les plus licencieusement orduriers.

« On ajoutait que M. de Ferny, en faisant avec un cynisme sans exemple le honteux métier de *mari complaisant*, crachait sur le blason de ses ancêtres et foulait aux pieds le ruban de la Légion d'honneur qui s'attachait à sa boutonnière.

« On finissait en disant qu'on serait curieux d'apprendre de combien le revenu d'un jeune homme aussi riche que M. Henry Varner augmentait la pension de retraite du vieux commandant.

« Tu vois que ces abominables accusations reculaient les bornes de l'infamie !...

« La lettre me tomba des mains. — En cherchant, pendant une nuit sans sommeil, de quel malheur Marguerite voulait parler, je n'avais rien pu prévoir de semblable...

« La pauvre enfant releva la tête et fixa sur moi le regard de ses yeux mouillés de larmes.

« — Eh bien ! — murmura-t-elle, — vous avez lu ?

« — Oui.

« — Qu'en dites-vous ?

« Pour toute réponse j'écrasai la lettre anonyme sous le talon de ma bottine.

« Puis je m'écriai :

« — Ah ! si je tenais à cette même place celui qui l'a écrite ! ! !...

« — Qu'allons-nous faire ? — demanda Marguerite. — Il ne se lassera pas, ce lâche inconnu qui frappe dans l'ombre... — ce qu'il a commencé, il le continuera... — et je ne serai pas toujours là, entre le calomniateur et mon mari... et, quelque jour, une lettre, pareille à celle-ci, arrivant jusqu'à lui, le tuera !... — D'ailleurs, quelle existence sera la mienne désormais, sous le coup des terreurs continuelles qui vont m'obséder... — je n'aurai plus une minute de repos, plus une minute de sommeil !... Je mourrai à la tâche !...

« En prononçant ces dernières paroles, Marguerite s'était animée à un tel point que son exaltation m'effrayait.

« — Au nom du ciel ! — m'écriai-je, — calmez-vous, je vous en supplie... je saurai parer au danger, je l'empêcherai bien de vous atteindre...

« — Et comment ferez-vous ? — balbutia-t-elle.

« — Vous n'ignorez pas que pour vous je donnerai ma vie... — eh bien ! s'il le faut, je vous donnerai plus que la vie de mon corps... je vous immolerai la vie de mon âme et de mon cœur... — Je me condamnerai volontairement à vous perdre... — J'imposerai silence aux calomnies par le seul moyen qui soit en mon pouvoir... — Je partirai pour ne plus revenir...

« — Vous partirez ? — répéta Marguerite en se levant et avec une expression déchirante : — Vous partirez ?

« — Si c'est nécessaire pour votre repos et pour votre bonheur, mon dévouement ira jusque-là...

« Les forces de Marguerite s'étaient épuisées dans les indicibles inquiétudes qui la torturaient depuis la veille : ses nerfs surexcités doublaient pour elle la violence de toutes les émotions...

« Elle ne put se contenir.

« En proie à une sorte de fiévreux délire — emportée par un irrésistible instinct auquel elle obéissait sans résistance possible — elle jeta ses deux bras autour de mon cou et elle appuya sa tête sur mon épaule, en murmurant à travers ses larmes abondantes :

« — Oh! ne partez pas!... quoi qu'il arrive, ne partez pas!... — Mon Dieu... mon Dieu... si vous partez, que voulez-vous donc que je devienne, moi?...

« Je relevai doucement la tête de mon adorée Marguerite, et je séchai ses larmes avec mes baisers...

« Ici la plume me tombe des mains, mon ami... — Je ne puis t'en dire davantage...

« Écrire une ligne de plus serait profaner l'amour pur et divin, quoique coupable, que Marguerite m'inspire et qu'elle ressent pour moi.

« Ma bien-aimée m'appartient tout entière... — elle est à moi corps et âme...

« Je suis heureux !

« Ce bonheur durera-t-il longtemps?... — Je l'ignore, et, sans savoir pourquoi, j'ai peur... — Oui, je te le répète, j'ai peur.

« Tout à toi, mon ami,

« H. V. »

Cette lettre était la dernière que dût écrire notre héros à son correspondant parisien — et, à partir de ce moment, les événements allaient se presser de telle sorte que notre récit aura peine à les suivre.

§

Quinze jours environ s'écoulèrent.

Aucun changement n'était survenu dans la manière d'être du commandant avec Henry.

Un matin, on sonna à la porte de ce dernier, qui n'était pas encore levé.

La vie est pleine de pressentiments bizarres et inexplicables!... — Henry tressaillit au coup de sonnette.

Le domestique, après avoir ouvert la porte de l'antichambre, vint avertir notre héros que M. de Ferny demandait à le voir.

— Nous nous sommes quittés hier au soir à onze heures! — pensa Henry — qu'a-t-il à me dire?...

Puis il répondit :

— Prévenez M. de Ferny que je suis encore dans mon lit, mais que cependant, s'il veut entrer, je suis prêt à le recevoir...

A travers la porte le commandant entendit cette réponse.

— Eh! pardieu, mon cher ami — dit-il, — cela m'est bien égal que vous soyez au lit, — j'entre... — me voilà...

Il s'approcha du jeune homme complétement rassuré par ce ton amical, et il lui serra cordialement la main...

Le domestique mit du bois sur le feu et sortit.

M. de Ferny traîna un fauteuil auprès du lit et s'assit.

— Par quel hasard n'êtes-vous pas à la pêche ce matin, mon cher commandant? — demanda Henry.

— Ce n'est point par hasard, mon cher enfant...

— Pourquoi donc alors?...

— Parce que j'avais à vous parler sérieusement d'une chose très-sérieuse...

— Ah!... — fit Henry.

Ce début lui rendait une partie de ses appréhensions, que semblaient pourtant démentir la physionomie calme, quoique attristée, et l'attitude bienveillante du vieux soldat.

Au bout d'une seconde de silence et de réflexion, il reprit :

— Pourquoi, mon cher commandant, ne m'avez-vous pas dit un seul mot de cette chose sérieuse hier au soir?

— La présence de Marguerite me gênait — il m'était impossible d'entamer devant elle l'entretien que nous allons avoir...

— Eh bien, nous voici seuls... — parlez... — je vous

écoute, non-seulement avec une grande attention, mais encore avec une extrême curiosité...

M. de Ferny semblait fort agité — il quitta le fauteuil sur lequel il était assis et fit deux ou trois fois le tour de la chambre, silencieusement et en tordant ses longues moustaches.

Henry le regardait avec une inquiétude et un étonnement croissants.

— Mordieu! s'écria tout à-coup le commandant — c'est encore plus difficile à dire que je ne le croyais !...

Et il s'arrêta devant le lit.

— Ah çà — demanda le jeune homme — que craignez vous donc?

— Ce que je crains?... — je crains de vous blesser, mon ami...

— Me blesser, moi?

— Oui, vous — et profondément encore — et j'ai grand'peur de ne pouvoir l'éviter malgré tout... — il y a des sujets si dangereux qu'ils sont à peu près inabordables... — quand on touche au feu avec ses doigts, on se brûle... — mais après tout, vous êtes un brave garçon, pétri de cœur et d'esprit... — peut-être me comprendrez-vous mieux que je ne l'espère... — Écoutez-moi donc et vous verrez que je ne puis faire autrement...

— Autrement que quoi?...

— Attendez... — il me faut bien le temps de m'expliquer, mon Dieu...

— Prenez tout le temps que vous voudrez, mon cher commandant — je suis à vos ordres...

— Depuis quelques mois que vous me connaissez — dit le vieillard en semblant faire un appel à tout son courage — comment m'avez-vous jugé?... — répondez-moi franchement, je vous en supplie, et dans toute la sincérité de votre âme...

— Je vous ai jugé comme le meilleur et le plus loyal de tous les hommes...

— Bien vrai?

— Je vous en donne ma parole d'honneur!

— Vous n'avez jamais douté de mon attachement pour vous, n'est-ce pas?...

— Jamais! — autant vaudrait me demander si j'ai douté de la lumière que je vois!... — est-ce que vous ne m'avez pas prouvé cent fois votre affection, et de toutes les manières — par votre bienveillance sans bornes — par la façon dont vous m'avez accueilli dans votre maison... — par les soins si touchants que vous venez de me prodiguer pendant ma maladie?...

— Alors, si vous êtes convaincu pour le passé, vous devez l'être pour l'avenir?...

— A coup sûr!... — mais à quoi diable en voulez-vous venir, mon cher commandant?

— A ceci : — quoi que je puisse faire, vous croirez à ma tendresse pour vous?...

— Toujours...

— Même si je vous disais que nous ne devons plus nous voir, et si je vous conjurais de quitter cette ville?...

Un tressaillement brusque agita les nerfs et les muscles du jeune homme.

Il se souleva dans son lit, et, s'appuyant sur son coude, il demanda d'une voix très-émue :

— Ne plus nous voir?... quitter cette ville?... et pourquoi?...

— Parce que le monde est bête et méchant...

Depuis un instant Henry comprenait le but de la visite de M. de Ferny et connaissait aussi bien que lui même les motifs qui le faisaient agir, mais il devait avoir l'air de tout ignorer, et il répéta :

— Le monde est bête et méchant! — cela est certain, — il a de tout temps été le même, — il sera le même éternellement, — mais, que vous importe?...

— Ah! c'est que vous ne savez pas...

— Je ne sais rien, — vous parlez par énigmes... — vous vous enveloppez de réticences, et je vous demande avec instance de vous expliquer...

— Il est certaines calomnies, — reprit M. de Ferny,

— certaines calomnies si honteuses et si lâches que personne ne peut les croire, et devant lesquelles le plus honnête homme, cependant, doit courber la tête et fuir, sous peine de leur voir mettre bien vite son honneur en lambeaux...

— Eh bien, — demanda Henry avec un calme admirablement joué, — sommes-nous dans ce cas?...

— Oui.

— On nous calomnie?

— Oui.

— Que dit-on?...

Une ride plus profonde que toutes ses autres rides se creusa sur le front du commandant, tandis qu'il répondait :

— On dit que vous êtes l'amant de ma femme...

— On dit cela!... — cria le jeune homme avec un feint emportement et une indignation de commande.

— En propres termes, — poursuivit le vieillard, — et l'on ajoute que je le sais comme tout le monde, et que je ferme les yeux...

— Mais c'est infâme !...

— Pardieu !...

— Nommez-moi celui... nommez-moi ceux qui parlent ainsi, commandant, et je vous jure que je les ferai taire !...

— L'épée et le pistolet à la main, n'est-ce pas?...

— Certes !...

— Eh! croyez-vous que malgré mon âge je ne l'aurais pas fait, comme vous et avant vous?... — mais les calomniateurs sont lâches, et les lâches ne se montrent pas.

— Mais ces propos horribles, qui les tient?...

— Tout le monde...

— Comment vous les a-t-on révélés?...

— En employant le moyen favori des plus vils coquins !... la lettre anonyme... — deux jours de suite j'ai trouvé à la place où je vais chaque matin m'asseoir, ma ligne à la main, de longues épîtres sans signature qu'on y avait déposées pendant la nuit...

— Ah! — pensa Henry, — comme Marguerite avait bien raison de trembler !...

— Eh bien, commandant, — dit-il tout haut, — je vous répète ce que je vous disais tout à l'heure, je suis à vos ordres... disposez de moi... — ce que vous me direz de faire, je le ferai...

— Je n'attendais pas moins de vous, mon ami... — répliqua le vieillard en serrant avec effusion la main du jeune homme. — Ah! si j'étais tout seul en cause, je vous dirais cent fois pour une : — Restez !... — méprisons la calomnie et rions de sa fureur impuissante !... — mais on mêle le nom de Marguerite à des rumeurs scandaleuses... — la réputation déjà compromise de la pauvre enfant se perdrait rapidement, et c'est là ce que nous devons éviter... et c'est pour cela que moi, qui n'ai jamais douté de vous, je suis venu franchement, loyalement, et que je vous ai dit ce que vous venez d'entendre... — si mes paroles vous avaient offensé, ç'aurait été, croyez-le bien, une des plus sérieuses douleurs de ma vie...

— Vos paroles ne pouvaient m'offenser, mon cher commandant, — répliqua Henry, — mais elles m'affligent profondément !... — mon parti est pris, d'ailleurs... — Ainsi que vous l'avez dit, on ne combat point les calomnies du genre de celles qui nous accablent, — on fuit devant elles... — c'est ce que je vais faire... — dans quatre jours j'aurai quitté Vesoul pour n'y plus revenir... — c'est là ce que vous attendez de moi, n'est-ce pas?...

— Oui, c'est là ce que je vous demande avec un chagrin profond, car je m'étais habitué à vous aimer comme si vous étiez mon fils, et il me semblait que nous ne nous quitterions jamais... — mais je crois qu'il est indispensable de prendre ce parti, dans l'intérêt de la réputation et de l'avenir de ma pauvre chère Marguerite...

— Je suppose que madame de Ferny ne se doute pas de toutes ces abominables choses?...

— Vous pouvez en être certain... — la pauvre enfant n'en pourrait croire ses oreilles si le bruit de la moindre de ces infamies arrivait jusqu'à elle...

— Lui donnerez-vous quelques raisons, pour motiver mon prochain départ et pour empêcher des soupçons de la réalité de naître dans son esprit?

— Je ne lui dirai rien du tout... — il sera bien plus naturel que la chose vienne de vous seul... — jusqu'à votre départ je compte bien que nous vous verrons à la maison comme par le passé... — ce soir ou demain vous annoncerez que des lettres inattendues vous rappellent à Paris... — rien de plus simple... — Marguerite vous verra vous éloigner de nous avec beaucoup de regret... — elle vous est véritablement aussi attachée qu'elle le serait pour son frère, si elle en avait un... — les soirées vont lui paraître bien tristes et bien longues quand elle n'aura plus pour se distraire que la société d'un vieux mari... — heureusement nous voici tout près du printemps et elle aura ses fleurs pour la consoler...

— J'espère, — dit Henry en souriant, — que vous m'écrirez pour me dire si les graines turques et grecques ont produit tous les résultats qu'on était en droit d'attendre d'elles...

— Marguerite vous écrira elle-même... — elle pensera bien souvent à vous, et je vous assure qu'il ne se passera pas un jour sans que votre nom soit prononcé par elle ou par moi... et toujours avec la même affection...

Henry serra la main du commandant.

— Maintenant, — dit ce dernier, — je vous laisse; — il me reste juste deux heures avant déjeuner, — je vais essayer les nouveaux hameçons que vous m'avez donnés l'autre jour... — à ce soir...

Et il sortit.

V. — Parti pris.

M. de Ferny venait à peine de quitter le logement de Henry Varner, que ce dernier s'élançait hors de son lit, — s'habillait rapidement — et courait à la petite maison de la rue de la Préfecture.

En le voyant entrer, Marguerite pâlit et devint tremblante.

— Je le devine à votre visage bouleversé — murmurat-elle — vous apportez de mauvaises nouvelles...

— Oui... — répondit Henry — votre mari sort de chez moi...

— Ah! — fit Marguerite avec épouvante.

— Il sait tout... — poursuivit le jeune homme.

Et, comme il voyait Marguerite au moment de défaillir, il se hâta d'ajouter :

— Mais il ne croit rien... — Deux lettres anonymes lui sont arrivées — il traite leur contenu de mensonge infâme et de honteuse calomnie... — Il ne doute ni de vous, ni de moi... — il est, grâce au ciel, de ceux dont parle l'Écriture sainte — il a des yeux pour ne point voir, et des oreilles pour ne point entendre...

— Mais alors, qu'est-il allé faire chez vous ce matin, et qu'avait-il donc à vous dire?...

— Il avait à me supplier d'imposer silence à la rumeur qui nous accuse...

— Et comment?...

— En quittant cette ville.

— Pour longtemps?

— Pour toujours...

— Qu'avez-vous répondu?...

— Que je partirais dans quatre jours.

— Et vous le ferez?...

— Il le faudra bien...

Marguerite poussa un long soupir — sa pâleur devint effrayante, — et elle se laissa tomber, presque inanimée, sur un siège auprès duquel elle se trouvait.

Henry s'agenouilla devant elle, saisit ses deux mains et les couvrit de baisers. — Elles étaient glacées et c'est à peine si ses lèvres parvinrent à leur rendre un peu de chaleur.

— Écoute, ma bien-aimée — dit-il, en sentant Marguerite se ranimer sous ses caresses, — voici pourquoi je suis venu...

A son tour, sa main tremblante s'égara sur la poitrine du jeune homme... (P. 81.)

— Pour m'annoncer votre départ!... — interrompit la jeune femme avec désespoir.

— Pour vous demander si je partirais seul?...

Marguerite tressaillit et regarda fixement Henry.

— Que voulez-vous donc? — lui dit-elle.

— Vous emmener bien loin avec moi, puisque je ne puis rester ici avec vous...

— Vous suivre!... — balbutia Marguerite épouvantée.

— Fuir tous les deux!... — y songez-vous, Henry?...

— Si je n'y songeais pas... si je pensais qu'il faut à tout jamais me séparer de toi, crois-tu donc que j'aurais la force de vivre?... — Oui, je partirais seul... mais pour l'unique voyage d'où l'on ne revient jamais...

— Mourir!... — ai-je bien compris?... — Tu mourrais?...

— Je le jure!... — contre un désespoir incurable, je ne connais d'autre asile que la tombe...

— Henry, je ne veux pas que tu meures!...

— Alors, conseus à me suivre...

— Mais lui?... — lui, mon mari?... trahi, abandonné lâchement, que deviendra-t-il?...

— Il souffrira sans doute, et c'est un malheur... — il souffrira, autant du moins que peuvent souffrir un corps affaibli par les années, un cœur glacé par l'âge... — C'est à toi de mettre dans la balance, Marguerite, et le vieillard que tu ne peux aimer, et l'amant à qui ton cœur et ton âme appartiennent... — C'est à toi de décider auquel des deux tu vas donner ta vie!... — La vieillesse est insoucieuse — elle oublie vite — d'ailleurs, pour se souvenir, elle a si peu de temps... — Mais si c'est moi que tu condamnes, songes-y bien, c'est un arrêt de mort que tu vas prononcer.

Marguerite — ainsi qu'elle l'avait fait quelques jours auparavant dans une lettre mémorable dont Henry lui-même nous a fourni les détails — quitta son siége et vint appuyer sa tête charmante sur l'épaule de son amant, en répétant pour la seconde fois :

— Henry, je ne veux pas que tu meures!...

— Alors, tu m'accompagneras?...

— Oui.

— Partout et pour toujours?...

— Pour toujours et partout!

— Sans hésitation? sans regrets?... sans remords?...

— Sans regrets et sans hésitation!... Et si j'ai des remords, je m'efforcerai de les étouffer...

— Marguerite, ma vie est à toi désormais — s'écria Henry avec exaltation — à toi tout entière!... à toi sans partage! — Devant Dieu qui m'entend, je te le jure!...

La jeune femme, avec une expression d'épouvante, appuya sa main sur la bouche de son amant.

En même temps elle balbutiait :

— Henry... Henry... tais-toi!... n'invoque pas le nom du Dieu de justice qui punit les amours coupables et qui repousse les serments adultères!... — Henry, tâchons qu'il nous oublie... — s'il se souvient de nous, ce ne sera que pour nous frapper!...

— Nous frapper, chère bien-aimée!... et pourquoi?... — Cet amour qui de nos deux cœurs ne fait qu'un cœur ardent, n'est-ce pas lui qui nous l'a donné?... — n'est-ce pas lui qui pour ma jeunesse enivrée a fait ta jeunesse fleurie?... — comme un poëte l'a chanté, n'est-ce pas lui qui nous dit :

Aimez-vous, aimez-vous. Dans le vent qui murmure,
Dans les limpides eaux, dans les bois reverdis,
Dans l'astre, dans la fleur, dans la chanson des nids,
C'est pour vous que j'ai fait renaître ma nature...

Aimez-vous, aimez-vous, et de mon soleil d'or,
De mon printemps nouveau qui réjouit la terre,
Si vous êtes contents, au lieu d'une prière,
Pour me remercier, embrassez-vous encor!...

Et voici le printemps qui renaît, Marguerite, et voici Dieu qui nous crie : Aimez-vous !... — Non, chère bien-aimée, non, tu n'es pas coupable... — en m'aimant, en quittant tout pour moi, tu ne fais qu'obéir à Dieu, qui te bénit au lieu de te condamner !...

Le cœur de Marguerite était complice de ces dangereux sophismes — la voix de son amant égarait son âme et troublait ses sens — elle prit l'erreur pour la vérité, elle prit les ténèbres pour la lumière — elle se dit, elle s'efforça de se prouver à elle-même qu'Henry avait raison, et que la seule loi divine était la loi d'amour...

Bientôt calmée, presque rassurée, Marguerite en arriva à envisager froidement son départ.

— Quand partirons-nous ? — demanda-t-elle.

— Dans quatre jours.

— Comment ferai-je pour quitter cette maison et pour te suivre sans éveiller les soupçons de mon mari ?...

— Je vais y penser et écrire un plan détaillé de toutes les mesures à garder... — Je viendrai ce soir ici, comme de coutume, et je trouverai facilement l'occasion de glisser dans ta main le papier qui contiendra ce plan...

— Où m'emmèneras-tu ?...

— Dans quelque solitude enchantée où nous cacherons notre bonheur aux regards du monde...

— Seule avec toi... loin des indifférents... loin de tout... Oh ! oui, tu dis vrai, mon ami, ce sera le bonheur !...

— Ce sera la liberté, Marguerite... — la tendresse sans contrainte !... — des joies sans bornes !... — Ce sera le ciel !...

— Mais — dit la jeune femme avec un frisson involontaire — s'il nous poursuit, lui ?... s'il nous cherche ?

— Nous serons si bien cachés, qu'eût-il une longue vie à vivre encore, et la passât-il à notre poursuite, il ne saurait pas nous trouver...

— En es-tu bien sûr, Henry ?

— Comme je le suis de t'aimer toujours !...

§

Ce même soir, Henry arriva chez le commandant avec une figure visiblement attristée.

— Qu'avez-vous donc, mon ami ? — lui dit le vieillard.

— J'éprouve une contrariété si vive qu'elle peut passer pour un chagrin réel et sérieux...

— Est-il indiscret de vous demander quel est ce chagrin ?...

— En aucune façon... — Voici ce qui m'arrive... — Je comptais passer quelque temps encore près de vous...

— J'espère bien que rien n'est changé dans ce projet ?...

— C'est ce qui vous trompe, mon cher commandant, et c'est ce qui m'attriste. — J'ai reçu ce matin des lettres qui rendent indispensable ma présence à Paris dans le délai le plus bref...

— Comment, vous allez partir ?... nous quitter ?...

— Il le faut !

— Ne pourriez-vous, du moins, remettre ce départ de quelques semaines ?...

— Impossible !

— De quelques jours au moins ?

— C'est aujourd'hui mardi — eh bien, dans la nuit de vendredi à samedi j'aurai quitté Vesoul... je vous aurai dit adieu... et cet adieu sera bien pénible...

— Je n'essayerai pas d'entrer en lutte contre une impossibilité — dit le commandant — mais je puis vous affirmer, mon cher ami, que nous souffrirons véritablement de votre départ et que vous emporterez nos meilleurs souvenirs et nos plus sincères regrets... — N'est-ce pas, Marguerite ?

— Monsieur Henry n'en doute pas... — reprit la jeune femme avec une contrainte manifeste.

— Non, certes, je n'en doute pas ! — s'écria Henry — et je ne penserai jamais sans une profonde reconnaissance à l'accueil que vous m'avez fait, à l'affection que vous m'avez témoignée...

Toute la petite scène de comédie qui précède fut jouée avec une extrême gaucherie et un manque absolu de naturel qui semblaient prouver qu'aucun de nos personnages n'était fort habile dans le grand art de la dissimulation.

M. de Ferny fit à part lui la remarque qu'il fallait compter bien peu sur l'attachement et la reconnaissance des femmes, puisque Marguerite acceptait avec une parfaite indifférence l'annonce du brusque départ d'Henry Varner, avec lequel, depuis plusieurs mois, elle vivait sur un pied de grande familiarité et qui, pour satisfaire un de ses caprices à peine exprimé, avait joué sa vie et presque perdu la partie...

— Elle lui témoigne, en vérité, par trop de froideur — pensa-t-il ; — si ce cher Henry n'avait pas un aussi excellent caractère, il s'en blesserait certainement...

Ensuite le commandant demanda :

— Comment partirez-vous ?

— De la manière la plus simple. — J'ai écrit dans la journée à Mulhouse pour retenir une place de coupé dans la voiture qui passera vendredi soir à Vesoul...

— Un peu avant minuit, n'est-ce pas ?

— Précisément.

— Alors votre soirée sera libre tout entière jusqu'au moment du départ — vous viendrez dîner ici — nous ferons une dernière partie d'échecs, et je vous reconduirai jusqu'au bureau de la voiture où vos bagages auront été portés d'avance. — Cela vous convient-il ?

— Parfaitement, puisque j'aurai jusqu'à la dernière minute le plaisir de me trouver en votre compagnie...

Marguerite jeta sur Henry un regard plein d'un étonnement profond.

Comment donc pourrait-elle partir avec lui, puisque M. de Ferny ne le quitterait pas ?... — se demandait-elle.

Un imperceptible mouvement du jeune homme la rassura.

La conversation devint générale et prit une allure plus franche que celle qu'elle avait affectée jusqu'à ce moment.

Le commandant interrogea Henry sur ses projets d'avenir.

— Sans doute — lui dit-il — vous allez passer quelques mois à Paris, d'où vous êtes absent depuis si longtemps ?...

— Mon Dieu, non, — répliqua le jeune homme — je ne tiens guère à m'arrêter dans la grande ville, et d'ailleurs, quand bien même je le voudrais, je ne le pourrais pas maintenant...

— Pourquoi donc ?...

— Les affaires qui me contraignent à partir si brusquement touchent à mes intérêts de fortune et, après vingt-quatre heures de séjour à Paris, m'obligeront à passer en Angleterre, d'où, très-vraisemblablement, je m'embarquerai pour l'Amérique...

— Pour l'Amérique !... — s'écria M. de Ferny.

— Oui, mon cher commandant.

— Mais, vous en reviendrez ?...

— Dans deux ou trois ans, sans doute... — si Dieu me prête vie...

— C'est là-bas que, dans des rivières aux noms baroques, vous allez pêcher des poissons inconnus !...

— Sans doute — mais vous savez bien que la pêche ne suffit pas à mon bonheur... — et trouverai-je en Amérique des joueurs d'échecs de votre force, mon cher commandant ?...

— Je l'espère de tout mon cœur... et, puisque vous venez de parler d'échecs, je vous propose une partie...

— Que j'accepte... — répondit Henry.

§

Un peu après onze heures du soir, et au moment où le commandant sortait du salon le premier, la lampe à la main, pour éclairer l'escalier, la scène du billet, scène racontée précédemment par nous, se renouvela entre Marguerite et Henry ; — seulement la distribution des rôles était intervertie.

Ce fut Henry qui glissa le billet — ce fut Marguerite qui le reçut et qui s'empressa de le cacher dans son sein.

Ce billet — qu'elle dévora aussitôt qu'il lui fut possible de se trouver seule un instant — contenait, ainsi qu'Henry le lui avait annoncé, l'exposition complète de son plan de départ, — plan tout à la fois très-simple et très-habile, qui va se développer en action sous les yeux de nos lecteurs dans les prochains chapitres.

VI. — Pierre.

Le matin de ce même jour, en rentrant chez lui après son entrevue avec Marguerite, Henry avait appelé son domestique — un ex-dragon, comme on le sait, devenu tout à la fois cocher et valet de chambre du jeune homme.

— Pierre — lui avait-il dit — voici bientôt cinq mois que vous êtes à mon service... — avez-vous trouvé en moi un bon maître?

— Ah! monsieur — s'était écrié Pierre avec autant d'enthousiasme que d'incorrection — je crois qu'il faudrait chercher longtemps avant d'en rencontrer un pareil!... — bien habillé — bien payé et jamais grondé!... enfin, une place comme on n'en voit guère!...

— Ainsi, Pierre, vous me regretterez?...

— Je ne comprends pas très-bien ce que monsieur veut dire... — pourquoi regretterais-je monsieur, puisque je reste près de lui?...

— Vous me regretterez, mon brave garçon, parce que nous allons nous séparer...

Le domestique regarda son maître avec une expression de complet ahurissement.

— Monsieur me renvoie? — demanda-t-il d'un ton piteux.

— En aucune façon, et je vous déclare que j'étais parfaitement content de votre service — mais je pars...

— Si monsieur veut m'emmener avec lui, je le suivrai au bout du monde...

— C'est impossible, mon garçon...

— Ah! tant pis, monsieur, tant pis!... — voilà un grand malheur pour moi...

— Dites-moi, Pierre, n'êtes-vous pas de ce pays-ci?...

— Oui, monsieur, de Breuche, pas loin de Luxeuil...

— Vous avez un peu de bien dans votre village?

— Un lopin de terre... grand comme un mouchoir de poche... — pas assez pour m'occuper et pour vivre là-dessus...

— Combien vaut-il, ce lopin de terre?...

— A peu près cent écus.

— Et si vous achetiez un autre lopin à côté de celui-là... un lopin qui vaudrait mille francs, pourriez-vous vivre?

— Comme un seigneur... — en travaillant bien, s'entend...

— Et seriez-vous heureux?

— Comme un roi... dans le temps où les rois avaient de la chance... — Mais il y a un malheur...

— Lequel?

— C'est que je n'ai pas les mille francs.

— Vous les aurez, Pierre...

— Qui me les donnera?

— Moi.

L'étonnement du valet tournait à la stupéfaction la plus absolue — il n'en croyait pas ses oreilles.

— Mais, monsieur — dit-il — ces mille francs, je ne les ai point gagnés.

— Vous les gagnerez.

— Quand?

— Dans trois jours.

— Et comment?

— En exécutant avec zèle et intelligence les ordres que je vous donnerai, et surtout en gardant un secret absolu sur ce que je vous chargerai de taire...

— Oh! monsieur peut compter sur moi... — je serai muet comme un poisson frit...

— J'y compte... et maintenant, mon brave Pierre,

vous allez voir que ce dont il s'agit n'est pas difficile...

— Quel est le premier relais de poste sur la route de Besançon?

— La Maison-Neuve.

— A quelle distance de Vesoul?

— A quatre lieues.

— Vous connaissez Besançon, n'est-ce pas?

— Aussi bien que Vesoul.

— A quelle heure part la plus prochaine diligence pour cette ville?

— A midi.

— Voici deux mille francs en or. — Vous allez prendre une place dans la diligence. — Aussitôt arrivé à Besançon vous courrez chez les carrossiers jusqu'à ce que vous ayez trouvé une voiture quelconque d'occasion, calèche, ou briska, ou berline, ou landau, une voiture couverte enfin, et capable de courir la poste. — Vous l'achèterez — vous la paierez — vous y ferez atteler, séance tenante, des chevaux de louage, et...

— Et — interrompit Pierre, qui voulait donner une preuve immédiate de son intelligence — je la ramènerai ici...

— Pas le moins du monde; — vous la laisserez, au contraire, au relais de la Maison-Neuve, où vous la ferez remiser.

— Oui, monsieur, — et ensuite, moi, que ferai-je?...

— Vous reviendrez de votre pied léger, en ayant soin d'arriver assez matin pour que personne ne se soit aperçu de votre absence...

— C'est facile, monsieur.

— Remplissez avant de partir le râtelier et la mangeoire du cheval, et faites en sorte qu'il ait une nourriture suffisante pour la journée et pour la nuit... je me charge de lui donner à boire... Si vous vous trouvez en diligence avec des gens qui vous connaissent, pas un mot sur le but de votre petit voyage...

— Ah! monsieur peut être tranquille...

— Il est onze heures — ne vous mettez pas en retard...

— Avant de partir, quittez votre livrée. — Tenez, voici un chapeau, une redingote et un gilet que je vous donne...

Pierre partit.

Le lendemain, à six heures du matin, il frappait doucement à la porte de la chambre à coucher de son maître.

— Eh bien? — lui demanda ce dernier.

— Eh bien, monsieur, c'est fait.

— La voiture?...

— Est sous remise, à la Maison-Neuve.

— Un briska?... une berline?...

— Non, monsieur — une calèche en très-bon état — je l'ai eue pour douze cents francs...

Pierre, tout en parlant, posa sur la table de nuit une certaine quantité de pièces d'or, formant le reliquat des deux mille francs qu'il avait reçus.

— Vous n'avez rencontré en route ni à Besançon, personne de connaissance?...

— Personne.

— C'est à merveille et je suis content de vous... — la moitié de votre tâche est accomplie. — Voilà cinq cents francs, dans trois jours je vous en donnerai autant, sans préjudice, bien entendu, du mois courant de vos gages...

Et Henry mit vingt-cinq pièces d'or dans la main de Pierre, qui, ne sachant en quels termes exprimer sa reconnaissance, se lança dans un inintelligible pathos auquel son maître s'empressa de couper court, en disant :

— Il faut maintenant vous expliquer ce que vous aurez encore à faire... — Avez-vous remarqué, à vingt minutes d'ici, sur la route de Besançon, une croix de fer ombragée par trois gros tilleuls?

— Oui, monsieur, cette croix se trouve presqu'à l'angle du chemin de Navenne et de la grande route...

— C'est cela même. Y a-t-il ici un loueur de voitures qui vous connaisse assez pour vous confier une carriole et un cheval, sans vous donner un conducteur en même temps?...

— Oui! oui, monsieur — répondit Pierre avec un sourire de satisfaction intime — oh! je suis connu... — on me confierait volontiers dix voitures et vingt chevaux... — On sait que je suis un fin cocher... surtout depuis mon entrée au service de monsieur...

— Eh bien, retenez comme pour vous — faites attention à ceci — *comme pour vous,* — une carriole dont les rideaux ou les vasistas puissent se fermer... — que cette carriole soit attelée d'un bon cheval, samedi prochain, à six heures du matin — montez sur le siége et allez m'attendre à l'entrée du chemin de Navenne, près de la croix et des trois tilleuls, en ayant soin de relever le collet de votre manteau jusqu'aux bords de votre casquette, afin que personne ne soit à même de vous reconnaître...

— Je puis promettre à monsieur que mon père lui-même me verrait passer sans se douter que c'est moi...

— Je pars pour Paris vendredi soir, par les messageries Laffitte et Caillard — reprit Henry.

— Bah! — s'écria Pierre.

— Ce qui — continua le jeune homme en souriant — ce qui ne vous empêchera pas de me conduire samedi matin au relais de la Maison-Neuve...

— Je comprends... je comprends—fit Pierre, heureux de trouver une occasion favorable pour mettre sa perspicacité en relief; — monsieur aura l'air d'être parti, mais véritablement il ne le sera pas ..

— C'est cela même, mon brave garçon — dit Henry en riant — je serai là en chair et en os pour vous donner vos cinq cents francs .. — vous voyez à quel point je me fie à vous... j'espère bien que votre discrétion sera à la hauteur de ma confiance...

— Ah! monsieur — répliqua Pierre avec conviction — on pourra bien me couper le cou si on veut — on ne me fera pas sortir une parole de mon gosier!... aussi vrai que je m'appelle Pierre Gousserez, et que je suis un ex-dragon et un brave garçon!... — Le mot d'ordre est *motus et discrétion...* — respect et obéissance à la consigne!

Pierre laissa son maître fort enchanté d'avoir trouvé en lui un auxiliaire actif et dévoué, et tel enfin qu'il le lui fallait.

§

Pendant les deux jours qui suivirent, Henry s'occupa des mille détails qui précèdent un départ.

Il vendit son cheval et sa voiture — il fit ses malles — il joua aux échecs avec le commandant — et il n'eut avec Marguerite qu'un seul tête-à-tête qui ne dura pas plus d'une minute et demie, mais qui lui suffit pour adresser à la jeune femme quelques dernières recommandations.

Le parti de Marguerite était pris, et bien irrévocablement pris, et ses combats intérieurs — si toutefois elle en éprouvait — ne se décelaient que par sa pâleur plus grande que de coutume, et par le cercle de bistre qui se dessinait autour de ses yeux.

Le commandant, très-sincèrement triste, continuait à s'étonner du calme et de la froideur de sa femme, et il se disait en lui-même :

— Quand je pense qu'on ose accuser Marguerite d'aimer plus qu'il ne le faudrait ce pauvre Henry, à qui elle ne témoigne qu'une beaucoup trop complète indifférence !... — quelle chose bête que la calomnie!... et comme il en faudrait rire, si, bien souvent, on n'était pas forcé d'en pleurer!...

VII. — Consummatum est!...

Enfin arriva le vendredi, jour du départ.

Dès le matin le commandant accourut chez Henry qu'il trouva fort occupé de cadenasser malles et valises, et que, pendant tout le reste de la journée, il ne quitta pas d'une semelle.

Par suite d'un sentiment ou plutôt d'un instinct très-naturel, il voulait, au moment de se séparer du jeune homme pour ne le revoir peut-être jamais, se rassasier en quelque sorte de sa présence.

Dans l'après-midi, les bagages furent envoyés au bureau des messageries et enregistrés pour le départ du soir. — L'administration de Mulhouse avait fait prévenir que la première place de coupé était régulièrement inscrite au nom d'Henry. — Cette place avait été payée — il ne restait à s'occuper d'aucun détail matériel jusqu'au passage de la diligence.

A cinq heures, M. de Ferny emmena Henry chez lui, où Marguerite et le dîner les attendaient.

Cette dernière soirée fut horriblement triste pour tout le monde.

Henry, malgré ses efforts pour feindre une tranquillité d'esprit qu'il n'éprouvait point, n'était pas toujours maître de son visage et de son attitude, et l'un et l'autre décelaient son écrasante préoccupation.

Marguerite, à la veille de faire la démarche la plus grave et la plus irréparable qui, du haut d'une vie régulière en apparence, puisse précipiter une femme dans les régions douteuses où commence le demi-monde — Marguerite, disons-nous, songeait à son passé — à ses années d'enfance joyeuse et de jeunesse innocente — à la mort de sa mère — à son mariage—à ses souffrances — à son amour — à sa faute—et, malgré le prisme radieux que pour elle la passion jetait sur l'avenir, elle avait grand'peine à contenir les larmes qui voulaient jaillir de son cœur, et montaient à ses yeux gonflés.

Quant au commandant, qui s'efforçait de paraître gai et ne pouvait en venir à bout, il éprouvait un chagrin sincère — d'abord parce qu'il aimait véritablement Henry, et ensuite parce qu'il se demandait avec épouvante comment il pourrait jamais remplacer cet habile compagnon de pêche, ce charmant adversaire aux échecs.

M. de Ferny s'avouait à lui-même qu'une fois qu'Henry ne serait plus là, il allait trouver dans ses habitudes un vide immense et traverser bien des heures de profond ennui... — or, l'ennui — personne ne l'ignore — est une des calamités de ce bas monde que redoutent le plus les vieillards.

Telles étaient les pensées d'une nuance assombrie qui se succédaient dans l'esprit de chacun de nos personnages.

Aussi — nous le répétons — les heures de la soirée s'écoulaient lentement et avec une tristesse inaccoutumée dans le salon du commandant.

L'échiquier lui-même ne parvint point à attacher des ailes aux minutes alourdies. — Aucun des deux adversaires n'était à son jeu et les parties se traînaient sans entrain, sans intérêt, sans coups décisifs.

Gibby, la folle et pétulante Gibby, semblait avoir sa part du malaise général.

Couchée en rond sur un fauteuil, elle dormait à demi, et, tout en dormant, elle poussait de petits gémissements sourds et inarticulés.

Enfin, qu'il semble ramper lourdement ou voler à tire d'ailes, le temps marche d'un pas égal...

Onze heures sonnèrent.

— Mon cher commandant — dit Henry en quittant sa place et en repoussant l'échiquier—voici le moment des adieux... — Quand nous arriverons à la grande rue, la diligence sera bien près d'y arriver elle-même...

— Rien ne presse — répondit M. de Ferny; — vous savez bien, mon cher Henry, que vous ne pouvez pas manquer la voiture, puisqu'elle passe devant ma maison...

— Sans doute — mais je tiens à être au bureau un peu à l'avance pour voir charger mes bagages...

— Eh bien! puisque vous le voulez, partons...

— Madame — dit Henry à Marguerite en lui tendant la main — je ne vous dirai pas *adieu...* — *Adieu,* c'est un mot triste, c'est un mot qui sépare, et j'espère bien que nous ne nous quittons pas pour toujours... je veux donc vous dire : *au revoir...*

— Au revoir... monsieur Henry... — balbutia la jeune

femme en mettant sa main tremblante dans la main de son amant.

— Eh! sacrebleu! — s'écria M. de Ferny — ce n'est pas la main qu'il faut se donner, c'est la joue! — Ma parole d'honneur, à vous voir ainsi tous les deux, on croirait que vous vous connaissez à peine!... — Embrasse-le, Marguerite!... embrasse-le!...

Et, comme Marguerite semblait hésiter, il la poussa dans les bras d'Henry en riant d'un rire muet comme celui de l'immortel Bas de cuir, et en se disant : — C'est pour le coup que, s'ils étaient là, les fabricants de lettres anonymes m'appelleraient mari complaisant! — les brutes malfaisantes qu'ils sont!... — Sans eux, sans leurs infâmes et absurdes calomnies, Henry ne partirait pas!...

Ce fut malgré lui, ce fut avec une contrainte pleine de confusion et pleine de douleur qu'Henry pressa Marguerite contre son cœur,

La rougeur de la honte lui monta au visage au moment où, en présence de ce mari plein d'une si grande confiance, il appuyait ses lèvres sur le front de cette femme qui était sa maîtresse et qui, le lendemain, allait quitter le toit conjugal flétri et le vieillard trompé et abandonné!...

Marguerite éprouvait en même temps, et avec plus de violence encore, des sentiments identiques—seulement, au lieu de s'élancer vers sa figure, le sang se concentrait à son cœur — au lieu de rougir, elle pâlissait.

— Et Gibby — votre amie Gibby? — dit le commandant, n'aurez-vous pas pour elle une caresse?...

— Une caresse et un souvenir... — répondit Henry qui passa sa main à plusieurs reprises sur la tête effilée de la levrette...

Gibby, réveillée en sursaut, se prit à gémir, bien loin de manifester sa joie comme de coutume par des bonds et par des gambades.

— Si cependant on croyait aux présages — pensa le jeune homme — il faudrait trembler!...

Puis il ajouta tout haut :

— Mon cher commandant, quand vous voudrez...

Les deux hommes sortirent de la maison et se dirigèrent vers le bureau des messageries Laffitte et Caillard, situé, nous l'avons dit, à l'angle de la rue de l'Aigle-Noir et de la Grande-Rue.

Au moment où ils allaient l'atteindre on entendait dans le lointain ce bruit de grelots, de coups de fouet et de fanfare, annonçant la très-prochaine arrivée de la diligence.

— Exacts comme à la parade! — murmura M. de Ferny.

Les bagages de Henry furent chargés.

Quatre chevaux frais prirent la place des chevaux fatigués qui venaient d'amener la diligence depuis le dernier relais.

Le conducteur cria d'une voix quelque peu enrouée par la fraîcheur de la nuit :

— Messieurs les voyageurs en voiture!....

Henry monta dans le coupé, où, par parenthèse, il se trouva seul.

Le commandant lui serra une dernière fois la main avec effusion, et la lourde machine s'ébranla.

— Il y a six mois — pensa le jeune homme — le coupé tout entier d'une voiture pareille à celle-ci... — (peut-être de celle-ci même) était à ma disposition comme aujourd'hui... — Si j'étais parti alors, quelle différence dans ma vie!... — Ai-je bien ou mal fait de rester?... — l'avenir me le dira...

Au moment où la voiture passa devant la maison de M. de Ferny, Henry se pencha à la portière.

Le commandant ne pouvait être encore rentré et la lumière de l'intérieur brillait faiblement à travers les lames des persiennes fermées.

— Elle est là... — se dit Henry — elle pense à moi... — Dans quelques heures nous serons réunis pour ne plus nous quitter...

Cependant la diligence, ayant dépassé les dernières maisons de la ville, roulait rapidement sur une route inclinée,

Le jeune homme la laissa courir ainsi pendant à peu près un quart de lieue, puis, abaissant une des glaces de devant du coupé, il se mit à appeler de toutes ses forces :

— Conducteur!... eh! conducteur!...

On allait atteindre une petite montée qui ralentirait l'allure des chevaux; — le conducteur se suspendit en grommelant à une courroie, et demanda :

— Qu'est-ce que vous voulez, monsieur?...

— Je veux que vous arrêtiez la voiture...

— Pourquoi faire?...

— Pour me laisser descendre...

— Descendre!... — s'écria le conducteur — déjà!... nous partons à peine!...

— J'ai oublié mon portefeuille à Vesoul...

— Vous écrirez depuis Langres et on vous le renverra à Paris...

— Du tout! — il contient des valeurs importantes dont je ne veux pas me dessaisir...

— Vous n'avez pas cependant le projet, j'imagine, d'aller le chercher à Vesoul...

— Mais si, très-bien...

— Nous ne pouvons pas vous attendre... ça tombe sous le sens...

— Eh bien, partez sans moi...

— Je vous préviens que vous perdrez le prix de votre place...

— J'aime mieux perdre le prix de ma place que de perdre mon portefeuille...

— A votre aise... — Et vos bagages, monsieur, qu'en faudra-t-il faire?...

— Déposez-les à la consigne, dans les bureaux de votre administration... j'irai les réclamer en arrivant, dans deux ou trois jours...

Le conducteur consulta sa feuille, afin de s'assurer que la place du voyageur était payée — puis il ouvrit la portière et Henry s'élança sur la route.

— Sacrebleu, vous n'avez tout de même pas de chance d'avoir ainsi oublié votre portefeuille — surtout si vous étiez pressé d'arriver à Paris! — dit le conducteur tout en regrimpant sur sa banquette.

Le postillon fouetta les chevaux et la voiture se remit en marche, allégée du poids d'un de ses voyageurs.

Henry ralluma son cigare qu'il avait laissé éteindre pendant le temps des pourparlers que nous avons rapportés fidèlement, et il reprit à pas lents le chemin de Vesoul.

Au moment d'entrer dans la ville, il releva jusqu'à ses oreilles le collet de son paletot, de manière à cacher les trois quarts de son visage — bien inutile précaution, car à minuit passé on ne rencontre dans les rues des petites villes de province que des rats fourvoyés et des chiens errants.

La lumière de la maison du commandant s'était éteinte.

— Elle ne dort pas plus que moi! — se dit Henry — elle aussi trouvera que la nuit est longue!...

Il traversa la ville dans toute sa longueur et il entra dans l'une des auberges destinées spécialement aux rouliers, et qui se trouvent à l'extrémité de la grande rue basse, tout près du pont de l'hôpital, de la route de Besançon, et par conséquent de l'endroit où, dès le point du jour, Pierre devait attendre avec la voiture attelée.

Henry se fit donner une chambre par une servante endormie et il se jeta tout habillé sur le lit, non pas pour y chercher le sommeil, mais pour ne point se fatiguer outre mesure en restant debout.

Aussitôt qu'à travers les petits carreaux de la fenêtre une lueur pâle rayant le manteau sombre de la nuit vint trahir l'approche de l'aube naissante, Henry quitta l'auberge, après avoir eu soin d'attacher un épais cache-nez par-dessus le collet toujours relevé de son vêtement.

Ce cache-nez montait presque jusqu'aux yeux qu'abritait en outre la visière de la casquette.

De tout le visage du jeune homme, on ne voyait pas

une seule ligne. — Son plus mortel ennemi, aussi bien que son meilleur ami, aurait pu passer à côté de lui sans le reconnaître.

Il suivit la route de Besançon jusqu'à la croix abritée par les trois tilleuls.

Il s'engagea dans le chemin de Navenne et monta dans les vignes, où il s'assit sur un tas de pierres ; — de là il dominait le chemin, à l'entrée duquel ne tarda guère à s'arrêter une carriole à rideaux de cuir, conduite par un homme enveloppé dans un manteau bleu qui l'encapuchonnait tout autant que le paletot et le cache-nez d'Henry Varner.

Il fut impossible à ce dernier de reconnaître Pierre — mais il lui fut facile de le deviner.

Vers sept heures et demie, le jeune homme quitta son poste, après avoir regardé sa montre — gagna le petit chemin et, s'arrêtant un moment à côté de son ex-domestique, il lui dit :

— Vous êtes un garçon exact et consciencieux, Pierre — je vous regretterai certainement...

— Comment, monsieur — s'écria Pierre — c'est vous !... — sans votre voix, je n'aurais pu savoir qui vous étiez...

— Tant mieux, c'est ce que je veux.

— Que faut-il faire, maintenant, monsieur ?

— Attendre.

— Suffit !...

Henry s'éloigna de la voiture et alla se placer au pied d'un tilleul voisin de la croix.

Son regard s'attachait avec persistance sur la route sillonnée par les paysannes des villages voisins se rendant au marché.

Un peu avant huit heures, il fit un mouvement brusque et son attention redoubla. — Il venait d'entrevoir, à quelque distance, une femme dont le visage disparaissait sous un voile noir fort épais et la taille sous un grand châle également noir et très-ample, et qui cependant lui rappelait Marguerite.

Cette femme marchait vite, et, de minute en minute, elle se retournait pour regarder derrière elle avec une apparente inquiétude.

Plus elle avançait, plus il semblait à Henry que la tournure qu'il voyait était bien celle de madame de Ferny.

Au moment où elle allait atteindre les tilleuls, le jeune homme s'avança de quelques pas et ses conjectures se métamorphosèrent en certitude.

— C'est moi... — dit-il — venez vite...

Au bruit de cette voix, les plis du grand châle s'entr'ouvrirent et la gentille Gibby montra le bout de son museau rose.

Marguerite saisit le bras d'Henry sur lequel elle s'appuya en murmurant :

— Hâtons-nous !... — la force me manque, je sens que je vais tomber...

— Du courage, mon amie... — répondit Henry — la voiture est là... — dans deux minutes nous l'atteindrons...

Il entraîna Marguerite dans le petit chemin — il la souleva dans ses bras, — la plaça dans la carriole — y monta après elle — detacha les rideaux de cuir qui devaient la cacher à tous les regards, et dit à Pierre :

— Maintenant, mon garçon, à la Maison-Neuve, et vivement !...

Pierre fouetta son cheval, qui partit au grand trot. Tout était consommé !...

— Es-tu mieux, maintenant ? — demanda Henry en approchant son visage de celui de Marguerite.

La jeune femme ne répondit pas.

Henry, inquiet, souleva le voile qui cachait les traits de sa maîtresse.

La pauvre enfant était évanouie.

VIII. — Une Oasis dans la vie.

Certes, dans cette maison qu'elle quittait, Marguerite n'avait pas été bien heureuse — et cependant ce fut avec un étrange et douloureux serrement de cœur qu'elle en franchit le seuil pour n'y rentrer jamais.

Elle se dit qu'après tout son mari l'aimait d'une profonde tendresse — qu'elle était la plus grande joie de sa vie, le suprême bonheur de sa vieillesse, et qu'en se trouvant seul, trahi, abandonné, il allait cruellement souffrir...

A la pensée de cette souffrance infligée par elle, Marguerite ne put retenir ses larmes ; — mais elle appartenait à un autre — elle était enchaînée par les inextricables liens de l'amour et de l'adultère — elle n'avait plus le droit d'hésiter, ni de regarder en arrière.

Tout ce que possédait Marguerite lui venait de son mari. — Elle voulait, en partant de chez lui, ne rien emporter. — Elle enferma dans une boîte les quelques bijoux donnés par M. de Ferny à l'époque de son mariage, et à cette boîte elle joignit une lettre qui ne contenait que les lignes suivantes :

« Je n'étais plus digne de vous. — En se fixant sur moi, vos regards me faisaient rougir et me forçaient à courber la tête... — A ma première faute, j'en joins une seconde, qui ne sera peut-être qu'une expiation — je pars et je ne reviendrai jamais...

« Je ne mérite pas un regret de votre part — je m'éloigne, le cœur rempli de trouble et déchiré de remords. — Ne me maudissez pas — essayez de me pardonner — plaignez-moi surtout, — et croyez que si quelqu'un en ce monde fait des vœux ardents pour votre bonheur, c'est la triste et coupable Marguerite. »

Cette lettre et la boîte, cachetées toutes deux, furent placées par la jeune femme dans l'endroit le plus en vue de la chambre du commandant, qui, parti pour sa pêche de tous les matins, ne devait rentrer que dans quelques heures.

Marguerite revêtit ensuite une de ses robes de jeune fille — elle s'enveloppa dans un grand châle qui venait de sa mère — elle prit Gibby dans ses bras et elle sortit.

Au moment où, derrière elle, la porte se referma, il lui sembla que sa vie venait de se séparer en deux parties.

— La Marguerite du passé — se dit-elle — est morte !... — que sera la Marguerite de l'avenir ?...

Et elle s'éloigna rapidement.

Nous l'avons vue rejoindre Henry à l'endroit du rendez-vous convenu, et s'évanouir au moment où le jeune homme venait de la mettre dans la voiture.

Les baisers et les caresses de son amant ne tardèrent point à triompher de cette défaillance, et Marguerite, revenue à elle-même, s'efforça de paraître gaie afin de ne point commencer dans la tristesse et dans les larmes le premier jour de sa nouvelle existence.

Le cheval, vigoureusement fouetté par Pierre, marchait à sa plus rapide allure — en moins d'une heure et demie le relais de la Maison-Neuve fut atteint.

Pierre reçut ses cinq cents francs ; — on attela des chevaux de poste à la calèche tirée de la remise — le postillon se mit en selle, et, surexcité par la promesse de guides princièrement payées, il fit claquer joyeusement son fouet et lança son attelage au grand galop sur la route de Besançon.

Les deux amants voyagèrent pendant tout le jour et ne s'arrêtèrent point la nuit suivante, — si bien que le lendemain, vers les dix heures du soir, leur voiture entrait dans Paris.

Henry ne voulait descendre ni dans son propre appartement, où le commandant pourrait venir le chercher s'il s'était mis à sa poursuite, — ni dans un hôtel, où il aurait fallu donner son nom et montrer son passe-port.

Il se fit conduire chez l'ami auquel s'adressaient les lettres que nous avons reproduites. — Par le plus grand hasard du monde, il le trouva chez lui, et il lui dit :

— Va-t'en de chez toi, mon cher, — couche où bon te semblera cette nuit et prête-moi ton logis dont j'ai impérieusement besoin...

— Très-bien — répondit l'ami — je comprends et je m'en vais. — J'ajouterai que tu pourras disposer de mon domicile aussi longtemps que tu voudras, et cela

sans me gêner le moins du monde... — Je pars dans
huit jours et j'allais te l'écrire...

— Tu pars pour longtemps?

— Pour trois ou quatre ans — je vais en Perse — en
Syrie — en Asie-Mineure, et cætera, et cætera, un superbe voyage, mon ami... — je te parlerai de cela demain. — Maintenant, bonsoir... — tu n'es pas seul,
naturellement?...

— Parbleu!...

— La femme du commandant, je suppose?...

— Oui.

— Où l'as-tu laissée?...

— En bas, dans la chaise de poste.

— Eh bien, va la chercher... — quand tu remonteras
avec elle, je serai parti par l'escalier de service...

Quelques minutes après ce court entretien, Marguerite, brisée de fatigue, entrait dans l'appartement de
l'ami d'Henry Varner.

§

Rester à Paris était impossible.

Henry n'admettait point comme vraisemblable que
M. de Ferny s'adressât à la police pour retrouver le ra-
visseur de sa femme et sa femme elle-même — mais
cependant ce dernier cas n'était point absolument inad-
missible. — D'ailleurs, il fallait tout prévoir.

Or, si des recherches devaient être effectuées, ce serait d'abord et surtout à Paris que ces recherches auraient lieu.

En allant se fixer dans les environs de la grande ville,
au contraire, — en choisissant l'un de ces endroits où
se réunissent une considérable affluence de Parisiens, et
où cependant il est possible et facile de vivre dans un
isolement complet — en évitant enfin de se mettre en
vue, — on échappait d'une façon à peu près certaine à
toute chance dangereuse.

Le parti d'Henry fut pris aussitôt.

Il aimait assez Marguerite pour que la solitude, en sa
compagnie, ne l'effrayât point.

Le hasard l'ayant conduit un jour à Maisons-Laffitte,
quelques années auparavant, il avait conservé du parc
et de la Colonie un charmant souvenir.

Il se fit donc mener un matin à la gare de la rue
d'Amsterdam et il prit un billet pour la station de
Maisons.

Dans l'introduction de ce livre, nous avons entendu le
garde Dominique raconter lui-même les détails de sa
première entrevue avec Henry et de la façon expéditive
dont se termina la location de la Maison-Rose.

Avec lui nous avons en quelque sorte assisté à l'installation du jeune couple.

Il est inutile de revenir sur des faits que nos lecteurs
connaissent aussi bien que nous-même.

C'est pendant les quelques semaines passées à Paris,
par Henry et par Marguerite, dans l'appartement prêté
par l'ami de notre héros, que fut commandée la toile
perse aux bouquets emblématiques qui devait, un peu
plus tard, être tendue dans la chambre à coucher que
nous avons décrite.

Lorsque Henry et sa maîtresse eurent pris possession de
leur charmante solitude, ils y vécurent, nous le savons,
en dehors de toutes relations étrangères, et personne,
excepté la servante procurée par Dominique, et excepté
Dominique lui-même, ne fut admis à franchir la grille
de la Maison-Rose.

Henry, sachant par expérience qu'un secret n'a la
chance d'être bien gardé que lorsqu'il est connu seulement de ceux qu'il intéresse d'une façon immédiate et
directe, n'avait mis qui que ce soit dans sa confidence.

Ses amis — et il en comptait de nombreux à Paris —
ignoraient tous, absolument tous, que le jeune homme
habitât Maisons-Laffitte.

Les gens de sa connaissance — lorsque par hasard ils
parlaient de lui — exprimaient généralement l'opinion
qu'il devait être parti pour quelque lointain voyage.

Personne, à vrai dire, n'attachait une grande impor-

tance à savoir ce que devenait le jeune homme — et
c'est tout simple, — les amis de Paris ne sont que des
indifférents, prodiguant volontiers à droite et à gauche
des semblants de banale affection, et trop occupés d'ailleurs, entraînés dans un trop rapide tourbillon, pour
s'attacher d'une façon sérieuse et pour conserver même
un souvenir aux absents.

Des parents auraient été moins insoucieux sans doute,
— mais Henry n'avait pas de famille.

C'est ici, ce nous semble, le moment de réparer une
lacune de notre récit, et de dire en très-peu de mots ce
que nous savons de la naissance d'Henry, et de la façon
dont il avait été élevé.

Vingt-sept ou vingt-huit ans avant l'époque où, par
un soir d'automne, notre héros, arrivant de Plombières,
descendait de diligence sur le pavé de la bonne ville de
Vesoul, il y avait au théâtre des Panoramas, à Paris,
une jeune comédienne qui prenait sur l'affiche le nom
de Florine.

Cette actrice, tenant l'emploi des ingénuités, était
très-jolie et passait pour exceptionnellement sage, car
on ne lui connaissait pas d'amant; — son nom de Florine était un pseudonyme de théâtre — elle s'appelait en
réalité Rosine Varner.

La vertu d'une actrice est chose assez fragile d'ordinaire.

On s'étonnait fort de voir Florine repousser les brillantes propositions qui de toutes parts venaient l'assaillir
— et qui se multipliaient en raison même de la froideur
dédaigneuse avec laquelle elles étaient accueillies.

Cet étonnement eut un terme.

Un beau jour, Florine trébucha ni plus ni moins que
ses camarades du théâtre des Panoramas.

Seulement elle n'avait pas perdu pour attendre.

Son premier amant — celui du moins qui, à tort ou à
raison, passa pour tel, — fut un jeune homme d'une
beauté remarquable et possesseur d'une fortune immense — un Anglais — un grand seigneur — lord Henry
Fitz-Hérald.

Très-épris et très-jaloux de sa jolie maîtresse, lord
Fitz-Hérald exigea que Florine quittât le théâtre. — Elle
subit, non sans chagrin, la volonté de son amant, qui,
pour reconnaître sa soumission et la dédommager des
succès qu'elle lui sacrifiait, lui fit une très-large existence et l'entoura d'un luxe effréné.

Florine, — ou plutôt Rosine Varner — devint grosse
et mit au monde un fils qui reçut le nom de Henry.

La paternité redoubla l'amour du jeune lord — il
songea à reconnaître son enfant — bien plus, à le légi-
timer en épousant la mère et en faisant de l'ex-ingénue
du théâtre des Panoramas une pairesse d'Angleterre.

Désireux de mettre son projet à exécution sans s'alié-
ner tous les membres de sa famille, il fit un voyage en
Angleterre afin de les préparer doucement et par gradations au mariage qu'il avait résolu de conclure, et que
tous ces hauts personnages ne pouvaient manquer de
considérer comme une mésalliance.

Il se proposait de leur citer tant d'illustres exemples
d'unions pareilles à celle-là parmi les membres de la
plus fière aristocratie des trois royaumes, qu'il ne doutait point de les amener à peu près à ses vues, et, sinon
à encourager son mariage, du moins à le tolérer.

Mais lord Henry ne devait plus revoir ni Paris, ni Rosine, ni son enfant.

Attaqué par une de ces maladies terribles qui pren-
nent un homme rempli de santé et de vigueur, et qui le
tuent en quelques jours, comme pour montrer que contre elles les ressources de la nature et les efforts de la
science sont impuissants, Henry comprit qu'il allait
mourir et il n'eut que le temps de dicter un testament
parfaitement en règle, par lequel il léguait un million à
Rosine et cinq cent mille francs à l'enfant qui venait de
naître.

Une des clauses du testament stipulait que, jusqu'à la
majorité de l'enfant, la mère ne pouvait toucher ni au
capital ni aux intérêts de cette dernière somme.

Le reste de la fortune immense du jeune lord allait à
ses héritiers naturels, et n'était qu'à peine diminué par

les quinze cent mille francs légués à la maîtresse et au fils naturel.

Rosine ne valait pas moins, mais ne valait pas non plus davantage que la plupart des filles de théâtre ; race gracieuse de charmants démons qui ne brillent pas précisément par le cœur.

Elle avait aimé, ou à peu près, lord Fitz-Hérald. — En apprenant qu'il était mort, elle pleura...

Mais comme elle apprit en même temps qu'elle héritait d'un million, ce million fut un baume bienfaisant qui cicatrisa promptement sa blessure.

Moins de deux mois après le jour où elle s'était trouvée veuve de la main gauche et propriétaire de cinquante mille livres de rente, elle se promenait sur les boulevards et dans les Champs-Elysées, en calèche découverte et en robe rose décolletée.

Mais nous n'avons point à raconter ici l'histoire de Rosine Varner.

Disons seulement qu'elle mourut très-jeune, après avoir presque complétement dévoré, en dix ou douze ans, le million laissé par lord Fitz-Hérald.

Si, dans aucun doute, il pouvait être possible et permis d'écrire que ce fût un bonheur pour un fils de perdre sa mère, nous dirions que la mort de Rosine fut pour Henry un très-heureux événement.

Sans aucun doute, malgré la clause restrictive du testament, l'ex-comédienne, si elle eût vécu, aurait entamé la fortune de l'enfant après avoir gaspillé la sienne dans les plus incompréhensibles folies.

Un tuteur légal fut nommé à Henry, qui reçut une excellente éducation, et qui, émancipé à dix-huit ans, se trouva maître d'un capital considérable qu'il ne songea point à ébrécher, tout en payant un large tribut aux fantaisies et aux erreurs de la jeunesse.

Henry avait assez d'intelligence et d'esprit pour ne point se laisser exploiter sans répugnance par ces faux amis, parasites avides, et par ces sangsues blondes et brunes, qu'on appelle des pécheresses, et qui s'attachent à tout jeune homme riche avec une si révoltante avidité.

Ce fut ce qui le sauva.

Il fut, en outre, préservé d'un autre péril — l'oisiveté — par un goût inné en lui, et très-vif — le goût des arts.

Henry fréquenta les ateliers, en artiste amateur, et il y acquit un talent réel dont nous l'avons vu, à plus d'une reprise, donner des preuves.

Et ne croyez pas que nous fassions seulement allusion en ce moment aux croquis de la prairie de Vesoul, et à l'heureuse et habile restauration du nez de Jean-Nicolas Robert...

Les aquarelles du salon de la Maison-Rose — les études de chevaux de la salle à manger, et l'admirable portrait de Marguerite suspendu dans le boudoir de la jeune femme, étaient des œuvres excessivement remarquables des crayons et des pinceaux de Henry.

Ainsi que nous le lui avons entendu dire au commandant, il avait certainement en soi l'étoffe d'un artiste véritable, et, si la fortune ne lui avait point créé de trop faciles loisirs, notre héros aurait su se faire une position et peut-être se créer un nom célèbre...

Au moral, Henry était ce que l'on appelle un excellent garçon, il avait un bon cœur, mais une tête légère. — Il pouvait s'attacher fortement, mais il était au moins douteux que ses attachements fussent d'une bien longue durée.

Il s'illusionnait volontiers à cet égard, et comme ses impressions les plus passagères étaient d'une extrême vivacité, il lui semblait qu'elles devaient être éternelles.

Bien souvent, dans le cours de sa vie de jeune homme, il s'était dit :

— J'aime, et c'est pour toujours!...

Quelques mois s'écoulaient — une idole nouvelle remplaçait l'idole brisée, et la passion qui devait n'avoir point de fin se trouvait réduite aux humbles proportions d'un simple caprice. — Ce qui n'empêchait point Henry de croire très-naïvement et très-fermement à sa constance naturelle,

— Je n'aimerai véritablement qu'une fois dans ma vie — pensait-il avec une entière sincérité — quand j'aurai rencontré la femme que je dois aimer uniquement, exclusivement; je ne chercherai plus...

Henry rencontra Marguerite et il crut avoir enfin trouvé!...

§

Les premiers mois — disons presque la première année — du séjour des deux jeunes gens à la Maison-Rose réalisèrent le plus parfait bonheur qu'il soit possible de rencontrer ici-bas.

Si des joies aussi complètes, aussi enivrantes, aussi variées dans leur unité, pouvaient être durables, il ne faudrait plus songer au ciel, le paradis serait sur la terre !

Quelles félicités se peuvent comparer, en effet, à celles de ces deux amants, jeunes et beaux, éperdûment épris l'un de l'autre, toujours seuls, toujours réunis dans une demeure charmante, cachée comme un nid sous l'ombre épaisse des grands arbres.

Autour d'eux, dans l'atmosphère tiède, les fleurs innombrables de leurs corbeilles répandaient ces parfums qui sont les suaves émanations de la terre amoureuse du printemps...

Cachés sous l'herbe verte des pelouses les insectes se cherchaient l'un l'autre, et leurs bourdonnements parlaient d'amour...

Dans la feuillée épaisse, le rossignol chantait, et les notes de sa chanson redisaient un hymne d'amour.

Et, parmi toutes ces ardeurs, Henry et Marguerite marchaient lentement et d'un pas distrait sur le sable blanc des allées.

Le bras d'Henry soutenait mollement la taille frémissante de sa jeune maîtresse.

La tête adorable de Marguerite s'appuyait avec une langueur énervée sur l'épaule de son amant.

Les lèvres d'Henry se plongeaient dans les masses onduleuses des cheveux épais, dont elles aspiraient avec ivresse les douces et pénétrantes senteurs.

Par instants Marguerite levait ses yeux, tandis qu'Henry abaissait les siens, — leurs regards alors se croisaient — se plongeaient longuement l'un dans l'autre et semblaient se fondre en un seul...

L'étreinte du bras du jeune homme devenait alors plus étroite, et, de même que les regards des amants venaient de s'unir, leurs lèvres s'unissaient...

Ainsi passaient les heures du matin.

Ensuite, la chaleur venue, Henry et Marguerite s'en allaient, la main dans la main, s'asseoir sur la mousse au pied d'un grand arbre.

Gibby, qui les avait suivis, courait après les papillons, puis, fatigué de ces chasses folles, se couchait au soleil et s'endormait près d'eux.

Henry ouvrait un livre et lisait tout haut.

Si ce livre racontait quelque histoire d'amour, Marguerite écoutait la prose de l'auteur — sinon, elle n'écoutait que la voix d'Henry, dont cette voix adorée la berçait comme le plus doux de tous les chants.

Les journées s'écoulaient — trop courtes.

Le soir, parfois, quand la nuit tombée garantissait les promeneurs contre toute chance de rencontre, les deux amants quittaient leur maison et leur jardin, et s'en allaient faire de longues promenades sous les arbres séculaires de cette avenue quasi-royale qui va rejoindre la forêt de Saint-Germain.

Ou bien, dans la chaloupe légère achetée par Henry, ils descendaient le cours des eaux calmes et pures de la Seine, tandis que les rayons de la pleine lune se reflétaient, comme des lames d'argent brisées, parmi les grandes ombres des peupliers, dans le sillage de la barque...

Souvent alors Henry laissait flotter les avirons, tandis que Marguerite venait se poser sur son cœur, et que, pendant de longs dialogues silencieux, ils échangeaient des baisers au lieu de paroles...

... où les regards involontairement expressifs de ma bien-aimée servaient de délicieuse compensation. (P. 85.)

C'est ainsi que se passaient les journées et les soirs. Je ne parlerai pas des nuits.....

IX. — La Tour de Nesle.

L'hiver amena d'autres plaisirs.

Ce furent les promenades dans la neige, sous les coups d'aile de la bise piquante qui rendait Marguerite si jolie en colorant d'un vif incarnat ses joues presque toujours un peu pâles.

Ce furent les longues soirées dans la chambre bien close, — tandis qu'au dehors le vent sifflait et faisait rage comme un vol de sorcières, ébranlant jusque dans leurs racines les arbres géants dont il ployait les cimes, — et qu'à l'intérieur les flammes joyeuses qui pétillaient dans l'âtre éclairaient de lueurs tremblantes la tenture de toile perse, et, sous les doubles rideaux, le lit entr'ouvert et plein de promesses.

— Ah ! — se disait Henry dans les extases de son ivresse permanente — je le savais bien, moi, que cette fois j'aimais d'un véritable amour qui ne finira pas !...

Henry était de bonne foi. — Malheureusement il se trompait.

Pareil à ces feux d'une impétuosité sans pareille, qui dévorent en un instant tout ce qu'ils touchent, et qui s'éteignent bientôt faute d'aliments nouveaux, son amour devait s'user vite en raison de son ardeur.

D'ailleurs, pour une nature éprise du changement comme celle de notre héros, la possession constante devait vite amener la satiété ; — la solitude à deux devait être troublée par l'arrivée d'un visiteur importun, de l'ennui.

Quand revint le printemps, Henry refusait de s'avouer à lui-même que cet éternel tête-à-tête, qui jadis réa-lisait pour lui les voluptés du ciel, lui semblait maintenant monotone.

Mais il avait beau se répéter qu'il adorait Marguerite plus que jamais et que pas un nuage ne jetait son ombre sur l'azur infini de son bonheur — il ne venait point à bout de se convaincre lui-même.

Malgré ses efforts consciencieux pour trouver les heures rapides et pour se figurer qu'il n'accepterait aucune modification dans sa vie, Henry se sentait écrasé par la longueur interminable des journées, et à son insu il suppliait le hasard de lui envoyer une diversion quelle qu'elle fût.

Ce n'est pas qu'Henry eût cessé d'aimer Marguerite — bien loin de là — mais l'affection toujours fort tendre qu'il conservait pour elle avait en quelque sorte changé de nature.

Ce n'était plus désormais la passion fiévreuse, le délire sans cesse renaissant qu'éprouve un amant près de sa maîtresse. — C'était l'attachement plus calme, — affectueux — plein de respect et de dévouement, qu'après quelques années de mariage un mari ressent pour sa femme.

Aimer ainsi, au bout d'un an, pour Henry, c'était beaucoup — c'était plus, sans contredit, qu'il n'aurait paru possible et vraisemblable d'attendre et d'espérer de lui.

D'habitude, après un temps bien moins long, c'étaient l'indifférence et presque le dégoût qui succédaient chez le jeune homme aux passions les plus impétueuses.

Malheureusement l'amour de Marguerite n'avait point subi la même transformation que celui de son amant.

La pauvre enfant avait un de ces cœurs taillés par la main de Dieu lui-même dans un diamant pur, et qui ne s'amollissent qu'une seule fois sous un souffle de feu.

Quand un semblable cœur s'est donné, c'est pour toujours !

Rien encore n'était changé dans les manifestations extérieures de la tendresse d'Henry Varner, et cependant Marguerite souffrait déjà.

Éclairée par l'instinct étrange et presque infaillible de la femme aimante, elle comprenait qu'une partie de l'âme de son amant se retirait d'elle.

Marguerite sentait bien qu'elle tenait encore une grande place dans la vie de Henry, mais que désormais, cependant, elle n'était plus *tout* pour lui.

Trop fière pour se plaindre — trop intelligente d'ailleurs pour ne pas comprendre qu'en matière de sentiment les plaintes n'ont jamais produit de bons résultats, et que ce n'est point avec des reproches, des larmes et des prières qu'on ramène un cœur qui s'en va, — Marguerite, avec cette pudeur de l'âme qui est la sœur de la chasteté du corps, cacha sa blessure naissante.

Seulement — pareils aux feuilles de la sensitive, — quelques-uns des plus délicats pétales de son cœur se reployèrent sur eux-mêmes.

Pour la première fois, depuis qu'elle était entrée dans cette période de bonheur qui maintenant touchait à son terme, la jeune femme fit un retour sur elle-même et jeta vers le passé son regard que n'éblouissaient plus les radieuses lueurs de l'avenir.

— J'ai été trop heureuse — se dit-elle ; — si je l'étais longtemps ainsi, Dieu ne serait pas juste... — Je viens de traverser des joies sans bornes, inique récompense d'une faute irréparable... — Ces joies ne pouvaient durer toujours... — l'expiation va commencer sans doute...

Marguerite ne se trompait pas.

Peu à peu, quelques symptômes de lassitude, de jour en jour et d'heure en heure plus visibles, se manifestèrent chez Henry.

Après six mois passés dans une petite ville de province — après une année de solitude à deux à la Maison-Rose, — le jeune homme éprouvait la nostalgie du bruit et du mouvement.

Aux harmonieux murmures de la brise passant dans les feuillages des grands arbres, il aurait préféré cent fois le tapage assourdissant des rues de Paris, et l'implacable bruit des chevaux et des voitures broyant incessamment le pavé.

Pendant tout le cours de la première année, il n'avait quitté Maisons-Laffitte que de loin en loin, le moins possible, et quand la nécessité d'aller pour une heure à Paris était absolue.

Maintenant, chaque semaine et quelquefois plus souvent encore, il se forgeait des prétextes futiles ou même tout à fait imaginaires pour courir à la grande ville et pour fouler d'un pas fiévreux, pendant des journées entières, l'asphalte des boulevards.

Et, ces jours-là, la pensée qu'il faudrait le soir revenir à la Maison-Rose lui causait une sensation à peu près pareille à celle du prisonnier sur parole qui, après quelques heures de liberté, songe à retourner reprendre sa chaîne. Ce n'est pas sans dessein, croyez-le, que nous venons d'écrire le mot *chaîne*. Henry se sentait *enchaîné*, et il l'était en effet par un de ces liens qu'un honnête homme ne saurait rompre sans honte, puisqu'il en a lui-même serré les nœuds inextricables.

Il avait enlevé Marguerite à son mari — à son intérieur — il avait brisé sa vie. — Il ne pouvait, ni maintenant, ni jamais, abandonner la femme qui pour lui, et pour lui seul, avait tout quitté.

Il arrive souvent — si nous voulions citer les exemples ne nous manqueraient pas — il arrive souvent, disons-nous, que les unions cimentées par l'adultère deviennent aussi indissolubles que celles consacrées par le mariage.

Leurs chaînes alors, d'autant plus lourdes qu'elles sont illégitimes, deviennent pour l'un des complices, parfois même pour tous les deux, de véritables chaînes de forçats...

Et c'est à propos de ceux-là que l'auteur de ce livre a, dans un précédent ouvrage, créé cette expression : les *galériens de l'amour* (1).

(1) *Les Valets-de-Cœur.*

Aucune des nuances de ce qui se passait dans l'esprit et dans le cœur de son amant n'échappait à Marguerite. Elle pleurait souvent — et elle cachait avec soin ses larmes.

§

A une distance d'un quart d'heure ou vingt minutes de la Maison Rose, — isolée comme elle, et comme elle dominant la vallée de la Seine, se trouvait une construction assez bizarre.

C'était, au milieu d'un grand jardin, un assemblage irrégulier de bâtiments prétentieux, offrant, par le caprice d'un architecte mal inspiré, des échantillons des styles les plus disparates.

Au-dessus de cet ensemble incohérent s'élevait, pareille au donjon d'une forteresse du moyen âge, une tour à créneaux, très-élevée et dominant une bonne partie du parc de Maisons.

Dans la Colonie on l'appelait généralement *la Tour de Nesle.*

Voici pourquoi :

L'habitation que nous venons de décrire était louée chaque année, à frais communs, par une société d'une douzaine de jeunes gens plus ou moins riches et occupant dans le monde des positions différentes, mais intimement liés les uns avec les autres et très-épris du plaisir sous toutes ses formes.

Aucun de ces jeunes gens n'était installé à demeure dans la maison qui appartenait à tous. — Ils venaient seulement, soit isolés, soit réunis, y faire des parties ultra joyeuses qui, dans le pays, avaient la réputation de tourner parfois à l'orgie, telle que la comprennent les Parisiens de la décadence.

Rarement on passait dans les alentours du donjon sans voir, au sommet de la plate-forme, des châles et des écharpes flotter au vent, — sans entendre des chants joyeux et surtout bachiques, — les accords d'un piano jouant quelque valse ou quelque polka — des chocs de verres — des cris de femmes.

Les inoffensives orgies dont la tour moderne était le théâtre, lui avaient valu le surnom de cet autre donjon où Marguerite de Bourgogne faisait du poignard des assassins le dénoûment de ses sanglantes débauches.

Le jardin de la tour de Nesle était clos par un treillage semblable à celui qui faisait une ceinture au jardin de la Maison-Rose.

Un berceau de verdure s'adossait à ce treillage, dans l'un des angles formés par deux avenues qui se croisaient. — Sous ce berceau se trouvaient une table ronde et une dizaine de chaises, — le tout en fer, peint de façon à imiter le bambou.

Une après-midi, Henry promenait à travers le parc sa fatigue morale, — son ennui, — son désœuvrement.

Il avait amené Gibby, qui bondissait à perdre haleine, pourchassait les lapins dans les taillis, et revenait ensuite, après ses chasses infructueuses, cabrioler gaiement autour de lui.

Et, tout en le regardant, il se disait :

— Si pourtant cette petite chienne n'était pas venue, un beau soir, se jeter dans mes jambes, je serais libre aujourd'hui... libre comme je l'étais jadis !...

Il repoussait alors Gibby brusquement, au lieu de lui accorder la caresse convoitée par elle.

Henry arriva près de l'enceinte de la Tour de Nesle.

A mesure qu'il approchait, de joyeuses clameurs — des rires éclatants — des voix féminines — se mêlant à la détonation des bouchons de vin de Champagne qui sautaient, et aux sonorités métalliques de l'argenterie, lui révélaient sous le berceau de verdure la présence d'une nombreuse et folle société de viveurs et de pécheresses.

— Ah ! — pensa le jeune homme — ils s'amusent, ceux-là !... ils sont heureux !...

Et il s'arrêta, pour saisir au passage un écho de cette joie bruyante qui lui semblait si enviable.

En ce moment une voix s'éleva, — voix de femme — tout à la fois douce et mordante, et, sur un air bizarre et vif, cette voix dit le couplet suivant :

LA MAISON ROSE. 99

Eh! que m'importe le reste,
Pourvu qu'on chante en buvant?...
Rien ne me plaît, je l'atteste,
Comme l'amour en soupant!...

Roule! roule!...
Pauvre boule!...
Va! — tu porteras toujours
Des chansons et des amours!...

— Bravo!... bravo! — crièrent à plusieurs reprises les convives invisibles, en battant des mains avec enthousiasme.

Henry ne bougeait pas.

Cette voix, tout à la fois fraîche et nerveuse, chantant une chanson d'orgie, produisait sur lui le même effet que produit un piment sur le gosier d'un gourmet blasé.

La voix continua :

Ici-bas, ce que j'envie,
C'est du champagne à plein bord!...
C'est, à ma lèvre ravie,
Un baiser qui brûle et mord!..·

Roule! roule!...
Pauvre boule!...
Va! — tu porteras toujours
Des vins vieux et des amours!...

— Allons!... allons!... — fit la chanteuse — allons, mes enfants, le refrain en chœur, et chaudement!... eh! hop!... — faisons honneur à la musique de mon chef d'orchestre, M. Nargeot?...

Et les convives répétèrent avec feu :

Roule! roule!...
Pauvre boule!...
Va! — tu porteras toujours
Des vins vieux et des amours!...

— Je voudrais voir cette femme... — se dit Henry — je voudrais la voir...

Et tout aussitôt il chercha le moyen de satisfaire le désir qu'il venait de formuler dans son esprit.

Il s'approcha sans bruit du treillage — il écarta quelques-unes des larges feuilles de vigne qui le garnissaient — il parvint ainsi à se ménager une étroite ouverture, suffisante pour laisser arriver sous le berceau son regard curieux.

Les convives étaient au nombre de huit — quatre hommes et quatre femmes.

Une seule de ces femmes attira l'attention de Henry. C'était précisément celle qui chantait.

Debout en face de lui, et tenant de la main droite avec un geste fier et gracieux sa coupe à moitié remplie de vin de Champagne, elle se préparait à entamer le troisième couplet.

Elle était grande et mince — âgée de vingt-deux ou vingt-trois ans tout au plus, — d'une beauté souveraine — résolue — sûre d'elle-même.

Elle portait haut la tête — elle avait un teint d'une pâleur mate et dorée, comme celui d'une Transtévérine, — des yeux noirs remplis de flammes qui décelaient l'ardeur d'une puissante nature — des lèvres rouges, un peu charnues, modelées admirablement et toujours humides.

Elle avait une incroyable abondance de cheveux noirs et veloutés à reflets bleuâtres, qui, tordus trois ou quatre fois derrière sa tête et la forçant à porter son chapeau presque sur le cou, formaient encore une double natte au-dessus de ses bandeaux ondés.

Elle était vêtue d'une robe de mousseline d'un rose pâle, — traînant comme une jupe de cour — à mille volants presque aussi largement étoffés que les paniers de nos grand-mères.

Le corsage hardiment décolleté de cette robe semblait près d'éclater sous l'effort des splendides richesses de son buste. — On devinait sous l'étoffe la chair des belles et voluptueuses bacchantes de Rubens, le peintre de la chair par excellence.

Les bras, sculptés dans un marbre blanc rosé et terminés par des mains royales, ressemblaient aux bras de mademoiselle Georges à vingt ans, et sortaient à demi nus des manches larges aux dentelles flottantes.

Il y avait, autour de cette femme, comme une atmosphère de fièvre et de désirs.

Involontairement, en fixant ses yeux sur elle, on pensait à Messaline, la courtisane couronnée...

Et l'on pensait aussi à ces femmes de la Régence — à ces Erigones échevelées — enivrantes héroïnes des soupers du Palais-Royal et des saturnales de Monceaux...

Henry, en la regardant, sentit battre violemment son cœur, qui, depuis quelque temps déjà, ne battait plus.

— Troisième couplet! — dit la chanteuse.

Et elle continua :

Il me faut les deux ivresses
De la coupe et du désir!...
Dans le vin et les caresses
J'aime à fondre de plaisir!...

Roule!... roule!...
Pauvre boule!...
Va!... — tu porteras toujours
Des flacons et des amours!...

— Bravo, Paméla! — cria le chœur — bravo!... bravo!...

Puis les voix des convives reprirent, avec une ardeur qui témoignait des progrès de l'ébriosité croissante :

Roule!... roule!...
Pauvre boule!...
Va!... tu porteras toujours
Des flacons et des amours!...

— Elle s'appelle Paméla — pensa le jeune homme — et tout à l'heure elle a parlé de son chef d'orchestre, M. Nargeot... — Or, M. Nargeot est chef d'orchestre du théâtre des Variétés... — voilà qui est bon à savoir.

La chanteuse de Maisons-Laffitte était bien, en effet, cette comédienne dont la beauté devait être célèbre, plus tard, après sa création de la Rose, de la Belle de nuit et de la Tulipe, dans un vaudeville-féerie intitulé : LES FLEURS DE MAI.

À l'époque où nous venons de la rencontrer dans le jardin de la Tour de Nesle, Paméla, quoique dans toute la splendeur de sa merveilleuse beauté, était encore peu connue.

Elle appartenait à un vieux millionnaire qui s'appelait M. de Vannoy.

Il lui donnait beaucoup d'argent et elle le trompait avec tout le monde.

Paméla reprit :

Ce que j'aime, c'est ta bouche
Qui se pâme en m'embrassant!...
C'est ta lèvre qui me touche
Et me charme en me brûlant!...

Roule!... roule!...
Pauvre boule!...
Va! — tu porteras toujours
Des baisers et des amours!...

Et les convives répétèrent, au milieu du bruit tout à fait de circonstance des baisers qui s'échangeaient et pétillaient comme une mousquetade :

Roule!... roule!...
Pauvre boule!...
Va! — tu porteras toujours
Des baisers et des amours!...

La chanson était finie, et le repas, — sans doute commencé depuis de longues heures — l'était également.

Viveurs et pêcheresses quittèrent l'abri du berceau de verdure pour se disperser dans les détours du jardin, où nous ne les suivrons point.

Henry, pensif et en proie à une émotion bizarre, reprit lentement le chemin de la Maison-Rose.

Tout en suivant les sentiers ombreux qui le rapprochaient de Marguerite, il murmurait tout bas le nom de *Paméla*, et ses lèvres murmuraient le refrain de la comédienne :

> Roule ! roule !...
> Pauvre boule !...
> Va ! — tu porteras toujours
> Des baisers et des amours !..

X. — Le Commandant.

Le lendemain, par l'un des premiers trains du matin, Henry partit pour Paris.

La concierge du théâtre des Variétés, séduite par l'irrésistible appât d'une pièce d'or, lui livra sans trop de difficultés l'adresse de mademoiselle Paméla.

Vers deux heures de l'après-midi, le jeune homme se présentait à cette adresse et faisait remettre sa carte.

La porte de Paméla n'était fermée qu'aux créanciers. — La comédienne faisait des planches du théâtre l'antichambre de son boudoir, il fallait bien que le temple fût sans cesse ouvert aux fidèles qui venaient apporter leurs vœux et leurs offrandes à la divinité de ce temple.

Henry fut reçu.

Il ne dit point à Paméla qu'il l'avait vue la veille à Maisons-Laffitte pour la première fois, et il inventa séance 'enante une historiette assez plausible afin de persuader a la pêcheresse que depuis longtemps déjà elle devait le compter au nombre de ses fervents adorateurs.

La comédienne écouta de l'air le plus bienveillant le récit de cette historiette.

Lorsque Henry eut achevé, elle répondit avec un sourire :

— Eh bien, monsieur, adorez-moi... je n'y vois nu obstacle...

— C'est déjà fait... — mais, vous ?...

— Eh bien ! moi ?...

— M'aimerez-vous aussi ?...

— Je n'en sais rien, mais pourquoi pas ?... tout dépend de vous, ce me semble... — faites-vous aimer, et je vous aimerai...

Pour se faire aimer de Paméla, il existait une méthode extrêmement simple et qui ne manquait jamais son effet — celle que le bon vieux Jupiter — roi des dieux et des hommes ! — employa jadis avec la jeune Danaé.

Il ne s'agissait que de se métamorphoser en pluie d'or !...

Henry, nous le savons, était riche.

Il mit en œuvre le procédé olympien du mari de madame Junon, et il s'en trouva bien.

Au bout de trois ou quatre jours, il avait la joie et l'orgueil de partager, avec une demi-douzaine de rivaux également heureux, les précieuses faveurs de mademoiselle Paméla.

Étrange chose que le cœur humain ! — (Ceci est le plus usé des lieux communs—mais c'est en même temps une éternelle et triste vérité !)

Henry, possesseur du plus adorable et du plus aimant de tous les anges, le délaissa, l'oublia presque pour une drôlesse dont l'amour, ou du moins les baisers, appartenaient à qui les voulait payer.

Ébloui par la splendide et lascive beauté de Paméla, il ne vit désormais qu'avec une suprême indifférence les charmes si purs, si raphaélesques de Marguerite !...

Ainsi va le monde !...

Dominé par sa passion nouvelle, il passa les trois quarts de sa vie à Paris.

Nous avons entendu Dominique parler avec une affectueuse compassion du triste isolement de la jeune femme.

Chaque soir, cependant, Henry revenait à la Maison-Rose, mais c'était pour en repartir le lendemain matin et rester absent la journée tout entière.

C'est à cette époque que Marguerite prit l'habitude quotidienne d'écrire pendant une heure ou deux les pensées pleines d'amertume qui venaient l'assaillir, et les minimes incidents de sa vie solitaire.

Presque sans cesse, maintenant, elle pleurait.

Quand arrivait le soir et qu'approchait l'heure habituelle du retour de Henry, Marguerite essuyait ses yeux et baignait dans une eau glacée son visage, afin d'effacer toute trace de larmes.

Elle trouvait le sublime courage d'accueillir son amant avec un sourire et elle ne l'interrogeait jamais, afin de lui épargner au moins la honte du mensonge.

Souvent — pendant ses longues heures de morne abattement, — la jeune femme disait à sa levrette, en la caressant :

— Petite Gibby, tu me restes seule !...— Me seras-tu fidèle toujours ?... — ne t'éloigneras-tu point aussi ?...

D'autres fois, courbant la tête, elle murmurait, avec une sombre résignation :

— C'est justice, après tout !... — Je n'ai pas le droit de me plaindre... — la peine du talion est légitime !... — j'ai trompé — on me trompe ! — j'ai abandonné — on m'abandonne ! — j'ai fait souffrir un cœur qui m'aimait — celui que j'aime fait souffrir mon cœur !... — Dieu le veut ainsi... — l'expiation commence... — où s'arrêtera-t-elle ?...

Un jour Marguerite eut une sorte d'accès de délire.

Rapidement, et d'une main que la fièvre faisait trembler, elle écrivit sur une feuille de papier quelques lignes.

Elle ploya cette feuille — elle la mit sous enveloppe, et, sur l'enveloppe, elle traça ces mots :

> *« Monsieur le commandant comte de Ferny,*
> *« A Vesoul. »*

Puis elle sortit, après avoir, comme de coutume, attaché sur son visage un voile épais, et elle s'en alla dans le village afin de mettre elle-même cette lettre à la poste.

§

Il nous faut retourner sur nos pas — remonter de bien des mois en arrière, et quitter Marguerite, la triste héroïne de ce récit, pour rejoindre le commandant, au moment où, en rentrant chez lui, le lendemain du prétendu départ de Henry Varner, il trouva sa maison vide et son bonheur parti.

— Marguerite ! — cria-t-il depuis le bas de l'escalier — j'ai fait une pêche miraculeuse ce matin !... une anguille et trois perches !... — si ce pauvre Henry était encore là, il trouverait que j'ai joliment profité de ses leçons !... — viens voir !...

Comme bien on pense, Marguerite ne répondit pas, — mais Françoise, la servante, entendant la voix de son maître, ouvrit la porte de la cuisine et se montra.

— Ah ! les beaux poissons ! — dit-elle — les beaux poissons, monsieur !... — jamais vous n'en aviez tant pris...

— C'est vrai, ma fille... — mais à l'avenir j'en prendrai bien d'autres...

— Allons, tant mieux !... — ça sera joliment commode pour nos vendredis...

— Est-ce que madame est dans le jardin ?

— Oh ! non, monsieur, madame est sortie.

— Sortie ?... si matin... — c'est étonnant !... en es-tu bien sûre ?...

— Oh ! oui, monsieur, sans compter qu'il y a déjà joliment longtemps de ça... c'est peut-être trois quarts d'heure après que vous avez été parti, que madame s'en est allée avec Gibby...

— Et elle n'a rien dit ?

— Rien.

— Enfin, voici l'heure du déjeuner — elle rentrera dans un instant...

— Faut-il mettre les côtelettes sur le feu?...

— Non... non... attends que madame soit là... — si elle tardait seulement de cinq minutes, les côtelettes seraient brûlées...

— Ça suffit — on attendra.

M. de Ferny, nullement inquiet, mais cependant un peu surpris d'une sortie matinale qui n'était point dans les habitudes de Marguerite, monta dans sa chambre.

Les deux premiers objets qui frappèrent ses yeux furent la lettre et la boîte laissées par la jeune femme, et placées par elle bien en évidence.

D'un seul coup d'œil il reconnut l'écriture...

— Marguerite m'écrit! — murmura-t-il avec un froncement de sourcils qui décelait son angoisse intérieure.— Marguerite m'écrit!... que veut dire ceci !...

Et, non sans peine, car un tremblement convulsif secouait ses mains, il brisa le cachet.

Nous savons ce qu'il lut.

A mesure que ses regards couraient sur les lignes tracées par l'épouse infidèle, les yeux du commandant s'élargissaient démesurément et devenaient hagards, et son visage prenait une expression de douleur et d'épouvante véritablement effrayante.

Quand il eut achevé, la fatale lettre s'échappa de ses doigts et s'envola à quelques pas.

En même temps le malheureux vieillard portait ses deux mains à son front, et tombait comme foudroyé sur un siège en balbutiant :

— Partie!... elle est partie!... Marguerite... ma femme... mon enfant... ma bien-aimée... ma vie... elle est partie... elle ne reviendra pas... — Ah! Marguerite, Marguerite... même coupable, il fallait rester... — Je t'aimais tant, que j'aurais pardonné.

La tête du commandant se pencha sur sa poitrine et deux ruisseaux de larmes s'échappèrent de ses yeux. — Larmes terribles, sillonnant ce visage bronzé et mouillant ces moustaches rudes!...

De minute en minute il répétait, machinalement et d'une voix faible et comme brisée :

— Oui... j'aurais pardonné...

Mais tout à coup — ranimé ou plutôt galvanisé comme un cadavre dont l'étincelle électrique d'une pile de Volta vient de toucher un muscle — M. de Ferny se leva, la tête contractée et farouche — les yeux secs, le regard rempli d'éclairs.

— Mais lui!... lui, son complice!... — lui que j'aimais aussi, lui qui m'a volé l'âme de Marguerite et Marguerite tout entière !... Le misérable!... — Je ne lui pardonnerai pas, à lui!... Ah! je me vengerai.

Sans cette pensée soudaine de vengeance, qui vint faire diversion aux souffrances ou pour mieux dire aux tortures qui l'écrasaient, M. de Ferny — nous le croyons sincèrement — aurait succombé sous un fardeau de douleur trop lourd pour sa vieillesse.

La haine — que pour la première fois il ressentait si violente et si implacable, lui donna la force de vivre.

Dans la résolution qu'il venait de prendre, M. de Ferny trouva l'énergie nécessaire pour se lever, pour commander à son visage de paraître calme et pour dire à Françoise qu'il appela :

— Il est inutile, ma fille, de servir le déjeuner...— Je viens de trouver un petit mot de madame, qui me prévient qu'elle est à la campagne chez une personne de notre connaissance, pour quelques jours, et qui me prie d'aller la rejoindre sur-le-champ... — Je vais partir...

— Sans manger, monsieur?... répondit la servante, qui, la bouche béante et les yeux étonnés, avait écouté la petite explication assez peu vraisemblable du commandant.

— Je mangerai en arrivant à la campagne.

— Comme ça, monsieur et madame seront absents un peu de temps?...

— Une semaine au moins, et peut-être plus.

— Eh bien, si c'est comme ça, monsieur, donnez-moi la permission d'aller passer quatre ou cinq jours dans mon pays, qui est Comberjeon...

— Je te le permets, ma fille... — Pars quand tu voudras...

— Merci, monsieur... — Bien des choses à not' dame, si vous plaît... — C'est drôle tout de même qu'elle ait filé comme ça en ne me prévenant pas qu'elle partait... — Mais, de vrai, ça ne me regardait point, n'est-ce pas, monsieur?...

Le commandant, sans en écouter davantage, sortit de sa maison. — Il alla chez son banquier, et lui demanda deux mille francs en or.

Il passa la journée entière à errer dans la campagne, en proie à un désespoir sombre et profond, sans manger et sans se reposer un seul instant.

A tort ou à raison, — hélas ! ce fut à tort — il espérait engourdir l'âme en épuisant le corps — endormir la souffrance morale par la fatigue physique...

Le soir venu, il rentra dans la ville pour attendre le passage de la malle-poste venant de Mulhouse et allant à Paris. — Instinctivement il devinait que les fugitifs avaient dû chercher un asile dans la grande ville.

Par un hasard assez peu commun, la malle-poste avait une place libre.

M. de Ferny la prit, et il arriva à Paris quelques heures après le moment où Henry et Marguerite y étaient arrivés eux-mêmes.

En descendant de voiture, rue Jean-Jacques-Rousseau, dans la cour de l'administration des postes, après quarante-huit heures d'insomnie et de jeûne, le vieillard se trouva tellement brisé qu'il fut contraint d'entrer dans le prochain hôtel, d'y prendre un peu de nourriture et se mettre au lit sur-le-champ.

Une semaine de sommeil lui rendit les forces suffisantes pour sortir et pour commencer ses recherches.

Pour arriver à un résultat, il n'y avait qu'un parti à prendre, — aller trouver le préfet de police et lui raconter tout.

Les argus de la brigade de sûreté se seraient lancés à la recherche de deux amants sans perdre une minute, et, selon toute vraisemblance, en moins de trois jours la retraite de Marguerite et d'Henry aurait été découverte.

Mais voilà précisément ce que le commandant ne voulait pas faire.

Il répugnait à ce descendant d'une race chevaleresque de mettre des agents de police dans la confidence de son malheur domestique et de l'infidélité de sa femme.

— Je suffirai à tout, et j'y suffirai seul !... — s'était-il dit dans son inexpérience des mystères de la grande ville.

Et il entreprit résolûment cette tâche insensée de retrouver un couple qui se cachait, au milieu des douze cent mille habitants de la capitale du monde.

Bien peu de jours suffirent pour lui prouver l'inutilité complète, absolue, de ses démarches. — Il ne vint pas même à bout de découvrir l'adresse de l'appartement qu'occupait Henry Varner quand il se trouvait seul à Paris.

Alors s'évanouit en un instant l'énergie factice qui, jusqu'à cette heure, avait soutenu le vieillard.

En comprenant toute l'étendue de son impuissance — en voyant que la vengeance si ardemment convoitée lui échappait, M. de Ferny devint faible comme un enfant, au physique et au moral; car, du jour au lendemain, son corps si bien conservé jusqu'alors se voûta et perdit cette martiale tournure qui faisait du premier coup d'œil reconnaître en lui un vieux soldat. — En même temps son intelligence déclina d'une façon sensible — si bien qu'aussitôt après son retour à Vesoul,— (retour qui ne tarda guère) — ses anciennes connaissances ne s'abordaient plus qu'en disant :

— Ce pauvre commandant, comme il baisse!... — il devait pourtant bien s'attendre à ce qui lui est arrivé... — quand à soixante et dix ans on épouse une fille de dix-sept, on est d'avance certain de son affaire !...

Nous devons ajouter que le vieux gentilhomme — tant était grand son affaissement intellectuel — racontait volontiers à tout venant, avec de prolixes et interminables détails, l'infernale habileté des roueries d'Henry Varner et sa fuite avec la jeune femme ; — et jamais il ne manquait d'ajouter, en terminant son récit :

— Voilà ce qu'ils ont fait — et pourtant je les aimais bien tous les deux... — et, si Marguerite était revenue, je l'aimais tant que je lui aurais pardonné...

Dix-huit mois s'écoulèrent.

Le commandant ne vivait plus que d'une vie purement matérielle et en quelque sorte automatique.

Sa tête trop faible désormais ne lui permettait plus de suivre les combinaisons si compliquées du jeu d'échecs.

Du matin au soir, assis sous son arbre favori — le saule que nous connaissons — il jetait sa ligne dans les eaux calmes de la petite rivière, mais sans s'inquiéter du résultat de sa pêche, et souvent même sans songer de tout le jour à renouveler les amorces de ses hameçons.

Un soir, au moment où il venait de rentrer d'un pas incertain et singulièrement alourdi, la servante Françoise — (il l'avait conservée en souvenir de Marguerite) — lui dit :

— Monsieur, comme vous sortiez, ce matin, le facteur est venu... voici une lettre pour vous...

— Ah ! — fit le commandant avec une expression de profonde indifférence.

— Ne voulez-vous pas la prendre et la lire ?...

— A quoi bon ?

— Dame... à savoir ce qu'il y a dedans...

— Que m'importe ?...

— Monsieur, je l'ai flairée, cette lettre... — elle sent tout à fait l'odeur de violette que madame portait toujours sur elle quand elle était ici...

Le regard atone du commandant étincela.

Sa taille courbée se redressa. — Il reprit pour une minute cette attitude de vigueur que, depuis bien des mois, il avait perdue...

Il étendit la main, et il s'écria :

— Donne... donne vite...

Françoise s'empressa d'obéir.

Les yeux de M. de Ferny s'arrêtèrent sur l'enveloppe carrée de la lettre.

— Son écriture ! — murmura-t-il.

Et, avant de rompre le cachet, il respira pendant quelques secondes le parfum faible et doux dont Françoise avait constaté la présence et qui lui rappelait si bien sa Marguerite adorée.

La servante ne bougeait point et elle attachait sur son maître des regards pétillants de curiosité.

Le commandant s'en aperçut.

— Va, ma fille... — lui dit-il — je te rappellerai plus tard... — j'ai besoin d'être seul...

Françoise obéit à contre-cœur et sortit en rechignant.

— Elle m'écrit !... — balbutiait M. de Ferny — elle se souvient encore de moi !... — que me veut-elle donc ?... — oh ! j'ai peur de l'apprendre !...

Puis, machinalement, il répéta :

— Je l'aimais tant !... — j'aurais pardonné...

Et il brisa le cachet.

XI. — Le timbre d'une lettre.

Voici ce que disait la lettre :

« J'obéis à la voix de ma conscience qui m'ordonne de vous écrire... — Il est juste et bon que vous appreniez, et que vous appreniez par moi, le châtiment du crime dont vous avez souffert... — Dieu vous venge... — l'expiation est complète déjà, et cependant elle n'est pas encore achevée... — C'est près de vous qu'était le bonheur — je le vois maintenant, mais trop tard... — Si vous m'avez maudite jadis, retirez cette malédiction... — celle de Dieu est assez lourde sans que la vôtre s'y joigne... — Ce n'est plus de la haine qu'il faut éprouver, c'est de la pitié, pour la bien coupable et bien malheureuse Marguerite »

Un éclair de joie passa dans les regards de M. de Ferny quand il eut achevé cette courte lecture.

— Elle souffre ! — murmura-t-il — elle souffre... elle est malheureuse... elle regrette !... — peut-être reviendra-t-elle... — Marguerite, Marguerite, reviens et je pardonnerai... — Oh ! si je savais où tu es... j'irais moi-même... j'irais te chercher... sans colère, sans reproches... le pardon dans le cœur... le pardon sur les lèvres...

Tandis que le commandant prononçait ces mots, d'une voix basse et profondément émue, ses yeux s'arrêtaient sur l'enveloppe de la lettre, et, parmi les différents timbres qui la maculaient, il distinguait celui-ci : MAISONS-LAFFITTE.

Pour lui, ce fut un trait de lumière.

— Elle est là — se dit-il — j'y vais...

Le soir même, muni d'une somme assez forte, et suffisante pour faire face aux éventualités d'une absence qui pouvait être longue, il prenait place dans une diligence, et le surlendemain il arrivait à Paris.

Son premier soin, avant de se diriger vers Maisons-Laffitte, fut d'opérer dans sa personne une métamorphose dont le résultat devait être et fut en effet de le rendre méconnaissable.

Il se procura des vêtements d'une coupe différente de ceux qu'il portait habituellement.

Il acheta chez un coiffeur du Palais-Royal une perruque grisonnante, très-fournie et qui modifiait d'une façon complète le caractère de son visage.

Enfin il cacha ses yeux sous de larges lunettes à verres bleus.

Ainsi déguisé, le commandant aurait pu se promener dans les rues de Vesoul sans courir le risque d'être reconnu, même par ses plus anciennes connaissances.

Satisfait de son apparence extérieure, il quitta Paris après un séjour de vingt-quatre heures, et il gagna l'endroit où, si ses calculs étaient bien fondés, il devait retrouver Marguerite.

Arrivé à Maisons, il se fit donner une chambre à l'auberge du *Cheval blanc*, en annonçant que, selon toute apparence, il la garderait pendant quelque temps.

Il s'arrangea aussi pour prendre ses repas à l'auberge.

De cette façon il se ménageait la bienveillance de l'hôte et de l'hôtesse, et il pouvait compter sur eux pour tous les renseignements à prendre.

Dès le lendemain de son arrivée il les questionnait, d'un air de curiosité indifférente, sur la population de la colonie.

— Nous avons beaucoup de monde ici — lui répondit le propriétaire de l'auberge, et tous les jours ça augmente ; — on bâtit à droite — on bâtit à gauche — on bâtit partout...

— Connaissez-vous de nom tous les Parisiens et tous les étrangers qui passent l'été à Maisons ?...

— A pas des... — Dame ! vous comprenez, monsieur — on entend parler de l'un et de l'autre...

— N'avez-vous pas ici un jeune homme qui s'appelle M. Varner ?..

L'hôte fouilla un instant dans les cases de sa mémoire et ne trouva rien, car il répondit :

— Un M. Varner ?... — Ma foi non, monsieur, je ne connais pas ça...

— Un grand jeune homme brun...

Après une seconde d'hésitation, le commandant ajouta :

— Avec une jeune femme brune aussi, un peu pâle, très-belle ?. .

— Dame ! monsieur, vous comprenez, nous avons ici peut-être vingt ménages et plus qui ressemblent à ce que vous dites, excepté cependant que les jeunes femmes très-belles ne sont pas communes ; — mais, dans tous ces ménages-là, il n'y a point de Varner... — Attendez, attendez pourtant, je connais un Vernier... un petit blond, un peu bossu, tirant sur le roux... — Ce ne serait pas ça, par hasard ?... — du reste, le Vernier dont je vous parle est garçon... — il vient à Maisons tous les dimanches...

M. de Ferny comprit qu'il ne tirerait rien de l'aubergiste, et sa tâche lui sembla plus difficile qu'il ne l'avait supposé d'abord.

Un moment de réflexion lui prouva que Henry Varner, si en effet il habitait Maisons-Laffitte, ne devait pas s'y trouver sous son nom véritable.

Comment, au milieu des centaines de villas de la Colonie, découvrir celle qu'il avait choisie pour en faire la retraite de Marguerite?

C'est principalement sur le hasard qu'il fallait compter pour cette découverte; car M. de Ferny n'admettait pas plus l'idée de s'adresser au maire ou au commissaire de Maisons-Laffitte, en cette circonstance, qu'il ne l'avait admis dix-huit mois auparavant quand il ne s'était point décidé à recourir à l'intervention de la police de Paris.

Mais le hasard — même lorsqu'il veut bien se donner la peine de venir en aide aux gens — leur fait parfois attendre bien longtemps ses services.

Le commandant en eut la preuve.

Pendant des semaines et pendant des mois il passa des journées entières à errer dans le parc, explorant sans relâche les innombrables avenues que peuplent les maisons de la Colonie, en cette circonstance, et espérant toujours que d'un moment à l'autre une circonstance imprévue lui ferait rencontrer ce qu'il cherchait.

Nous qui connaissons les habitudes de Marguerite, nous savons combien cette rencontre était peu probable, puisque la jeune femme, depuis l'époque où son amant la délaissait d'une façon complète, ne franchissait que rare pour ainsi dire jamais les limites de son jardin.

Bien souvent le commandant passa devant la grille de la Maison-Rose, sans que rien vînt l'avertir que derrière ces treillages verdoyants Marguerite vivait et pleurait.

Enfin, un matin, et au moment où M. de Ferny sortant de l'auberge du Cheval blanc se disposait à entrer dans le parc pour y continuer ses explorations quotidiennes, la circonstance fortuite vainement attendue jusque-là, se présenta tout à coup.

Le commandant ne rencontra point Marguerite, mais il se trouva face à face avec Henry qui courait au chemin de fer, et qui passa rapidement à côté de lui sans le reconnaître.

La vue de ce jeune homme qu'il avait aimé comme un fils, et qui, lâchement, avait profité de son expansive et confiante affection pour séduire sa femme, produisit sur M. de Ferny l'effet d'un coup de massue appliqué en pleine poitrine.

Presque défaillant, il fut obligé de s'asseoir sur l'un des bancs de pierre qui se rencontrent à chaque pas dans les avenues, et, pendant bien des heures, il éprouva un tremblement nerveux, suite inévitable de la commotion violente qu'il venait de recevoir.

Cependant ce malaise se dissipa dans le cours de la journée, et le commandant, certain désormais qu'il se trouvait sur la bonne voie et que l'extrémité du fil conducteur était entre ses mains, alla s'installer auprès du débarcadère, afin qu'aucun voyageur amené par les convois venant de Paris ne pût regagner Maisons-Laffitte sans avoir passé sous ses yeux.

Vers six heures, et au milieu du flot des arrivants, le vieillard reconnut Henry.

Il le suivit de loin, avec des précautions suffisantes pour ne pouvoir lui donner l'éveil, et il le vit entrer à la Maison-Rose.

Avons-nous besoin d'affirmer à nos lecteurs que, pendant la nuit qui précéda cette découverte, M. de Ferny, en proie à une fiévreuse insomnie, ne ferma pas l'œil un instant?...

— Maintenant — se demandait-il — que vais-je faire?...

Et il ne pouvait se répondre.

La question était en effet difficile à résoudre pour un homme qui ne voulait point recourir à la protection légale, franchir, escorté des agents de l'autorité, le seuil du domicile illégal, et dire à la coupable :

— Au nom de la loi qui m'a fait votre maître, je vous ordonne de me suivre!...

Enfin, après de longues heures de luttes pénibles entre cent volontés diverses, le commandant prit un parti.

Marguerite était malheureuse — ceci ressortait surabondamment de sa lettre à son mari.

M. de Ferny résolut, avant toutes choses, de savoir quels étaient les motifs de la jeune femme.

Il voulut descendre jusqu'au fond de ses douleurs et savoir si les remords de la faute commise étaient leur unique cause, et si la conduite de Henry avec Marguerite ne contribuait point à faire couler les larmes que versait la jeune femme.

En conséquence, et à partir de ce jour, il se fit l'espion, non pas de Marguerite, mais de Henry.

XII. — La dernière scène.

Nous savons déjà que l'amant de Marguerite, devenu le très-humble esclave de la comédienne Paméla, mettait dans le désordre de sa vie une assez grande régularité.

Ainsi, c'était presque toujours à la même heure qu'il partait le matin de Maisons-Laffitte.

Presque toujours aussi c'était à la même heure qu'il y revenait le soir.

Rien ne fut plus facile à M. de Ferny que de prendre place, pendant plusieurs jours de suite, et sans attirer l'attention, dans le train qui emmenait Henry à Paris.

Dans l'intérieur même de la gare, le jeune homme appelait un coupé et se faisait conduire chez Paméla.

Derrière lui le vieillard montait en voiture et suivait, sans le perdre de vue un seul instant, le coupé de Henry Varner.

Il ne fallut pas longtemps de ce manège à M. de Ferny pour acquérir la certitude que Marguerite était, sinon abandonnée, du moins complètement délaissée pour une autre femme.

Moyennant quelque argent donné aux portiers de Paméla — (race malfaisante et qui ne demande qu'à médire, quand par hasard elle ne calomnie pas) — le commandant apprit ce que c'était que cette femme, et son cœur se souleva de honte et d'indignation.

En même temps, et par un effet naturel et bien facile à comprendre, sa haine pour Henry, son désir de vengeance, se ravivèrent et reprirent la même impétuosité, la même ardeur sauvage, qu'ils avaient aux premiers moments qui suivirent l'offense.

— Ah! — murmura le commandant — pour un pareil misérable je ne connais pas de châtiment qui ne soit trop doux!...

Pendant deux jours, M. de Ferny combina un plan.

Le surlendemain, il en commença l'exécution.

D'abord, et dès le matin, il régla son compte à l'auberge du Cheval blanc.

— Comme ça, monsieur — dit l'hôte en empochant le montant de la note — vous nous quittez malgré le beau temps?...

— Oui, je suis forcé de partir...

— Et, reviendrez-vous, monsieur?...

— Jamais.

La valise du commandant fut portée au chemin de fer, et lui-même prit un train qui le conduisit à Paris, où il coucha.

Le lendemain matin il fit l'emplette d'un couteau bien trempé et bien aiguisé.

Ce couteau — disons-le tout de suite — n'était point destiné à un meurtre.

Malgré sa haine profonde et légitime pour Henry, le commandant avait une trop loyale nature pour admettre facilement la pensée de verser le sang et de devenir un meurtrier — même dans l'une de ces situations terribles où la loi justifie la sanglante vengeance du mari.

« Mais le couteau — se demandent mes lecteurs — à quoi donc devait servir le couteau?... »

Tout simplement à pratiquer dans le treillage de clôture du jardin une ouverture assez large pour qu'elle pût servir de passage au commandant.

— Par cette ouverture — se disait-il — j'entrerai — je me cacherai dans un massif jusqu'à ce que Marguerite passe auprès de moi; — je me montrerai alors — je calmerai sa terreur, si elle en éprouve à ma vue — je lui parlerai — je lui révèlerai dans tous ses détails la conduite infâme du misérable qu'elle a suivi.... — Je la déciderai à l'abandonner... à partir avec moi; — je l'emmènerai, bien loin, bien loin, dans un endroit où personne ne nous connaîtra... où personne n'aura entendu parler de sa faute..., — elle sera heureuse... heureuse avec moi... — et son bonheur sera la joie de mes derniers jours...

A ces pensées, le vieillard souriait.

Mais un nuage sombre passait tout à coup sur son visage, et il murmurait :

— Mais si elle l'aime encore?... si elle ne veut point partir?...

Un menaçant éclair sillonnait alors les regards de M. de Ferny, et il reprenait avec un sinistre hochement de tête :

— Si cela est ainsi, tant pis pour son amant!... — je l'attendrai et je le tuerai!...

§

Les derrières du jardin de la Maison-Rose — je ne sais si je l'ai dit dans la première partie de ce livre — touchaient à des bois taillis que n'environnait aucune clôture.

Il fut très-facile au commandant de se glisser jusqu'à la palissade, formée de lattes peintes en vert et assujetties les unes contre les autres par des fils de fer.

Au bout de moins d'une heure de travail les fils de fer rompus et les lattes coupées laissaient libre un espace de trois pieds de haut sur deux pieds de large.

Le commandant courba sa haute taille et passa.

Des massifs très-épais de lilas, de seringas et de boules de neige, remplissaient l'espace de terrain compris entre la palissade et l'allée.

Cette allée faisait un circuit, et, tout près des buissons odorants derrière lesquels se cacha M. de Ferny, aboutissait à une sorte de salle de verdure couronnée par le feuillage épais d'un vieux marronnier, dont les branchages se courbaient comme ceux d'un frêne pleureur pour former la voûte.

Sous cette voûte se trouvaient des chaises et une table.

C'était là que, l'année précédente, Henry et Marguerite venaient si souvent, enlacés aux bras l'un de l'autre, passer de longues et douces heures...

C'était là que, seule maintenant, Marguerite venait pleurer...

Au moment où M. de Ferny s'introduisit dans le jardin, la salle de verdure était déserte.

Un livre, oublié par Marguerite le matin, se trouvait sur la table.

Le commandant s'approcha du livre dont les pages gardaient des traces de larmes récentes, et lut ce titre : MARIANNA :

Mais le vieillard ne connaissait pas le beau roman de Jules Sandeau, et ne put comprendre pourquoi Marguerite le lisait et pleurait en le lisant.

Il regagna sa cachette et il attendit.

— Elle va venir... — se disait-il.

Les heures s'écoulèrent.

Marguerite ne se montrait point au jardin.

M. de Ferny entendit de loin siffler la vapeur du convoi qui, d'habitude, ramenait Henry à Maisons-Laffitte.

Le convoi passa.

Au bout d'une demi-heure le jeune homme n'avait pas encore paru, — donc il était resté à Paris et ne reviendrait que beaucoup plus tard.

Le soleil avait disparu — l'obscurité arrivait rapidement, et les étoiles s'allumaient l'une après l'autre dans le ciel.

Les faibles clartés du crépuscule permettaient encore de distinguer vaguement les blanches murailles du pavillon — mais sous la voûte de verdure, tout était sombre comme à minuit.

Au clocher de l'église de Maisons huit heures sonnèrent.

Au bout de quelques secondes, l'horloge du château sonna également.

Alors, dans les ténèbres visibles de l'allée obscure au bout de laquelle se trouvait le vieillard, une forme féminine presque indistincte apparut.

C'était Marguerite qui marchait lentement et la tête baissée.

Le cœur de M. de Ferny s'arrêta.

Les petits pieds de la jeune femme produisaient, en froissant le sable, un bruissement presque imperceptible.

Au moment d'atteindre la salle de verdure elle s'arrêta et retourna sur ses pas.

Elle fit, dans l'autre sens, le tour du jardin, s'arrêtant de minute en minute et prêtant l'oreille.

Sans doute elle espérait entendre au dehors le bruit de la marche rapide de son amant revenant enfin.

Mais son attente était déçue. — Aux environs de la Maison-Rose tout restait silencieux.

Marguerite mit ainsi plus d'une demi-heure à faire un trajet qu'elle pouvait effectuer facilement en cinq minutes.

Enfin elle arriva sous la voûte formée par le marronnier.

Son mari était là — près d'elle — à trois pas à peine — étouffant de son mieux sa respiration haletante.

Elle s'assit, ou plutôt elle se laissa tomber sur l'une des chaises rustiques et elle murmura :

— Mon Dieu, je n'ai pas vingt ans!... que ma vie sera longue encore !...

M. de Ferny que les ténèbres protégeaient avait quitté le massif dans lequel il s'était caché tout le jour, et s'adossait au tronc d'un vieil arbre, sur la lisière de la salle verte.

Il fit un mouvement pour s'avancer jusqu'à Marguerite et pour lui dire :

— C'est moi... moi, ton mari, ou plutôt ton ami... — moi qui viens te sauver de toi-même et de lui...

Mais une réflexion l'arrêta.

— Marguerite — pensa-t-il — ne pouvant me voir, ne pourra me reconnaître dans le premier moment... — la frayeur l'empêchera d'entendre mes paroles.. — elle s'enfuira... — elle appellera à son aide... — Comment me présenter à elle sans l'épouvanter?. .

Il en était là de ses réflexions et il cherchait un moyen qu'il ne trouvait pas, quand soudain la cloche de la grille retentit, agitée par une main qui ne pouvait être que la main du maître.

Marguerite se leva vivement.

— Ah! — s'écria-t-elle avec une sorte de fièvre — c'est lui!... enfin, c'est lui !...

Et elle s'élança vers la grille.

Toute la haine amassée depuis si longtemps dans le cœur de M. de Ferny contre Henry Varner se mit à bouillonner, et, courant dans ses veines avec son sang, produisit en lui une ivresse rapide et terrible.

— Le voici — pensa-t-il — le voici, cet homme !... — ce lâche !... — ce voleur !... — cet infâme !... — Eh! bien, il me verra face à face !...

Surexcité par cette ivresse dont nous venons de parler, le commandant marcha sur les pas de Marguerite; — mais, au lieu de la suivre jusqu'à la grille, il entra dans la maison et, guidé par une faible lumière qui s'échappait de la porte de la chambre à coucher restée entr'ouverte, il gravit rapidement l'escalier du premier étage et se cacha dans le premier boudoir que nous connaissons, et où de profondes ténèbres l'enveloppèrent.

... Songes-y bien, c'est un arrêt de mort que tu vas prononcer. (P. 89.)

Henry et Marguerite montèrent à leur tour et refermèrent sur eux la porte de la chambre.

A travers la frêle cloison contre laquelle il appuyait son oreille, le commandant ne pouvait rien voir, mais il pouvait tout entendre.

Henry revenait de fort mauvaise humeur et avec les nerfs horriblement agacés. — Il avait passé la journée entière à attendre chez elle mademoiselle Paméla qui n'était pas rentrée.

Or, quand mademoiselle Paméla ne rentrait pas de tout le jour, il était très-facile de deviner à quoi elle employait son temps, — et c'est précisément l'emploi de ce temps qui causait l'exaspération de Henry.

Pendant quelques secondes il se promena de long en large dans la chambre, sans adresser la parole à sa maîtresse. — A coup sûr il aurait donné beaucoup pour avoir un prétexte de querelle, afin d'épancher à son aise la mauvaise humeur qui débordait en lui... — mais ce prétexte était difficile à trouver, car nous savons déjà que la pauvre Marguerite ne se plaignait jamais.

Enfin, il s'arrêta brusquement devant elle.

— Pourquoi donc — lui demanda-t-il — pourquoi donc as-tu les yeux rouges?...

— Sans doute parce que j'ai pleuré mon ami... — répondit la jeune femme avec douceur.

— Ah! tu as pleuré!...

— Je ne puis vous le cacher puisque vous voyez les traces de mes larmes.

— Et, peut-on connaître le motif de ces larmes?...

— Parfaitement...

— Eh bien?...

— J'étais inquiète...

— Inquiète de moi?... — fit Henry d'un ton railleur.

— Oui, mon ami, de vous!...

— Et à quel propos, mon Dieu?...

— A propos de votre absence qui se prolongeait...

— Ah çà, est-ce que je ne suis plus le maître, par hasard, de rentrer quand bon me semble et à l'heure qui me convient?...

— Vous en êtes le maître.

— Et même — continua Henry qui s'animait en voyant poindre le prétexte de la querelle qu'il ambitionnait — et même de ne pas rentrer du tout?...

— Hélas! — balbutia Marguerite — c'est ce que vous ferez bientôt...

— Est-ce un reproche?...

— Non.

— Qu'est-ce donc?...

— Une simple réponse aux paroles que vous venez de prononcer... — Vous savez bien, mon ami, que je ne me permettrais pas de reproches... — je n'ai ni le pouvoir ni la volonté de vous en faire... — Vous êtes le maître de vos actions, vous avez le droit d'aller chercher ailleurs un bonheur que je ne puis plus vous donner.

— Que signifie cela? — s'écria Henry avec colère — de quel bonheur parlez-vous, et que voulez-vous dire?...

— Ce que je dis et pas autre chose...

— Alors, de quoi vous plaignez-vous?...

— Je ne me plains pas, je suis résignée...

Henry frappa du pied avec véhémence.

— Quels grands mots à propos de rien! — fit-il ensuite; — vous savez pourtant à merveille que je n'aime que la simplicité et que les phrases prétentieuses m'excèdent et m'énervent!... — Finissons-en donc avec ces manières étranges que vous prenez depuis quelque temps!... — s'il vous plaît de pleurer sans raison et de vous poser en victime sans avoir subi le moindre martyre, cela me déplaît souverainement, à moi! — je déteste les yeux rouges et les visages résignés... d'ailleurs, à quel propos ces larmes et à quoi donc vous résignez-vous?...

Les paroles de Henry, et surtout le ton d'amère ironie avec lequel elles furent prononcées, blessèrent profondément Marguerite.

Elle releva la tête et regarda son amant en face, mais sans parler.

— Eh bien, oui — répéta le jeune homme d'un air de défi — à quoi donc vous résignez-vous?...

— A la vie que vous me faites, Henry — répondit Marguerite fermement.

— Ainsi, vous vous trouvez malheureuse?...

— Puisque vous me le demandez, pourquoi mentir?...

— Oui, je suis malheureuse, malheureuse à mourir!...

— L'existence avec moi vous pèse?...

— A tel point que je supplie Dieu de m'en délivrer en m'ôtant de ce monde...

— Ah! — cria Henri — c'est ainsi!... — Eh bien, moi, moi que dirais-je donc?...

— Vous? — balbutia Marguerite — vous?...

— Oui, moi — continua le jeune homme emporté par sa colère croissante, qui ne lui permettait pas de mesurer ses paroles — moi qui me suis enchaîné à vous par un lien dont le poids augmente chaque jour!... — moi dont la vie, jadis si belle et si joyeuse, est maintenant une longue et monotone captivité!... — moi qui dans une union que les lois condamnent et que les hommes réprouvent, ai toutes les charges et tous les ennuis du mariage, sans aucun de ses bénéfices!... — Qu'avez-vous donc quitté pour moi, vous qui parlez?... — un vieillard que vous ne pouviez aimer!... — Que vous ai-je sacrifié, moi?... — mon indépendance, mon avenir, ma vie!... — et vous vous plaignez!... — mais c'est de la folie!... — Ah! l'existence que je vous ai faite vous paraît pire que la mort!... — eh bien, que ne m'aidez-vous à rompre ce lien funeste qui nous obsède, cette chaîne fatale qui nous meurtrit tous deux?... — la liberté que vous regrettez, je vous la donne!... je suis prêt à vous rendre à votre vieux mari!...

— Taisez-vous, Henry, taisez-vous!... — murmura la jeune femme avec épouvante; — ce que vous dites est infâme, et Dieu vous punira!...

— Qu'il me punisse s'il le veut, j'ai dit la vérité!...

En ce moment, la porte du boudoir s'ouvrit, et M. de Ferny, pâle et terrible, parut sur le seuil.

— Henry Varner — fit-il d'une voix lente et grave — vous êtes un misérable, et voici le châtiment que Dieu vous envoie...

En même temps il marchait sur Henry, qui, glacé de stupeur et d'épouvante, reculait devant lui.

Marguerite, agenouillée et les mains levées vers le ciel, s'efforçait de pousser un cri, mais sa gorge contractée et ses lèvres arides ne pouvaient articuler aucun son.

M. de Ferny atteignit le jeune homme qui reculait toujours et semblait fasciné par son regard.

Le bras du vieillard était levé — sa main s'abaissa — la lueur des bougies mit un éclair sur l'acier, et le couteau disparut jusqu'au manche dans la poitrine de Henry qui tomba en poussant un soupir.

Le commandant se tourna vers Marguerite, toujours muette, toujours agenouillée.

— Nous sommes vengés! — lui dit-il — le sang lave

les taches de l'honneur.,. — viens avec moi maintenant... viens... j'oublierai...

La jeune femme, en entendant ces paroles, sembla retrouver à la fois ses forces et sa voix.

Elle se traîna sur ses genoux jusqu'auprès du cadavre ensanglanté de son amant.

Elle se pencha vers lui — elle arracha le couteau de l'horrible blessure qu'il venait de faire.

Elle attacha sur son mari le dernier regard de ses grands yeux qu'animait en ce moment une expression céleste, et elle dit avec un calme étrange :

— Vous venez de nous réunir pour jamais .. — Je l'aimais, malgré tout... — je l'aimais... je vais le rejoindre... — Dans ce monde inconnu où nous serons ensemble, au moins il ne me trompera plus...

Et Marguerite, appuyant la pointe du couteau un peu au-dessous de son sein gauche, appuya sur le manche et tomba doucement à la renverse, tandis qu'un ruisseau de sang coulait sur sa robe.

. . . .

M. de Ferny, la tête perdue, ouvrit la porte pour s'enfuir.

Au moment de franchir le seuil, il recula d'un pas.

La petite levrette Gibby venait de s'élancer dans la chambre avec un cri plaintif.

Elle s'approcha des deux cadavres encore chauds et les flaira l'un après l'autre.

Sans doute, avec cet instinct que Dieu donne à certains animaux, et qui ressemble tant à de la raison, elle comprit la vérité, car, oubliant sa faiblesse, elle bondit sur le meurtrier et s'efforça de le mordre au visage.

Le commandant, sans même se rendre compte de ce qu'il faisait, la saisit au vol, si l'on peut ainsi parler, et ses deux mains se nouant autour du cou de la pauvre levrette, comprimèrent, en l'étranglant, ses suprêmes hurlements d'agonie.

Puis, du haut de l'escalier, le corps de Gibby tomba sur les dalles du vestibule...

§

Vingt minutes après ce moment, un homme, un vieillard, marchant d'un pas incertain et chancelant, comme s'il était ivre, arriva sur le bord de la Seine, à quelques centaines de pas de la Maison-Rose.

La lune venait de se lever à l'horizon, et jetait sur les eaux calmes ses clartés blanches et brisées.

L'homme s'arrêta sur la berge. — Quelques minutes s'écoulèrent encore — puis les eaux soudainement fouettées jaillirent; — on entendit un bruit sourd — les rayons de la lune tremblèrent dans un grand cercle qui s'élargissait à l'infini.

Cela dura deux ou trois secondes. — Ensuite les rides de la Seine s'effacèrent — le cercle disparut — on n'entendit plus d'autre bruit que le faible clapotement des eaux transparentes, courant entre leurs rives gazonnées.

Sur la berge il n'y avait plus personne...

Et, — dans la Maison-Rose, — Henry et Marguerite, réunis par la mort plus étroitement qu'ils ne l'avaient été par l'amour, dormaient l'un auprès de l'autre leur dernier sommeil.,.

FIN.

Paris. Typ. Walder, r. Bonaparte, 44.

www.ingramcontent.com/pod-product-compliance
Lightning Source LLC
Chambersburg PA
CBHW060613100426
42744CB00008B/1397